Günther Meinhardt

BULLERJAHN

2. verbesserte und erweiterte Auflage

GÜNTHER MEINHARDT

BULLERJAHN

Alt-Göttinger Studenten-Anekdoten

2. verbesserte und erweiterte Auflage

MUSTER-SCHMIDT VERLAG · GÖTTINGEN · ZÜRICH

Die Deutsche Bibliothek – CIP-Einheitsaufnahme

Meinhardt, Günther:
Bullerjahn : Alt-Göttinger Studenten-Anekdoten
Günther Meinhardt. – 2., verb. und erw. Aufl. –
Göttingen ; Zürich : Muster-Schmidt, 1993
ISBN 3-7881-8013-7

2. verbesserte und erweiterte Auflage 1993

MUSTER-SCHMIDT VERLAG · Göttingen · Zürich

Gesamtherstellung: „Muster-Schmidt" KG., Göttingen

Inhaltsverzeichnis

Vorwort zur zweiten Auflage

Als im Jahre 1974 die Sammlung Göttinger Studentenanekdoten erschien, ahnten der Verlag und der Verfasser nicht, daß der „Bullerjahn" so zahlreiche Freunde finden würde. Die geruhsame alte Zeit, in der man gemütlich studieren und nach bestandenem Examen mit Sicherheit eine Anstellung finden konnte, ist in den vergangenen neunzehn Jahren noch weiter zurückgeglitten als die Zeitspanne auszusagen scheint.

Der Neubau der Universität, so notwendig er war, brachte das akademische Leben zwangsläufig in eine Randlage zur Stadt. Vorbei sind die Jahre, in denen sich mit dem letzten Glockenschlag der vollen Stunde die Hörsäle leerten und die Straßen für fünfzehn Minuten von Studentinnen und Studenten überquollen, die einer anderen Vorlesung zustrebten. Wenn das Läutezeichen ertönte, boten Fahrdämme und Bürgersteige für eine Dreiviertelstunde wieder das gewohnte Bild.

Alt-Göttingen ist endgültig versunken. Wohnungsnot, Terminpläne, Streß, überfüllte Seminare, Computer, Datenspeicherung und nicht zuletzt die Parkplatzsuche haben das Bild des Studenten völlig verändert. Die Nöte sind geblieben, aber die harmlose Fröhlichkeit der akademischen Jugend ist verschwunden.

Die Göttinger Studenten-Anekdoten wollen die Möglichkeit bieten, sich für einige Stunden in die alten geruhsamen Zeiten zurückzuversetzen, nach deren Gemütlichkeit (aber auch wirtschaftlichen Stabilität!) sich in unserer hektischen Zeit nicht nur Akademiker sehnen. Diese fröhliche alte Studentenzeit lag vor 1914. Nach dem Ersten Weltkrieg und der Inflation war nur noch ein Abglanz der alten Burschenherrlichkeit zu sehen und zu erleben, denn die Kriegsteilnehmer und Werkstudenten waren zu arm, um sich ein flottes Leben erlauben zu können. Der Nationalsozialismus wie auch das Staatsgebilde der SED waren wie alle Diktaturen völlig humorlos. In unserer Zeit, die nach dem Erfolg urteilt, können zerstreute Professoren und studentische Originale nicht mehr gedeihen.

Die Studentenanekdoten haben den Vorzug, tatsächlich geschehen zu sein. In dem beschaulichen Göttingen erschienen vor 1914 drei Tageszeitungen, deren Redakteure oft genug nach Stoff suchten, um die Seiten füllen zu können. Heitere Ereignisse aus dem Bereich der Universität boten eine beliebte und gern gelesene Auflockerung. Häufig wurden auch vor Jahrzehnten geschehene Streiche oder Professoren-Anekdoten neu erzählt.

Die Göttinger Zeitungen bildeten da keine Ausnahme. In allen Universitätsstädten herrschte der gleiche Brauch und selbst illustrierte Zeitschriften, die in ganz Deutschland Abnehmer hatten, berichteten gern und ausführlich über studentische Ereignisse.

Da der Verfasser seine Studien in Halle begann, war es für ihn eine Freude, nach der lange ersehnten und endlich erreichten Wiedervereinigung Deutschlands in die Neuauflage auch Anekdoten einbringen zu können, welche Göttinger Studenten gemeinsam mit Musensöhnen aus Halle, Jena, Berlin und Greifswald erlebten.

Die Verbindung zur hallischen Studentenschaft bestand seit der Gründung der Georgia Augusta, die zu den anderen oben genannten Universitäten stammen aus der Zeit der Befreiungskriege, in denen zahlreiche Göttinger Studenten in preußische Freikorps eintraten. Im Revolutionsjahr 1848 vertieften sich diese Beziehungen, als die Studentenschaft vereint für das Ideal eines demokratischen Deutschlands kämpfte.

Vergessen wir nicht, daß die fröhlichen Studenten später auch im Beruf ihren Mann standen und sich unter ihnen Gelehrte befanden, deren Bücher heute noch jeder Student gelesen haben muß, oft genug auf dem Umweg über eine Warteliste. Fröhlichkeit und Ulkereien hielten sie keineswegs von der wissenschaftlichen Arbeit ab.

Möge die zweite erweiterte Auflage ebenso freundlich aufgenommen werden wie die erste.

Waake, Ostern 1993 Dr. Günther Meinhardt

Vorwort zur ersten Auflage

Die Anekdoten, welche im Verlauf der 230jährigen Geschichte der Universität Göttingen entstanden sind, verdienen als Sammelband erhalten zu werden. Die Georgia-Augusta ist seit ihrer Gründung eine Arbeits- und Examensuniversität gewesen, aber dennoch ist hier so mancher fröhliche Studentenstreich begangen worden.

Die Stadt war klein, die Universität und ihre Musensöhne gewannen dadurch eine ganz andere Bedeutung als es woanders der Fall sein konnte. Das gemütliche Beisammenleben der Studierenden mit der Bürgerschaft, den „Philistern", die durch das Zimmervermieten einen oft nicht unbeträchtlichen Nebenverdienst erzielten, trieb manchmal heitere Blüten. So ein rechter Ulk wurde auch nicht übel genommen, denn er lieferte doch Gesprächsstoff. Was passierte schon in dem friedlichen Göttingen? Die Studenten sorgten doch wenigstens für einige Abwechslung.

Um 1890 erschienen in der Universitätsstadt, die kaum 25 000 Einwohner zählte, drei Tageszeitungen. Womit hätten diese manchmal ihre Spalten füllen sollen, wenn nicht gerade der Musikerkrieg des Kapellmeisters Bullerjahn gegen den „schönen Meyer" das allgemeine Interesse erregt hätte? Die damals so gern gelesene Spalte „Vermischtes" brachte häufig Einzelheiten aus dem Streit der Musikkapellen, berichtete von neuen Studentenstreichen und erinnerte an ältere Vorkommnisse dieser Art. Alle in dem vorliegenden Bande erzählten Anekdoten sind tatsächlich passiert. Die meisten ereigneten sich in den Jahrzehnten zwischen 1840 und 1914, der wohl sorglosesten Zeit der deutschen Studentengeschichte. Die große Erschütterung Deutschlands durch die napoleonischen Kriege und die schweren Aufbaujahre waren vorbei. Alle deutschen Länder blühten auf, die Jugend konnte sorglos studieren und neben der ernsten Arbeit ihren kleinen Freuden, die sich heute sehr bescheiden ausnehmen, nachgehen. Nach dem Ersten Weltkriege war auch in Göttingen die Zeit beendet, die harmlos-fröhlichen Studentenulk hervorbringen konnte.

Der Verfasser, selbst alter Göttinger Student, bemühte sich, die ganze Atmosphäre der alten versunkenen Musenstadt lebendig werden zu lassen. Leider mußte er darauf verzichten, den hier früher gesprochenen Dialekt genau zu bringen. Das „Messingsch" wird nicht mehr in der Umgangssprache gebraucht, vielen ist es nicht mehr verständlich, weshalb manches vereinfacht werden mußte, um nicht die Lektüre des Buches zu erschweren. In einigen Fällen war es auch notwendig, die Namen der Beteiligten zu verändern, weil deren Familien nicht mehr um die Erlaubnis gebeten werden konnten, den vollen Namen des Betreffenden nennen zu dürfen. Der Göttinger Studentenanekdote kommt ein echter historischer Wert zu. Sie hat Einzelheiten menschlicher Schwächen und liebenswürdiger Schrullen bedeutender Gelehrter und ihrer Schüler bewahrt, die uns sonst verlorengegangen wären. So tritt uns in diesen kleinen Erzählungen die so reizvolle Zeit Alt-Göttingens entgegen, in der in drangvoller Enge, größter persönlicher Bescheidenheit und unter beschränktesten Mitteln die Grundlagen der Wissenschaft erarbeitet wurden, auf denen die Erben jener Männer, eben die Studenten, die handelnd in den Anekdoten auftreten, jenes Zeitalter heraufführten, in dem eine wissenschaftliche Entdeckung die andere an Bedeutung übertraf.

Vergessen wollen wir aber nicht, wie jene Forschergeneration herangebildet wurde. Die Studentenanekdote vermittelt uns einen heiteren Einblick in jene Zeit, die uns die unter wissenschaftlichen Gesichtspunkten geschriebenen Biographien der großen Gelehrten nicht geben können.

Möge das Buch dazu beitragen, die Erinnerung an das alte gemütliche Göttingen und seine Studenten wachzuhalten.

Göttingen, im Frühjahr 1974 — Dr. Günther Meinhardt

Göttingen um 1850. Der mit Bäumen bestandene Feldweg ist der heutige Hainholzweg

Bullerjahn

Seit über achtzig Jahren ist „der Bullerjahn" das wohl bekannteste Göttinger Studentenlied, aber die meisten der fröhlichen Sänger halten den Mann, von dem es handelt, für eine sagenhafte Gestalt, wie etwa den Zwerg Perkeo, dessen Existenz ja stark angezweifelt wird. Bullerjahn hat aber wirklich gelebt und war einige Jahre Städtischer Kapellmeister. Da er bis heute das wohl bekannteste Original der Göttinger Universität geblieben ist, darf die eigenartige Lebensgeschichte dieses hochbegabten Mannes am Anfang dieses Buches stehen.

Göttingen hatte nach den Befreiungskriegen ein vorzügliches Liebhaberorchester, das mit solchen Leistungen aufwarten konnte, daß kein geringe-

Bullerjahn (Zeichnung von E. Honig)

rer als Carl Maria von Weber bei ihm anläßlich der ersten Aufführung seines „Freischütz" in Göttingen als Gastdirigent den Taktstock führte.

Die Mitglieder dieses Orchesters dachten aber nicht daran, zum Tanze aufzuspielen. Diese Aufgabe überließen sie gern einigen in Göttingen lebenden verabschiedeten Militärmusikern, die sich zu einem Schützenmusikkorps zusammengefunden hatten, aber nicht nur auf den Schützenfesten spielten, sondern sehr gern auch Tanzmusik übernahmen. Schon um 1835 konzertierten sie im Rohns'schen Volksgarten. 1848 bliesen sie bei der Bürgerwehr „das Heckerlied" und wandten sich später wieder der Tanzmusik zu.

In den fünfziger Jahren entschloß sich die Stadt, eine eigene Kapelle zu gründen, engagierte aber nur den Kapellmeister, der sich seine Musiker selbst heranziehen mußte. Die bekanntesten Leiter der Städtischen Kapelle waren Schmacht und Louis Kohrßen, letzterer auch als „Langensalza-Hauboist" bekannt, weil er beim Sturm der hannoverschen Infanterie mit eiserner Ruhe sein Musikkorps dirigierte und die Männer erst im letzten Augenblick zum Gewehr greifen ließ. Nach dem Kriege von 1866 wurde er in der engeren und weiteren Umgebung Göttingens, die damals noch sehr welfisch gesinnt war, engagiert, um zum Tanz aufzuspielen.

Hier erwuchs bald ein recht scharfer Konkurrenzkampf, denn die ausgezeichneten Musiker des 82. Infanterie-Regimentes waren ebenfalls gern gesehene Gäste, so daß die Stadtmusiker mit guten Leistungen aufwarten mußten, um neben ihnen bestehen zu können. Es gab mehrere Wirte, die ein Doppelkonzert in ihren Kaffeegärten anboten, dessen erster Teil von den 82ern, der zweite von der Städtischen Kapelle bestritten wurde.

Kohrßen hatte eine Glanznummer, die ihm keiner nachmachte, nämlich ein Paukensolo im „Fehrbelliner Reitermarsch" oder im „Parademarsch der hannoverschen Gardekürassiere", bei dem er die Kesselpauken schlug, gleichzeitig aber auch mehrere Schlegel in der Luft herumwirbeln ließ. Diese Darbietung war eine artistische Leistung, die sich sehen lassen konnte. Wenn sie ihm besonders gut gelang, sagte Louis Kohrßen wohl auch zu den ihn Beglückwünschenden: „Da könnt Ihr ma' ßehn, was aan Mann laasten kann, der in ßaane besten Jahre steht, ßo ßwischen ßwanzich un' neunzich!"

Als die Konkurrenz stärker wurde und die Militärmusiker den Kapellen manchen Abbruch taten, ließ sich der alte Kohrßen etwas Neues einfallen und komponierte seinen Bierwalzer. Die Studenten bekamen bald das Recht, den Takt dieses Musikstückes mit den Deckeln ihrer Bierseidel mitzuklappern.

Die Militärmusik hatte auch eine Besonderheit zu bieten, nämlich bengalische Beleuchtung, die damals nur von geprüften Feuerwerkern ausgeführt werden durfte. Militärfeuerwerker erwarben hiermit öfter einen nicht unbedeutenden Nebenverdienst. In Göttingen machten sie recht gute Geschäfte, weil bei Stiftungsfesten der studentischen Vereinigungen stets derartige „Sensationen" geboten wurden. Der Gedanke, Musikabende mit bengalischer Beleuchtung zu umrahmen, lag also nahe.

Bereits 1868 hatte sich, wie wir den Tageszeitungen entnehmen können, der Brauch entwickelt, daß Zivilkapellen von 5 bis 8 Uhr das Nachmittagskonzert gaben, die Militärmusiker dagegen von 8 bis 11 Uhr das Abendkonzert bestritten und die dunklen Stunden für das Feuerwerk nutzten.

Die Studenten waren mit der bengalischen Beleuchtung nicht so recht einverstanden. „Hat man mal so ein Hühnchen soweit, daß es sich küssen läßt, müssen die Kommißköppe alles taghell erleuchten! Wenn sie wenigstens vorher warnen würden!" meinten sie.

Besonders peinlich wurde es, wenn in die Helle ein Aufschrei gellte: „Se küssen sich! Se küssen sich! Verlobung! Verlobung!" An solche zarten Fesseln dachte man auch bei Musik und bengalischem Feuer nicht.

Im Jahre 1886 wurde es notwendig, die Stelle des Städtischen Kapellmeisters neu zu besetzen. Dem Magistrat gingen nicht weniger als vierzig Bewerbungen zu, unter denen die des Musiklehrers und Kapellmeisters Rudolf Bullerjahn ausgewählt wurde. Dieser hatte mehrere gewichtige Argumente für sich in die Waagschale zu werfen: Einmal war er Lehrer an dem in höchstem Ansehen stehenden Konservatorium in Sondershausen, das in Mitteldeutschland einen hervorragenden Ruf genoß; zum zwei-

Promenadenkonzert der 82er

ten war er als Kapellmeister wiederholt hervorgetreten, hatte sogar schon als Gast das Leipziger Gewandhausorchester dirigiert, zum dritten aber, und das scheint den Ausschlag gegeben zu haben, konnte er den Stadtvätern nicht weniger als 48 eigene Kompositionen vorlegen. Letzteres hat in einer Universitätsstadt besonderen Eindruck machen müssen, denn man konnte so den Dozenten, die ja z. T. sehr viel veröffentlichten, einen fleißigen Komponisten entgegenstellen, der in städtischen Diensten stand.

In dieser Beziehung hat Bullerjahn die Stadtverwaltung nicht enttäuscht. Er komponierte in Göttingen nachweisbar 51 Musikstücke, vermutlich aber noch mehr. Einige von ihm stammende Märsche werden heute noch von den Vereinen gespielt, für die sie komponiert worden sind.

Anders wurde es auf dem Gebiet, für das er eigentlich engagiert worden war. Bullerjahn löste — nicht zuletzt durch seine eigenartige Persönlichkeit — einen Musikerkrieg aus, der zwar manche heiteren Seiten zeigte, im Grunde genommen aber ein sehr erbitterter Konkurrenzkampf war.

Am 2. Oktober 1886 gab der neue Musikdirektor, diesen Titel hatte sich Bullerjahn ausbedungen, im „Deutschen Garten" sein erstes Konzert, das eine sehr freundliche Aufnahme fand. Hier zeigte er bereits das, was viele Göttinger Musikfreunde an ihm bewundern sollten, seine erstaunliche Kenntnis der Werke unserer großen Komponisten. Bullerjahn hat meist auswendig dirigiert! Er brauchte selbst bei den größten Werken nur selten eine Partitur. So hat er die gewiß nicht leichte erste Symphonie von Robert Schumann (op 38 B-dur) am 3. Mai 1888 auswendig ohne den geringsten Schnitzer geboten, eine Leistung, die beweist, wie gründlich er dieses Werk durchgearbeitet hatte. Auch bei Beethoven benötigte er nie eine Partitur, was die Göttinger Musiker zu der Behauptung veranlaßte, er könne Beethovens sämtliche Werke auswendig. Das war gewiß übertrieben, Tatsache ist aber, daß er zahlreiche Werke des großen Meisters auswendig dirigiert hat.

Diese hervorragenden Leistungen hätten seinen Ruf als Kapellmeister fest begründen können, wenn nicht die Musik für Bullerjahn einen Januskopf gehabt hätte. Das böse Gesicht dieser Kunst war die Tanzmusik. Die Städtische Kapelle mußte ihren Etat selbst verdienen. Das war eine unumstößliche Bedingung, von der Bullerjahn gewußt hat, die er akzeptierte und — leider auf seine Weise — zu lösen suchte. Es war ganz selbstverständlich, daß jeder Auftrag, gleichgültig ob Festkonzert oder Tanzmusik, angenommen und sorgfältig ausgeführt wurde. Niemand beanstandete das. Nur zu begrüßen war es, daß Bullerjahn bei diesen Gelegenheiten auch selbstkomponierte Tanzmusik zur Aufführung brachte.

Dagegen konnte Bullerjahn nicht dem Konkurrenzkampf der Kapellen ausweichen. Mit dem alten Kohrßen hat er keine größeren Schwierigkeiten gehabt. Der Langensalza-Hautboist hatte einen festen Kundenkreis in den damals noch völlig welfisch gesinnten Landgemeinden, die zu ihren Festen keine preußischen Militärmusiker engagiert hätten. Kohrßen hatte hier also eine sichere Einnahmequelle. Auch sein Sohn Ferdinand, der nach dem Tode des Vaters 1888 die Kapelle übernahm, ist nie mit Bullerjahn in einen ernsthaften Streit geraten. Im Gegenteil, beide Kapellen haben oft ein gelungenes Doppelkonzert bestritten, in Mariaspring und auch in Göttinger Gartenlokalen.

Der wirklich ernsthafte Gegner war das von dem Stabshautboisten Meyer, dem „schönen Meyer", geleitete Musikkorps der 82er, denn dieses wurde bald zu einem gefährlichen Konkurrenten. Einmal gab es — „und das aus purer Bosheit kostenlos!" wie alle Zivilmusiker wüteten, Promenadenkonzerte auf dem Marktplatz. Es war zwar der Sinn dieser Darbietung, die Verbindung zwischen der Garnison und der Bevölkerung enger zu gestalten, aber sie hatte die üble Begleiterscheinung, daß musikalisch genügsame Bürger hieran genug hatten und nicht mehr zu den Konzerten am Nachmittag kamen. Zum anderen beschloß mancher Vereinsvorstand, der dem Militärkonzert gelauscht hatte, die Soldaten zum Ball in der Wintersaison zu engagieren.

Es muß betont werden, daß in allen Garnisonen die gleichen Probleme auftauchten. Zahlreiche Zivilkapellen haben sich an den letzten Kaiser gewandt und gebeten, die Freistellung von Militärmusikern zu Tanzveranstaltungen einschränken zu lassen, was Wilhelm II. 1906 auch tatsächlich veranlaßte. Aber seine Entscheidung kam für Bullerjahn leider viel zu spät.

Der Göttinger Musikdirektor hatte sich in einen Kampf gestürzt, der ihn verschlingen sollte. Die 82er dachten sich ein neues zugkräftiges Mittel aus. Das bengalische Feuerwerk wurde durch ein Schlachtenpotpourri untermalt, bei dem bereits 1888 Gewehrschüsse — selbstverständlich in die Luft und mit Platzpatronen — abgegeben wurden, um das Kriegerische der Märsche besser herauszustellen. „Marwedels Garten", der spätere „Stadtpark", war häufig der Schauplatz solcher Darbietungen. Wie sollte die Städtische Kapelle das Schlachtenpotpourri übertreffen? Dies konnte nur auf eine Radaumusik hinauslaufen, wenn man das Krachen der Gewehre durch noch stärkeren Lärm „schlagen" wollte. Und ob diese „Krawallmusik" ihrem „Komponisten" zur Ehre gereichen würde, war von vornherein zu bezweifeln.

Der Musikdirektor folgte zunächst dem Vorbilde des alten Kohrßen und entwarf ein Gegenstück zu dem beliebten „Bierwalzer", um auch ein für seine Kapelle charakteristisches Musikstück zu haben. Kohrßen hatte

v. Sehlens Gartenlokal (später Stadtpark)

den Studenten das Taktklappern mit den Seideldeckeln erlaubt, denn schlimm konnte das ja nicht werden, weil die meisten der jungen Leute mittanzen wollten. Der Langensalza-Hautboist kannte eben die Göttinger Musensöhne, Bullerjahn nicht. Dieser wollte sie stärker in das Musikstück einbeziehen und sie so dazu bringen, ihm ihre Kehlen zum Kampf gegen den „schönen Meyer" zur Verfügung zu stellen.

Schlecht ausgedacht war der Plan nicht, denn viele Musensöhne, namentlich die gedienten Soldaten unter ihnen, gönnten dem „schönen Meyer" von Herzen eine Niederlage. Der damalige Soldat hielt von den „verkleideten Blechpustern" überhaupt nichts, schon gar nicht zählte er sie zum Militär. Diese Einstellung konnte Bullerjahn nutzen und hat das auch weidlich getan.

Auf diesem Hintergrund und in dieser Situation des Konkurrenzkampfes entstand der „Bullerjahn", das berühmteste Studentenlied Göttingens. Wann es komponiert worden ist, konnte leider nicht sicher ermittelt werden, es ist aber im Herbst des Jahres 1888 bereits im „Deutschen Garten" erklungen. Hierbei machte Bullerjahn den schwerwiegendsten Fehler. Es war ihm gelungen, eine mitreißende Melodie zu schaffen, aber er hatte nicht an einen gleichwertigen Text gedacht (vielleicht konnte er ihn auch nicht bekommen). Es entstand nun jener völlig geistlose Text, dessen Aufzählung zahlreicher Mädchennamen immer wieder von „zick-zack Bärenschinken" unterbrochen wird. Gewiß hat auch der verunglückte Text im Laufe der Jahrzehnte ein nicht zu leugnendes historisches Gewicht bekommen. Zahlreiche „bemooste Häupter" denken heute noch gern an die Stunden, in denen sie mit voller Lungenkraft dieses Lied sangen, aber für seinen „Komponisten" sollte es das Ende einer vielversprechenden Laufbahn bedeuten.

Der Musikdirektor machte aus der Aufführung dieses Stückes eine Clownerie. Während seine Anhänger laut und begeistert mitsangen, forderte er sie durch Armschwenken zu immer größeren Leistungen ihrer Stimmbänder heraus, bis man nur noch an dem wippenden Zylinder und den Bewegungen des Dirigenten erkennen konnte, an welcher Stelle der Melodie die Musiker etwa sein könnten.

Das Ansehen, das sich Bullerjahn auch in Göttingen geschaffen hatte, brach blitzschnell zusammen. Bereits am 1. Oktober 1888 klagte die „Göttinger Zeitung" darüber, daß das letzte Konzert durch das rücksichtslose Bedienen der Kellner sehr gestört worden sei, die mitten in der „Fidelio-Ouvertüre" die bestellten Getränke brachten und kassierten. Dies mußte jeden Genuß an der Aufführung verderben. Aber Bullerjahn glaubte man bereits keine Rücksicht mehr schuldig zu sein. Er war als Radaumacher abgestempelt. Seine Bemühungen, die klassische Musik zu Gehör zu bringen, wurden völlig von seinem „Bullerjahn" zurückgedrängt.

In den nächsten Monaten kam es zu einem regelrechten Musikkrieg. Es bildeten sich zwei studentische Parteien, die eine hielt zu Bullerjahn, den auch die „Göttinger Zeitung" unterstützte, die andere bestand aus Anhängern des „schönen Meyer", zu dem die „Göttinger Freie Presse" hielt. Die Musikerfehde hatte also einen Zeitungskrieg im Gefolge, was die ganze Sache nur noch mehr verschärfte.

Vor dem alten Stadtpark

Wenn den 82ern ein Stück besonders gut gelang, ertönte sofort der Vers:

He, wo ist der Bullerjahn?
Man trifft ihn nicht zu Hause an.
Er sitzt auf der Kegelbahn
und säuft sich einen an.

Diese Behauptung war nun eine ganz üble Verleumdung, denn Bullerjahn war nie dem Alkohol ergeben und lebte mit seiner zahlreichen Familie ziemlich zurückgezogen.

Die Bullerjahnpartei antwortete damit, daß sie ihr Leiblied nur noch lauter brüllte, von Gesang war schon längst keine Rede mehr. Hinzu kam ein Zufall, der von allen Göttingern belacht, aber von der Partei des „schönen Meyer" weidlich ausgeschlachtet wurde. Der städtische Ausrufer Brüller kündigte das Konzert an, im Geschäft von Brülleisen wurde der Kartenvorverkauf abgewickelt und dann erklang der „Bullerjahn". Wenn es da nicht laut wurde . . .!

Die musikalischen Leistungen der Städtischen Kapelle gingen im Laufe der folgenden Jahre so sehr zurück, daß Oberbürgermeister Merkel bereits 1890 dem Musikdirektor raten mußte, sein Amt niederzulegen. Bullerjahn folgte gekränkt diesem Drängen, aber es war schon zu spät, er hatte seinen Ruf als Kapellmeister und Komponist bereits verwirtschaftet.

In Deutschland fand er keine Anstellung mehr und ging deshalb ins Baltikum, wo ihm ehemalige Göttinger Studenten einen neuen Start als Musiklehrer und Kapellmeister ermöglichten. In vielen baltischen Städten, die damals noch einen völlig deutschen Charakter hatten, wie Windau, Mitau, Riga, Jakobstadt, Pernau und Dorpat gab er gut besuchte Konzerte. Der baltische Adel öffnete ihm den Weg in die Petersburger und Moskauer Konzertsäle. In den beiden größten Musikmetropolen des alten Rußland konnte Bullerjahn ebenfalls eine Reihe beachtlicher Erfolge verzeichnen. Hier schrieb er auch seine letzten Kompositionen. Hätte Bullerjahn auf diesen erfreulichen neuen Grundlagen weitergebaut, wäre es möglich gewesen, einen ehrenvollen Platz unter den Kapellmeistern wieder einzunehmen, denn schließlich war der 1856 geborene Dirigent ja noch auf der Höhe seiner Schaffenskraft.

Da machte er einen zweiten, und den wohl schwerwiegendsten, Fehler seiner Laufbahn. Ihm verschaffte ein hilfreicher Gönner, angeblich ein Großfürst, die Möglichkeit, in New York das Orchester der „Metropolitan Opera" zu dirigieren. Nun war aber damals jene das einzige wirklich bedeutende Opernhaus der Vereinigten Staaten, eine Blamage in diesem Gebäude machte den Künstler in der ganzen Neuen Welt unmöglich. Da die

Ereignisse auf dieser Bühne, auf der einst Jenny Lind, die schwedische Nachtigall, ihre größten Triumphe gefeiert hatte, in europäischen Musikerkreisen gebührend beachtet wurden, mußte der Auftritt Bullerjahns ein Spiel mit höchstem Einsatz werden, um Ansehen und die ganze berufliche Zukunft.

Bullerjahn wagte diesen Einsatz! Sein Auftreten als Gastdirigent am 7. November 1902 endete mit einem völligen Fiasko! Er ging gebrochen nach Rußland zurück. Neue Erfolge in Konzerten gaben ihm den Mut, noch einen dritten Versuch zu wagen.

Im Februar 1905 ging er nach Berlin und dirigierte dort die Berliner Philharmoniker. Auch dieses Mal stand ihm nicht das Glück zur Seite. Die Presse schrieb anzüglich, es sei gewiß leichter, beim Dirigieren des „Bullerjahn" Erfolge zu erringen, als bei den Berliner Philharmonikern glanzvoll den Taktstock zu führen.

Mit dieser vernichtenden Kritik endete die Musikerlaufbahn Bullerjahns, die so verheißungsvoll begonnen hatte. Er ging nach Moskau zurück und ist hier in recht beschränkten Verhältnissen im Jahre 1911 gestorben. Der Komponist des „Bullerjahn" gehört, obgleich er an seinem Schicksal nicht schuldlos ist, zu den tragischen Erscheinungen der Göttinger Geschichte, denen wir unser Mitgefühl nicht versagen können.

Der „Deutsche Garten" um 1850

Göttinger „Füchse"

Heute drängen sich die neuimmatrikulierten Studenten im Erdgeschoß der Aula und müssen etliche Formulare ausfüllen, bis sie im Besitz des Studienbuches sind. Wann sie in den Genuß eines Zimmers kommen, ist dann immer noch in den Sternen geschrieben.

Wenn wir in den alten Göttinger Zeitungen zurückblättern, brauchen wir nur bis 1880 zurückzugehen, um ein völlig anderes Bild vorzufinden. Schwierigkeiten gab es damals überhaupt nicht, im Gegenteil, man freute sich über jeden Studenten, der kam.

Nur glaubt man sich in eine andere Welt versetzt, wenn in den Zeitungen bittere Klage geführt wird, daß die neuankommenden Studenten schon auf den Bahnsteigen, die damals noch Perron hießen, von Laufburschen, Stiefelwichsern, Couleurdienern und Dienstmännern geradezu überfallen würden, die den Fremden eine Wohnung vermitteln wollten. Die jungen Leute könnten kaum in Ruhe aussteigen. Man verstehe ja, daß viele, die auf Abvermietungen angewiesen seien, nichts leerstehen lassen wollten, aber oft würden die unerfahrenen Studenten ausgenützt und um eine Ver-

Göttinger Füchse um 1840 (Zeichnung von Neise)

Auf der Bude (Zeichnung von Neise)

mittlungsgebühr geprellt. Es wären Fälle vorgekommen, daß man drei Mark Provision für ein Appartement verlangt habe und das wäre doch wirklich fortgeworfenes Geld, an „Buden" bestände ja kein Mangel. Der heutige Leser vergewissert sich unwillkürlich, ob er es wirklich mit einer Göttinger Zeitung zu tun hat, aber es stimmt, „Budensuche" war früher in Göttingen absolut kein Problem. Um die Studenten vor zudringlichen Zimmervermittlern zu schützen, verbot die Stadtverwaltung im Einvernehmen mit dem Bahnhofsvorstand mehrfach das Betreten der Bahnsteige durch berufsmäßige Zimmervermittler.

Eine „schneidige Studentenbude" (um 1880 war alles schneidig) bestand aus zwei Zimmern, einem Wohn- und Arbeitszimmer, respektlos „Ochsenstall" genannt, weil man darin „ochsen" oder zum Examen „büffeln" mußte, und einem Cabinett, wie man zum Schlafzimmer sagte, während sich der Musensohn sehr viel deutlicher ausdrückte, denn dort stand ja das „Wanzengrab", die „Flohkiste", „die Schnarchmolle" oder wie man sonst zum Bett sagte. Wenn Bruder Studio eine Bude mietete, probierte er zunächst einmal das Bett aus. In Göttinger Verhältnissen erfahrene Musensöhne, wie der berühmte Student Rumpf, mieteten sich grundsätzlich nur dort ein, wo auf dem Hof eine Gänseherde schnatterte. Viele Bürgersfrauen priesen nämlich ihre „echten Chöttinger Betten, Kissen und Federbett alles von aajene Chänsedaunen, Herr Stedente". Die guten Betten wurden in den zeitgenössischen Tagebüchern und in den Briefen in die Heimat sehr gerühmt.

Nur ging man nicht am frühen Morgen auf Budensuche. Vor dem Frühstück galt der Göttinger Ackerbürger nicht als ansprechbar. Für gewöhnlich bekam der junge Mann von seinem Wirt noch einige Ermahnungen: „Also, Herr Stedente, aans chlaach vorwech, saufen können Se ßoviel Se wollen, ich bin nämlich brauberechticht, aber Orchideen (d. h. Orgien) mit Mächens dulde ich nich." Schneidermeister Hase machte es noch deutlicher: „Ich sare ja nich viel, aber der Deubel ßoll Szie holen, wenn Se ihre Flickarbaat woandershin chäben."

Billig waren die Studentenbuden übrigens nicht. Sie kosteten zwischen zwölf und zwanzig Mark monatlich, was um 1880 viel Geld war. Der Preis für den Morgenkaffee war hierin allerdings enthalten. Freilich dürfen wir uns unter Kaffee keinen Mokka vorstellen, sondern nur die sogenannte „Lorke", die meist lauwarm, ziemlich süß und sehr dünn war. Herzbeschwerden konnte man kaum davon bekommen.

Viele Buden hatten auch Namen, unter denen sie in der Studentenschaft bekannt waren. Eine hatte giftgrüne Tapeten und hieß deshalb „das grüne Gewölbe", in einer hochgelegenen Mansardenwohnung hauste der „Pilgrim von St. Just" („auf neunundneunzig Stufen steigt der Pilgrim zu der steilen Höh"), die „Bellevue" hatte eine fabelhafte Aussicht auf ein Wohnzimmer, in dem oft drei hübsche junge Mädchen mit Heimarbeiten beschäftigt waren. Besonders bequem hatte es der Inhaber der „Zauber-

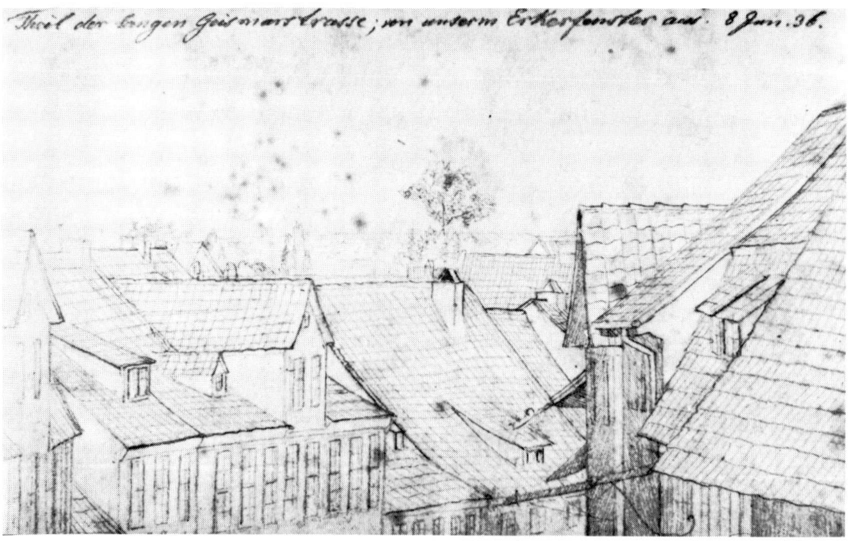

Aussicht aus einer Bude um 1840 (Zeichnung von Neise)

quelle", wenn er dreimal kräftig mit einem Scheit Holz auf das Geländer klopfte, brachte ihm sein „Schlummervater" (d. h. Hauswirt) eine Kanne Bier.

Nur ein unerfahrener Student mietete die „Lenorenhöh" („Lenore fuhr ums Morgenrot empor aus schweren Träumen"). Nebenan wohnte ein Kupferschmied, der sich nicht genierte, frühmorgens um sieben, wenn ein rechter Musensohn noch schlief, auf seine Kessel einzuhämmern, daher der so romantisch anmutende Name.

War die Bude besorgt, ging der Student erst einmal zum Schoppen und suchte sich einen „Freßplatz", zu dem man auch Mittagstisch hätte sagen können.

War diese Frage geregelt, ging der Student am nächsten Tage zum Immatrikulieren, was ohne viel Formalitäten erledigt wurde. Bis in unser Jahrhundert veröffentlichten die Tageszeitungen laufend die Namen der immatrikulierten Studenten, ihr Studienfach, ihren Heimatort und ihre Göttinger Adresse. Der „krasse Fuchs" so hieß der Studienanfänger nun, wurde nun sehr bald von neuen Freunden aufgesucht. Kaufleute boten ihm ihre Waren an und betonten dabei, daß er selbstverständlich Kredit hätte, Stiefelwichser und Dienstmänner hofften bei ihm Verdienst zu finden und nicht zuletzt kamen Verbindungsstudenten, die den Fuchs „keilen" wollten. Glücklicherweise waren letztere stets hilfsbereit und gaben dem unerfahrenen Kommilitonen Ratschläge, wie er mit Gastwirten, Stiefelwichsern und Kaufleuten fertig werden könne, denn diese drei Berufe waren für einen Studenten lebensnotwendig. Sie halfen ihm auch, sich im akademischen Leben zurechtzufinden.

Göttingen ist stets eine Arbeitsuniversität gewesen, aber trotzdem hielt man hier den Frühschoppen in höchstem Ansehen. Auch sonst sehr solide Studenten tranken ihren Schoppen, bevor sie ins Kolleg gingen. Der Trompeter Ludchen Ahrens hatte gewiß den Nagel auf den Kopf getroffen, als er einem Dransfelder auf die Frage, ob in diesem Semester viele Studenten in Göttingen seien, mit einer verächtlichen Handbewegung erklärte: „Viele is' char kaan Ausdruck. Baam Frühschoppen fällt kaan Appel mehr ßur Erde, weder inne ‚Krone', noch im ‚Bären', noch inne ‚Alte Fink', ßo viel Stedenten ßinn da. Un' kaane Bude is' mehr fraa, ßojar de Lenorenhöhe is' vermietet. Nänä, wo ßoll das noch hin mit de vielen Stedentens?"

Bei „Schnaps-Conradi"

Um 1790 war einer der bekanntesten Göttinger Wirte der „Schnaps-Conradi", der im Eckhaus Gotmarstraße-Paulinerstraße seine Wirtschaft betrieb. Er war seines Zeichens Cafétier, Tabagist und Likörbrenner. Conradi war Kellner gewesen, folgte dann aber einer nach dem Siebenjährigen Kriege aufkommenden Mode und eröffnete in Göttingen einen Kaffeeausschank. Dies war verhältnismäßig einfach, weil man dazu keine Gastwirtskonzession benötigte.

Die Einrichtung Conradis war für heutige Verhältnisse mehr als einfach. Er stellte den Studenten eine Stube im hinteren Teil seines Hauses zur Verfügung. Die Aussicht des „Café" ging auf den kleinen Hof, in dessen

Kronenwirt Fritz Bettmann (Zeichnung von 1856)

Dreck die Schweine Conradis wühlten und auf einige triste Haus- und Scheunenwände, aber Aussicht verlangte damals niemand, der für einen Gutengroschen und sechs Pfennige (zusammen achtzehn Pfennige hannoverscher Währung) eine Portion Kaffee und Kuchen bestellte.

Polizeiberichte jener Jahre melden mißvergnügt, daß die Gäste Conradis auf „schwellenden Polstern säßen" und in solch luxuriöser Umgebung Kaffee tränken. Dabei bestanden die schwellenden Polster nur aus einer gepolsterten Auflage, die über Holzstühle und Wandbänke gelegt waren, aber selbst der wohlhabende Bürger benutzte, wenn es hochkam, einen rohrgeflochtenen Stuhl, wenn er nicht mit einem Brettstuhl oder einem Holzschemel zufrieden war. Sessel und Sofas fand man in einem Bürgerhause überhaupt noch nicht.

Bei Conradi saß man also für damalige Begriffe überaus bequem und trank seinen Kaffee, der ja im Hause nur an Feiertagen auf den Tisch kam und auch dann holte man nur ein oder zwei Lot (das alte Lot war der zweiunddreißigste Teil des hannoverschen Pfundes von 465 Gramm Gewicht). Conradis Streußelkuchen war zwar berühmt und von ausgezeichneter Qualität, die Hausfrauen waren aber der Überzeugung, daß es völlig genüge, wenn der spendable Ehemann zwölf Pfennige für eine Kanne Kaffee zahle, die sechs Pfennige für zwei Stück Streußelkuchen könne man sparen, und wickelte das häusliche Vesperbrot, bestenfalls selbstgebackenen Kuchen aus.

Die wichtigste Kundschaft Conradis bestand daher nicht aus Bürgern, sondern aus Studenten, die nicht nur seinem Kaffee, sondern auch seinem Kuchen alle Ehre angedeihen ließen und so manches liebe Mal Zechen von fünf, sechs Groschen und noch mehr machten. Solche Gäste konnte der Wirt gebrauchen und um sie zu halten, ließ er sich schon etwas einfallen. Conradi räumte ein zweites Zimmer ein, das nun das vordere hieß. Hier sollten die Bürger verkehren. Aussicht gab es hier zwar auch keine, denn auf der Gotmarstraße passierte absolut nichts, aber dafür konnte man hier so angenehm über die Gäste des Hinterzimmers reden, das sich zu einem solchen Höllensumpf des Lasters und der Verworfenheit entwickelte, daß selbst die Pastoren in der Sonntagspredigt wider die Verruchtheit dieses Hinterzimmers donnerten. Die Professoren bekamen Wutanfälle, wenn sie nur an dieses Zimmer dachten, die Scharwächter lockerten den Säbel in der Scheide, wenn sie an Conradis Haus vorüberschritten, und selbst die hochpreisliche kurfürstlich hannoversche Regierung erkundigte sich des öfteren nach dem, was in jenem Zimmer geschah!

Es müssen unsagbar friedliche Jahre gewesen sein, denn was regte die hochwohllöbliche Obrigkeit auf? Im Hinterzimmer wurde nicht nur Kaffee getrunken, noch schlimmer, man rauchte dabei und zwar so, als ob Conradis Backofen in der Stube stände, und selbst damit noch nicht genug, die Studenten erfrechten sich sogar, Zeitungen zu lesen, und zwar nicht nur das privilegierte Anzeigenblatt (allerdings hätten die Musensöhne mit dem Angebot von Ackerstücken, trächtigen Kühen und Ferkeln auch nichts anfangen können), sondern ausländische Zeitungen (d. h. preußische, sächsische und die Londoner „Times"). Die Studenten behaupteten zwar, die „Times" sei absolut nicht staatsgefährdend, weil sie mit Erlaubnis Seiner Majestät, König Georgs III. von Großbritannien, der ja auch über Göttingen herrsche, gedruckt werde, aber Zeitungen, die kein Göttinger Scharwächter lesen konnte, waren ohnehin verdächtig.

Allerdings wurde im Hinterzimmer sehr heftig politisch debattiert, wie Lauscher feststellten. Es gab 1792 sogar Musensöhne, die mit lauter Stimme die Erbauung einer Guillotine auf dem Marktplatz und als erstes Opfer die Hinrichtung des Göttinger Stadtkämmerers forderten. Hierzu sollen sogar Gäste des Vorderzimmers beifällig genickt haben! Übler war es schon, daß die Studenten, wenn der Pfarrer sie in der Predigt eindringlich vor den Versuchungen des Hinterzimmers warnte, als Vergeltungsmaßnahme zur Melodie des Schlußliedes die Marsaillaise sangen und zwar laut und ohne sich zu genieren, so daß Küster und Organist sich schon von blutdürstigen Revolutionären geköpft sahen.

Und es kam noch schlimmer. Eines schönen Tages bot Conradi seinen Gästen selbstgebrauten Likör an. Den durfte er ausschenken, Branntwein, Bier und Wein waren ihm zu führen verboten. Da er mehrere Sorten herstellte und die Gäste des Hinterzimmers sehr gründlich probierten, machte er gute Geschäfte, was ihm den Namen „Schnaps-Conradi" eintrug, denn zwischen Schnaps und Likör machte der Musensohn keinen großen Unterschied und „Schnaps-Conradi" klang viel besser nach der Verworfenheit des Hinterzimmers.

Conradi ist binnen zehn Jahren wohlhabend geworden. Sein Schwiegersohn kaufte von dem im Hinterzimmer verdienten Geld die „Krone". Der nach einem Ausspruch Bismarcks weltbekannte Kronenwirt Fritze Bettmann war ein Enkel „Schnaps-Conradis".

So ganz unrecht hatte die hannoversche Regierung aber nicht mit ihrem Argwohn gegen die Gäste des Hinterzimmers. Ein dort verkehrender Student namens Böhm war 1794 Sekretär des französischen Revolutionsgenerals Custine. Mit Sicherheit gab es Beziehungen zwischen dem Hinterzimmer und dem „Club der deutschen Jacobiner" in Mainz und vielleicht spannen sich auch Fäden zwischen Conradis Gästen und den Unruhen, die 1792 in Nordwestdeutschland an mehreren Stellen auftraten.

Ganz unzweifelhaft sind aber die meisten blutdürstigen Reden nur geführt worden, um ein wenig als Bürgerschreck zu wirken. Später waren die Sänger der Marsaillaise gehorsame Staatsbürger und treue Patrioten. Als der Kronenwirt Fritze Bettmann während der Jubiläumsfeier 1837 alte Herren nach den Lebensschicksalen der Gäste seines Großvaters fragte, bekam er immer nur zur Antwort: „Der fiel als Landwehrhauptmann bei Dennewitz, der fiel bei Leipzig, der fiel an der Katzbach, der fiel bei Waterloo." Zuletzt mochte Bettmann nicht mehr fragen, es kam ja doch nur die Antwort gefallen, gefallen . . .

Das Korps der Stiefelfüchse

Ein Student wäre im vorigen Jahrhundert ohne seinen Stiefelwichser undenkbar gewesen. An anderen Universitäten nannte man diesen Berufsstand die Wichsiere, in Göttingen sagte man Stiefelfuchs, wobei — fuchs zeitweise — fux geschrieben wurde. Derjenige, der diesen Beruf ergreifen wollte, mußte sehr früh aufstehen können. Als Bismarck hier studierte, begannen die Kollegs um fünf Uhr morgens, später wurden in Göttingen die ersten um sechs gelesen. Der heutige Vorlesungsbeginn um acht Uhr ist erst ganz jungen Datums.

Der Stiefelfuchs mußte also spätestens um drei Uhr aus den Federn, wenn er Anzug und Schuhwerk seiner Kunden pünktlich sauber haben wollte. Selbstverständlich besorgte er erst die Studenten, die zu den frühesten Vorlesungen wollten, dann kamen die anderen an die Reihe, aber um

Göttinger Stiefelfuchs um 1840 (Zeichnung von Neise)

sieben Uhr mußte spätestens die Arbeit beendet sein, da man im allgemeinen vor hundert Jahren sehr viel früher aufstand als heute, allerdings auch mit den Hühnern schlafen ging. Bei der Kerze traulichem Scheine arbeitete man nur, wenn es unbedingt nötig war, um Licht zu sparen.

Der Stiefelfuchs eilte mit einer Stallaterne durch die Straßen, die noch in völliger Dunkelheit lagen, wenn er sein Tagewerk begann. In der Hand trug er einen Kasten, der seine Vorräte an Stiefelwichse, Schuh- und Kleiderbürsten enthielt. Der Rohrstock, der zum Ausklopfen der Anzüge benutzt wurde, hing an einem Band über der Schulter.

Am Gürtel rasselte ein gewaltiges Schlüsselbund, in dem der Hausschlüssel eines jeden Kunden Platz fand, denn man konnte es ja von keinem Musensohn verlangen, daß er um drei Uhr nachts den Stiefelfuchs hereinließ.

Der Fuchs betrat leise das Zimmer des Studenten, holte sich die Stiefel und die Kleidung und ging hinaus, um alles gründlich zu säubern. War dies getan, und besonders die hohen Kanonenstiefel verursachten viel Arbeit, schaute sich der Fuchs um, ob der Musensohn noch irgendeine Aufgabe für ihn hatte, etwa schmutzige Wäsche fortzubringen, Flickarbeit ausführen zu lassen, ein Paket zur Post oder Bücher zur Universitätsbibliothek zu tragen und ähnliche Arbeiten, die der Fuchs dann, wenn die „Tour" beendet war, im Laufe des Vormittags gewissenhaft besorgte. In vielen Fällen betreute die Frau des Stiefelfuchses die Wäsche des Kunden.

Nur sehr arme Studenten verzichteten auf die Dienste des Stiefelfuchses. Wenn man sie gesprächsweise fragte, wen sie als Fuchs beschäftigten, antworteten sie: „Nur den hölzernen" (d. h. den Stiefelknecht, der auf keiner Bude fehlen durfte und mit dem der arme Musensohn das sonntägliche Kotelett, das er sich auf der Ofenplatte briet, zu klopfen pflegte).

Der Fuchs bekam von dem Studenten monatlich einen Taler für seine Dienste und viele, namentlich diejenigen, die sehr früh ins Kolleg mußten, bekamen den getreuen Diener nur zu Gesicht, wenn er seinen Lohn holte. Manche sahen ihn allerdings täglich, sofern er noch am Werk war, wenn der Student aufstehen mußte. Selbstverständlich weckte dann der Fuchs pünktlich und nicht gerade zart, nämlich mit einem schallenden Schlag auf die Kehrseite des schnarchenden Akademikers.

So wichtig die Säuberung von Stiefeln und Kleidern auch war (wir müssen bedenken, daß die hohen Studentenstiefel in dem oft grundlosen Straßenmorast früher eine sehr notwendige Fußbekleidung waren und keineswegs ein Zierstück, eine tägliche Reinigung also dringend nötig hatten) wäre dieser Aufgabenbereich bei weitem nicht ausreichend gewesen, den Stand der Stiefelwichser zu der Bedeutung zu erheben, die er im studentischen Leben gehabt hat.

Der Stiefelfuchs nahm dem Musensohn allen Kleinkram des täglichen Lebens ab, den der junge Akademiker der heutigen Zeit selbst erledigen muß und der ihm manche wichtige Arbeitsstunde raubt. Der Fuchs trug rechtzeitig die Stiefel zum Schuhmacher, die Kleidung zum Schneider und die Uhr zum Uhrmacher, wenn Reparaturen notwendig waren. Er betreute die Wäsche, erledigte für seinen Herren die Einkäufe, wenn dieser sich das Abendbrot und Frühstück selbst hielt, was viele taten. Selbstverständlich sorgte er dafür, daß das Flaschenbier nicht ausging und besorgte den Wein, wenn der Student eine Freundesschar einladen wollte. Die Reinigung der Pfeife war genauso seine Aufgabe, wie die Beratung des Studenten beim Ankauf von Tabak und Zigarren.

Studenten, die etwas rechnen mußten, gaben manchmal folgenden Befehl: „In der ersten Woche des Monats holst Du mir Cubazigarren, in der zweiten ‚Gigant' (eine billigere Zigarrensorte aus südamerikanischen Tabaken, die um 1850 viel geraucht wurde), in der dritten Woche ‚Eichsfelder Schnitt' und dann bis zum Schluß des Monats ‚Husarenknaster'." Letzterer ist nur mit den Kriegstabaken von 1945 zu vergleichen. Er bestand aus einem Drittel getrockneten Kirschblättern, einem Drittel getrocknetem Kartoffelkraut, einem Drittel einheimischen Tabaken und etwas getrocknetem Waldmeister. Dieses mörderische Kraut rauchten die Husaren gelegentlich in den Pferdeställen, um die Fliegen zu verjagen. Viele Ackerbürger bereiteten sich die gleiche Marke, weil sie so enorm billig war. Es wagten sich aber nur mutige Studenten, die das Rauchen nicht lassen konnten, an diesen Genuß heran, und es gab Stiefelfüchse, die Meister in der Zubereitung des Husarenknasters waren.

Durch die Aufgabe, all diese Dinge zu besorgen, nahm der Stiefelfuchs eine Mittlerrolle zwischen dem Gewerbetreibenden und dem Studenten ein. Der Geschäftsmann und der Handwerker gaben ihm gern ein kleines Trinkgeld, damit er ihnen Kundschaft brachte und der Musensohn zahlte ihm ebenfalls eins, weil er alles so gut besorgt hatte. Ein Stiefelfuchs stand sich also nicht schlecht. Es hat in Göttingen eine ganze Reihe von Stiefelfüchsen gegeben, die große eigene Mietshäuser besaßen, aber pünktlich jeden Morgen mit Stallaterne und Wichskasten durch die Straßen liefen.

Es ist auch mehr als einmal vorgekommen, daß der Fuchs seinem Herrn nicht unbedeutende Geldsummen vorstreckte und dann mit ihm ängstlich auf den Geldbriefträger wartete, der den neuen Wechsel brachte. Dann wurde allerdings sofort kassiert. Auf längere Darlehen ließ sich der Stiefelfuchs nicht ein. Ebenso nahm er recht beträchtliche Zinsen, die mindestens fünf Prozent betrugen, wobei es völlig gleichgültig war, ob das Geld für acht Tage oder für ein halbes Jahr gepumpt worden war, wobei man aber berücksichtigen muß, daß der Student im vorigen Jahrhundert überhaupt sehr hohe Zinssätze zu zahlen hatte, die oft bis zu zehn Prozent betrugen. Manche Füchse sind im Alter regelrechte Geldverleiher geworden.

Nie wurde aber ein Fuchs um sein Geld gebracht. Dagegen sicherten sich alle Angehörigen dieses Berufes, indem sie ein „Korps der Stiefelfüchse" bildeten, das streng nach studentischem Komment in dem „Gasthaus zum Schwan" an der Weender Landstraße tagte. Hier wurden alle Darlehensgesuche von Studenten besprochen und entschieden, wer als kreditwürdig zu gelten habe und wer nicht. Der Musensohn, der bei diesem Korps in Bierversch ... getan wurde, bekam nicht nur keinen dienstbaren Geist mehr, sondern auch nirgendwo mehr Kredit, denn für die Geschäftsleute war das Urteil dieses Korps maßgeblich. Der Student hütete sich daher, es mit den Stiefelfüchsen zu verderben.

Dieser Berufsstand ging mit dem Ende des vorigen Jahrhunderts ein. Man zog es vor, Industriearbeiter zu werden, weil dieser eine sozial sehr viel angesehenere Stellung hatte als der Stiefelfuchs. Alte Arbeiter erzählten aber noch vor 1945 in Göttinger Betrieben den jungen Studenten, die dort einen Ferieneinsatz ableisten mußten, oder als Werkstudenten ihr Studium verdienten, daß sich ihre Väter als Stiefelfüchse sehr viel besser gestanden hätten als sie und schlossen dann mit den Worten: „Das alte Chöttingen is' eben nich mehr un' die heutijen armen Deubels von Studikern können ja auch kaane Stiefelfüchse mehr halten."

Das alte Göttingen, seine Studenten und seine Stiefelfüchse bildeten eine Einheit, die unwiederbringlich dahingeschwunden ist.

Karzerpoesie

Der Göttinger Karzer war berühmt und zwar nicht erst seit der Zeit als der stud. jur. Bismarck in ihm gesessen hatte. Heute noch erzählt man gern in Göttingen, daß auf dem Ehrenbürgerbrief, der dem Reichskanzler Fürst Bismarck von seiner alten Musenstadt überreicht wurde, unter anderen Sehenswürdigkeiten auch der Karzer abgebildet war, was den Geehrten ganz besonders freute.

Nach den Befreiungskriegen waltete hier der Pedell Brühbach seines Amtes, weshalb jener finstere Ort auch „Hotel de Brühbach" hieß. Jenes Arrestlokal lag im alten Collegienhause, das einem Erweiterungsbau der Universitätsbibliothek zum Opfer fiel. Dort hat Bismarck eingesessen und

Kerkermeister Hartig (Zeichnung von E. Honig)

seinen Namen in die Tür geschnitzt, die deshalb später in dem neuen Karzer in der Aula wieder angebracht wurde.

Der Nachfolger Brühbachs war der allgemein verhaßte Hartig, der den Spitznamen Braten trug, weil er den Inhaftierten, die sich auf eigene Kosten verpflegen mußten, grundsätzlich nur Braten holte. Diese kleine Eigenheit hätte ihm niemand verübelt, schließlich ist ein Stück Braten ja noch nicht die schlechteste Kost, aber leider hatte Hartig eine wenig schöne Eigenschaft, er war gänzlich humorlos und nahm die Hausordnung auf das i-Tüpfelchen genau. Den Studenten machte er damit das Leben schwer, wenngleich der Karzer ja auch nicht als Erholungsaufenthalt gedacht war, und sie spielten ihm Schabernacks, wo es nur möglich war.

So war es üblich, dem Studenten nur zwei Decken zur Verfügung zu stellen. Sein Rücken war nun aber nicht an eine Holzpritsche gewöhnt und so durfte er beim Hausmeister einen Strohsack mieten. Für Hartig war dies eine kleine Nebeneinnahme. Wie oft es aber die eingesperrten Musensöhne fertig bekamen, den Sack in Brand zu stecken, ist nicht zu sagen. Besonders Naturwissenschaftler verließen nie den Karzer, ohne hier etwas angestellt zu haben. Als sich Hartig einmal bei Professor Wöhler darüber beschwerte, antwortete ihm dieser nur: „Na, wenn die Studenten im Karzer Experimente vornehmen, tun sie doch wenigstens was Vernünftiges. Gelingen denn die Versuche?" „Und ob! Chestern war de chanze Aula verqualmt!" „Na, das freut mich!" Und ließ Hartig stehen.

Die Philologen dachten sich etwas anderes aus, was aber nur sehr schwer durchgeführt werden konnte, nämlich die öden Karzerwände mit Inschriften zu verzieren, ohne daß Braten etwas davon merkte. Selbstverständlich konnte man hierzu nur die letzte Nacht benutzen und mußte am Morgen Hartig so lange ablenken, bis man aus dem Karzer heraus war.

Dennoch gelang es, eine ganze Anzahl von Reimen, Zeichnungen und einfachen Inschriften anzubringen. Der „Kerkermeister" tobte jedesmal, wenn er eine neue entdeckte, hielt sich aber immerhin an den altüberkommenen Brauch, keine zu entfernen, die einmal angebracht war, ohne daß der Verfertiger dabei erwischt worden war.

Blau geärgert hat er sich über die „Klingelordnung":

1 x gibt's Braten
2 x Seine Spektabilität der Herr Dekan
3 x Seine Magnifizenz der Herr Prorektor

„Is das 'ne Art un' Waase? Ich renne un' laufe un' hole Bratens un' die Mützenjungs erkennen das nich' an. Nänänä, ßo aan faanes Leben möchte ich auch mal chenießen, morjens, mittachs und abends Braten vorchesetzt kriejen, das wäre ßo maan Fall."

Ein anderer Musensohn, der im Juli „brummen" mußte, und ausgerechnet zur Zeit des Schützenhofes, schrieb traurig an die Wand:

Gar lieblich durften die Rosen
Soldaten ziehen ins Feld
und ich sitz' hier im Karzer
anstatt im Schützenzelt.

Das hatte er sich nun freilich selbst zuzuschreiben. Vielleicht hat er es so gemacht, wie jener, der sein Vergehen, für das er sitzen mußte, in Reime faßte:

Als ich sie zuerst gesehn
dacht ich nur das eine
Himmel, brennt die Lampe schön!
diese oder keine!

Worauf er sie löschte, damals ein sehr beliebter Streich, bei dem übrigens nichts beschädigt wurde. Die Lampen wurden ganz sachgemäß gelöscht, sonst war es ja kein Spaß.

Ein anderer Vers bezog sich auf einen ebenfalls höchst beliebten Streich:

Die Löschmannschaft die rennt heran
zu helfen wo sie löschen kann
jedoch ist sie umsonst gerannt
dieweil der Brunnen hat gebrannt.

Im Winter wurden die Pumpen, die die Bevölkerung vor 1878 mit Wasser versorgten, mit Stroh und einem Lattenverschlag gegen die Kälte gesichert. Manchmal machten sich Studenten den wenig schönen Spaß, die winterlichen Umhüllungen in Brand zu stecken und dann laut nach der Feuerwehr zu rufen. Wer dabei erwischt wurde, mußte unweigerlich den Weg ins „Hotel de Brühbach" antreten. Wenn er dann dort einige Tage dem Strohsack Gesellschaft geleistet hatte, kam solch trübsinniges Gedicht wie das folgende zustande:

Feinsliebchen sitzt im Rosenhag
Schlürft Schokolade und Kaffee
Und ich lieg hier auf dem Strohsack
Was tut das Kreuz mir weh!

Diesen Vers nahm Hartig ausnahmsweise mit beifälligem Schmunzeln auf. „Sziehste, maan Szohn, das kommt vons nächtliche Ständchenbringen." Andere sahen die Lage poetischer an:

Das Liebchen härmt sich um mich ab
läßt ihren Mund verstummen.
Wie gern wischt ich die Tränen ab,
doch ich muß leider brummen.

Frankfurter Karikatur 1848 auf Göttingen

Höchst prosaisch drückte sich ein Student aus, der drei Tage strengen Karzer hatte, d. h. bei Wasser und Brot:

O hätt' ich doch ein Bier zur Hand
ich tränks in vollen Zügen
muß ich doch schon den dritten Tag
auf harter Pritsche liegen.
Und lacht mir auch kein roter Mund
hier in der Abendröte,
viel lieber wären mir zur Stund
zehn Schinkenbutterbröte.

Wie berühmt der Göttinger Karzer mit seinen Wandinschriften war, sollte bereits die Revolution von 1848 zeigen. Damals erschienen in Frankfurt/M. humorvolle Karikaturen von der politischen Bildungsreise des Barons Beisele mit seinem Hofmeister Dr. Eisele durch Deutschland. Überall in den hannoverschen Landen werden die herrschenden Kreise sehr scharf aufs Korn genommen, nur nicht in Göttingen.

Hier geht Dr. Eisele mit seinem Baron in den Karzer und schwelgt in seligen Studentenerinnerungen. Noch ist die Wandinschrift deutlich zu lesen, die er verfaßte, als er wegen einer Säbelmensur im „Hotel de Brühbach" verweilen mußte. Die Politik bleibt draußen. Im Göttinger Karzer kann man sich nur wehmütig an die alte Burschenherrlichkeit erinnern. Es ist aber bezeichnend, daß selbst in einer Zeit, in der alle politisch denkenden Bürger aufs höchste erregt waren, der Karikaturist vor Göttingen haltmachte. Die Karzerpoesie war auch jetzt stärker als alles andere, was in der Musenstadt vor sich ging.

Professor Klinkerfues (Zeichnung von Petri)

Wann kommt der Fürst von Odessa?

Fritze Bettmann war sehr stolz auf seine schöne „Krone", die unter seiner Leitung das beste Hotel Göttingens geworden war. Sein Vater hatte als vornehmsten Gast Kaiser Alexander I. von Rußland bedienen dürfen, er selbst hatte nicht nur den König von Hannover häufig zu Gast gehabt, sondern auch Kaiser Wilhelm I. auf dem Bahnhof ein Frühstück servieren können, und zählte Bismarck zu den regelmäßigen Beziehern seiner selbstgemachten Mettwürste. Trotzdem war er jedesmal böse, wenn ein prominenter Gast ein anderes Hotel bevorzugte, weil er gern alles was Rang und Namen hatte, bei sich sehen wollte.

Dieser Wunsch hatte manchmal merkwürdige Folgen. Hatte z. B. sein Nachbar und Konkurrent Bremer in der „Stadt London" einen Grafen zu Gast, mußte er auch einen haben, verkehrte dort ein Major, mußte er unbedingt einen Obersten haben.

Das machten sich einmal einige Studenten zunutze. Bei Bremer hatte mehrere Tage ein russischer General gewohnt, der natürlich die Aufmerksamkeit der Bürger auf sich gezogen hatte, was Bettmann nicht wenig wurmte. Nun war aber weit und breit nichts Russisches zu erblicken, was er hätte entgegensetzen können. Doch einige Wochen später bot sich eine nie wiederkehrende Gelegenheit.

Ein sehr exotisch aussehender junger Mann stieg von einem ziemlich kleinen Pferd, das ein alter Soldat als Kosakenpferd bezeichnete, und verlangte in ziemlich gutem Deutsch den Wirt zu sprechen. Er erklärte dem erstaunten Bettmann, der Fürst von Odessa würde übermorgen durch Göttingen reisen, und möchte mit seiner Begleitung, insgesamt siebenundvierzig Personen, ein sehr gutes Diner einnehmen. Der Bote, er stellte sich als Haushofmeister des Fürsten vor, besichtigte auch sofort den kleinen Saal, in dem gegessen werden sollte, wobei Bettmann sich beeilte zu versichern, daß selbstverständlich frische Vorhänge an die Fenster kommen würden und eine große Reinigung des Saales stattfinden sollte, der Fürst würde alles zu seiner Zufriedenheit vorfinden.

Als er mit dem Haushofmeister die Speisekarte zusammenstellte, konnte er immer nur wieder staunen, welche Kenntnisse der junge Mann in den Weinsorten besaß. Er schien aber auch ein Feinschmecker zu sein, denn

Bettmann hatte Mühe, ihn zufriedenzustellen. Im stillen rechnete er sich aus, daß dieses Essen ihm einen schönen Verdienst bringen würde, und Bremer würde vor Neid blaß werden, wenn der russische Fürst mit seinem großen Gefolge aus den Kutschen steigen würde.

Natürlich machte er etwas Propaganda für sich, ließ an den Stammtischen etwas von hohem russischem Besuch fallen, verriet auch einem Studenten, daß es sich um den Fürsten von Odessa handele. Der sann eine kurze Zeit nach und sagte dann: „Odessa ist eine große Hafenstadt am Schwarzen Meer, in der das ukrainische Getreide verladen wird. Wenn der Fürst daran beteiligt ist, muß er schwerreich sein." Kaum hatte Bettmann, hochbefriedigt von dieser Auskunft, den Tisch verlassen, als sich der Buchdrukker Hofer an den Musensohn wandte: „Nun sagen Sie mal, gibt es denn wirklich einen Fürsten von Odessa, von der Familie habe ich noch nie gehört. Odessa war doch kein Fürstentum?" Blitzschnell hielt ihm der junge Mann den Mund zu. „Verstehe", gurgelte der Drucker, „verstehe vollkommen, da mache ich mit."

Am nächsten Tag raunte es durch ganz Göttingen, bei Fritze Bettmann sollte ein großer Studentenulk stattfinden, und jeder Bürger, der sich durch einen der Streiche des Gastwirts irgendwie getroffen gefühlt hatte, nahm sich fest vor, kein Wort zu verraten. Neugierig erkundigte man sich beim Kellner, wann denn nun der hohe russische Besuch käme. Der Ober steckte den Groschen ein und sagte: „Das Diner muß Punkt drei Uhr nachmittags fertig sein." Er stand sich wohl am besten dabei, denn sehr viele fragten und die Trinkgelder summierten sich bis zum Abend zu mehreren Talern, in jener sparsamen Zeit war das schon etwas.

Der große Tag kam und zahlreiche Göttinger hatten sich eingefunden, um der Auffahrt der hohen Gäste zuzusehen. Sie wußten natürlich sehr genau, daß hier irgend etwas Lustiges geschehen würde.

Die Turmuhren schlugen halb drei und aus der Menge tönte der Ruf: „Wann kommt denn nu' der Fürst von Odessa? Fritze, Fritze, wenn der sich nur nich' in Chaasmar festchesoffen hat!" Bettmann überlief es heiß und kalt. Was sollte werden, wenn der Fürst sich verspätete, die Speisen waren vorbereitet, teilweise schon fertig. In der „Krone" konnte er sie bei seinen gewöhnlichen Tischgästen nur mit Verlust absetzen, und auch dann nicht an einem Tage. Wieder ertönten Rufe: „Fritze, wo blaabt de Ehrenwache! Oder willste ßo hohe Chäste nur mit tiefen Dienern empfangen?" Das sollte jetzt seine Sorge nicht sein, aber wo blieben nur die Russen, es war bald drei Uhr!

Schon ertönte die Stimme des Konkurrenten Bremer: „Wann kommt denn nun der Fürst von Odessa? Vermutlich findet der Deine Bruchbude gar nicht. Schick ihm nur jemanden als Wegführer entgegen!"

Fritze Bettmann trat der Angstschweiß vor die Stirn. Da schlug es drei!! Plötzlich ertönte lautes Pferdegetrappel, der Haushofmeister des Fürsten galoppierte heran, wobei er pausenlos „Platz fir den Firrsten von Odessa, bittää schön!" schrie. Bereitwillig und etwas erstaunt, machte die Menge Platz. Sollte doch ein Fürst kommen. Dichtgeschlossen folgte eine Reihe von Kutschen. In der Vordersten saßen zwei fremdartig, aber sehr gut gekleidete Herren mit hohen Turbanen. Die Kutsche hielt und Bettmann machte seine schönste hoffähige Verbeugung.

Da riß ihn ein donnerndes Gelächter wieder empor. „Hallo, das is' ja er Klinkerfues! Un' der olle Eberwaan sitzt neben ihn! Hurra, hoch der Fürst von Odessa!" Huldvoll winkten die beiden mit ihren Turbanen, die sich als Eberweinsche Küchenhandtücher entpuppten.

Aus zwei Kutschen quollen Studenten und ein weiteres Dutzend lud die Arbeiter der Eberweinschen Gerberei und eine kaum zählbare Buttcherschar aus, die bereitwillig zerlumpte Leibeigene des Fürsten von Odessa spielten. Keiner der wartenden Göttinger hätte geglaubt, daß so viele Menschen in einer Kutsche Platz finden könnten.

Selbstverständlich schlossen sich noch etliche Klein-Pariser der Kohorte an, die bereitgestanden hatten, den hohen Gästen den Wagenschlag aufzuhalten. Fritze Bettmann war verzweifelt: „Herr Senator! Mit einem Studentenstreich muß man hier rechnen, aber diese Leute kann ich doch nicht in meinen schön hergerichteten Saal lassen." „Hoho! Passen Dir er Klinkerfues un' ßaane Stedentens nich', Fritze." „O, die Herren sind herzlich willkommen", verbeugte sich Bettmann. „Oder ich nich', he?" „Aber, Herr Senator", neue Verbeugung. „Oder ßinn maane Cherber nicht erwünscht?" „Das freilich nicht, die Leute sind noch schmutzig von der Arbeit und barfuß obendrein und mein teurer Teppich . . ." „Aujust, spuck in de Hände, es chipt aan Fell ßu cherben." Der Altgeselle schob sich in den Vordergrund und krempelte sich die Hemdsärmel hoch, einige Gerber folgten seinem Beispiel. Bettmann warf nur einen kurzen Blick auf die muskulösen Arme und war glücklich, diese Herren begrüßen zu können. Freundlich erklärte der Senator: „Dann sind wir uns ja aanich, die Buttcher kommen natürlich nich mit raan, die setzen sich vor de Krone auf de Straße un' futtern da." „Das ist ja furchtbar! Vor meinem Hotel soll es aussehen wie in Wallensteins Lager?" „Schlimmer, viel schlimmer", berichtigte Klinkerfues. „Man sieht nur Lumpen, dreckige Beine und unersättliche Mägen, aber nun jammern Sie nicht, sondern denken Sie ans Geschäft. Wir zahlen ja alles."

Das sah nun freilich Bettmann ein und stand sich nicht schlecht dabei. Eberwein und Klinkerfues hatten einen sehr guten Appetit, die Gerbergesellen hatten den Hunger körperlich schwer arbeitender Menschen, die Studenten den Appetit der Jugend, und die Klein-Pariser stopften in sich hinein, was sie bekommen konnten. Ob dabei die Suppe dem Braten folgte, oder harte Mettwurst das Festmahl einleitete, war ihnen höchst gleichgültig. Zwischendurch wurden ihre zerbeulten Eßnäpfe mit Wein gefüllt, und wenn noch ein Restchen Erbsensuppe drin war, störte es sie auch nicht besonders.

Mit dem Geschäft konnte Bettmann sehr zufrieden sein, manchmal hätte er sich gern die Hände gerieben, wenn er nur Zeit dazu gehabt hätte. Nur die Zurufe seines Konkurrenten Bremers schmerzten ihn bitter: „Dunnerlittchen, hast Du aber feine Gäste. Der Fürst von Odessa muß ja ein ganz vornehmer Herr sein. Du, den halte Dir man warm."

Der Besuch des Fürsten von Odessa ist noch lange belacht worden. An fast allen deutschen Universitäten wurde dieser Streich in abgewandelter Form wiederholt.

Blick auf Klein-Paris von der Hospitalstraße aus, um 1880.

„Szo, maan Junge, nu rühr mal Raas!"

Was wäre Göttingen im ausgehenden 19. Jahrhundert ohne Bine Gaßmann gewesen, der Frau mit dem gefürchtetesten Mundwerk der alten Musenstadt. Sie redete alle mit Du an, gleichgültig ob es sich um den Oberbürgermeister, einen Professor oder einen General handelte. Sie erfand für den langjährigen Oberbürgermeister Georg Merkel den Spitznamen „Oberschorse", den Rektor der Universität, Prinz Albrecht von Preußen, Regent des Herzogtums Braunschweig, redete sie mit „maan Chuter" an und zu einem Kommandeur der 43. Infanterie-Brigade, dem auch das in Göttingen garnisonierende 82. Infanterie-Regiment unterstand, sagte sie: „Nu puste Dich bloß nich' auf. Was Du im Monat kriegst, verdiene ich in vierzehn Tage." Wenn man bedenkt, was damals Generale für eine Stellung in der Gesellschaft hatten, war ihr Benehmen der Höhepunkt an Unverschämtheit. Merkwürdigerweise kapitulierte jeder vor ihrer Grobheit.

„Bine Gaßmann" durften nur wenige Auserwählte zu ihr sagen. Sie hatte 1885 ihren weit jüngeren Hausknecht Saalfeld geheiratet, der von ihr in strengster Knechtschaft gehalten wurde und nach wie vor als Hausknecht arbeiten mußte, wenn er keine Prügel beziehen wollte. Es gab überhaupt nur zwei Menschen, die sie fürchtete, den Scharwächter Müller und den Senator Eberwein. Beiden rutschte die Hand sehr leicht aus, beide konnten aber noch weit gröber werden als Bine.

Die eigenartige Frau hatte von ihrem ersten Manne einen Trödelladen geerbt. Das war freilich schon eine Übertreibung, es war eher eine Stube, die das ganze Parterre eines winzigen Hauses in der Pauliner Straße einnahm. Das uralte Gebäude gehörte der Althändlerin.

Sie verstand es, dank ihrer großen geschäftlichen Umsicht, ihren Trödelladen zu einem Antiquitätengeschäft auszubauen, ohne freilich das andere aufzugeben, denn gerade beim Aufkaufen alten Krams konnte sie manches antike Stück billig erwerben. Als dritten Erwerbszweig nahm sie Haushaltswaren dazu. Sie hat als erste in Göttingen in nennenswertem Umfange Kinderwagen feilgeboten, zu denen freilich Bine mit Vorliebe „Ehestandslokomotiven" sagte.

Das kleine Lädchen war mit den vielerlei Waren bis zum letzten Winkel vollgestopft. Die Inhaberin bewegte sich auch nur in zwei Hauptgängen, alle Winkel waren das Reich Saalfelds, der sich hinter Kinderwagen, alten Kleidern und Antiquitäten vor den handgreiflichen „Zärtlichkeiten" seiner Frau verbarrikadierte, bis die Luft rein war. Anders wäre seine Ehe auch nicht zu ertragen gewesen.

So manches liebe Mal drohte sie: „Saalfeld, wenn de nich' chlaach vorkommst, hol ich den Ausklopper!" „Von mich aus, Bine. Ich kanns hier hinten aushalten. Ich hab' nen olles Sofa un' aan schönes Ende Mettwurst, was will ich noch mehr!" Wütend eilte Bine nach oben, um den Ausklopfer zu holen. Sobald der Laden leer war, eilte Saalfeld hinaus und machte sich irgend etwas im Hause des Senators Eberwein zu schaffen, wo er vor seinem „Fejefeuer", wie jener Bine gern nannte, völlig sicher war. War die Zeitspanne zu kurz, flüchtete er zum Scharwächter Müller und fegte die Scharwache aus (die heutige Ratsweinstube).

Saalfeld unterstützte jeden Streich, den die Studenten seiner Frau spielten, wo er nur konnte. Traurig sagte er dann: „Ich chebe ja chern ßu, daß ich se nich aus Liebe chehaaratet habe, sondern waal ich dumm chenuch war, mich von se kommandieren zu lassen. Ich hab ja chanz chut ze essen, kochen kann se, aber sonst bin ich Hausknecht wie ßuvor. Alle maane Trinkchelder spare ich auf aan chanz chehaames Sparkassenbuch, un' wenn chenuch auf is', fliehe ich nach Amerika. Sollte aber Bine vor mich sterben, dann versaufe ich alles, was se hinterläßt, ßo wahr ich hier stehe."

Wenn Studenten kamen, die bei Bine Gaßmann, wie sie trotz ihrer Ehe mit Saalfeld weiterhin genannt wurde, Geld borgen wollten, sagten sie nur zu Saalfeld: „Wir müssen mal in die Küche." „Chut, aber aaner nach dem anderen", worauf ein Musensohn die steile Treppe erstieg, während der andere unten im Laden wartete.

Bine ließ nämlich nie zwei Kunden, die bei ihr Geld borgen wollten, zugleich in die Wohnung, für eine Geldverleiherin eine gewiß verständliche Vorsicht. Der Student durfte auch nur die Küche betreten, weil sie niemals zeigte, wo ihr Geld lag. Auch das war sicher eine richtige Maßnahme. Heiter war dabei aber, daß der Darlehensnehmer während des Wartens Reis rühren mußte.

Auf dem Herd stand ständig ein Topf mit Reis, den Bine leidenschaftlich gern aß. Saalfeld behauptete immer, sie hätte schon längst Schlitzaugen haben müssen, wenn die Chinesen diese vom Reisessen bekommen würden. Kam nun ein Musensohn, anderen soll Bine nur selten Geld geborgt haben, meinte sie: „Naja, das letzte Mal haste ja pünktlich mich das Geld ßurückchebracht un' auch de Zinsen beßahlt. Andere Schulden haste nich, das wüßte ich ßonst. Daan Vater schicket auch noch pünktlich den Wechsel, das waaß ich auch. Szo, maan Junge, nu' rühr mal Raas! Ich hole das

Cheld. Hundert Mark willste haben. Das is' viel Cheld fürn Stedenten, aber Du kannst es mich ßurückßahlen."

Bine ging und der Student rührte. Wehe ihm, wenn er den Reis anbrennen ließ. Dann warf ihn die Verleiherin unbarmherzig hinaus, da half kein bitten, betteln und flehen. Sie glaubte nämlich dann, der junge Mann hätte gar nicht den Reis umgerührt, sondern sei ihr nachgeschlichen, um das Versteck des Geldes auszuspähen. Also rührte man aus Leibeskräften.

Niemand wurde von dieser Beschäftigung verschont. Auch der König Karl von Württemberg, der 1867 in Göttingen studierte, hat bei ihr Reis rühren müssen, wie er später gern erzählte, wenn es an der Hoftafel Reis gab.

Nur einer hat es gewagt, bei dieser Beschäftigung Bine zu trotzen, der reiche ewige Student Rumpf. Er war gebürtiger Elsässer, sein Vater hatte 1870 an Viehlieferungen für die französische Armee Unsummen verdient und sich in den Kopf gesetzt, einen studierten Sohn zu haben, obwohl dieser lieber das einträgliche Gewerbe seines Vaters ergriffen hätte. Rumpf studierte in Göttingen in allen Fakultäten ohne rechte Neigung und wurde nie fertig. Da sein früh verstorbener Vater ihm ein sehr großes Vermögen hinterließ, hatte er es ja auch nicht nötig, sich zu mühen, um einen bezahlten Posten gewinnen zu können.

Bine Gaßmann in jüngeren Jahren

Er lebte vergnügt in Göttingen, ließ Ansichtskarten mit seinem Bilde drucken und war der Erfinder unzähliger Studentenstreiche. Selbstverständlich hatte er es nicht nötig, bei Bine zu borgen, aber dies ließ sich mit einem herrlichen Ulk verbinden.

So kam er eines Tages ganz bescheiden in den Laden und sagte zu dem erstaunten Saalfeld: „Ich muß in die Küche!" „Na ßo was, Szie, ausgerechnet er Rumpf!" „Hm, nun ja, meine Wechsel verspäten sich ein bißchen." Leise raunte er dem Hausknecht-Ehemann zu: „Döskopp, das gibt 'nen fulminanten Ulk. Iß heute mittag keinen Reis!" Saalfeld blinzelte: „Verstehe, ich mache mit!"

Rumpf stieg die Treppe empor. Da die Kanonenstiefel unüberhörbar waren, öffnete Bine die Küchentür und rief: „Nu kucke ma! Er Rumpf! Willste maan Kompanjong werden!" „So ungefähr, liebe Frau Saalfeld. Meine Wechsel aus Straßburg haben sich ein wenig verspätet. Da wollte

Student Rumpf (Ausschnitt aus einer Ansichtskarte)

ich für drei Tage 200 Mark borgen!" „Er Rumpf pumpen?! Ich lach mich dot! Oder haste Dich etwa verspekuliert un' bist nu' plaate?" „Nee, ich habe nur deutsche un' französische Staatspapiere und Pfandbriefe. Aber die Übersendung der Zinsen verzögert sich anscheinend ein wenig!" „Chut. Rühr mal Raas, maan Junge, ich hole das Cheld!" Rumpf nahm den Küchendienst auf. Kaum hatte die Frau den Raum verlassen, als der Student sehr munter wurde.

Zunächst einmal warf er ein halbes Pfund Butter in den Reistopf. „So, nun brennt es nicht so fix an", brummte Rumpf, „und jetzt kommt der Clou". Er zog ein Fläschchen hervor, entkorkte es, roch, knurrte grimmig: „Rhizinus! Warte, Bine, wohl bekomm's!" und ließ den Inhalt in den Reis rinnen. Dann rührte er mit Feuereifer alles sorgfältig durcheinander, schüttete auch noch eine tüchtige Prise Paprika hinein.

Da kam Bine zurück. Sie schnupperte herum: „Was haste denn da chemacht?" „Ich habe einen echten türkischen Pillaw gemacht, immer bloß Milchreis ist doch nichts." „Türkischen Pillaw. Mensch, Kerl, ich bin doch kaane Haremsdame!" „Aber genau so schön", erwiderte der galante Student mit einer kleinen Verbeugung. „Laß die Flausen", lachte Bine, „ich koste jetzt un' wehe es schmeckt nich'!" Sie prüfte vorsichtig und nickte dann zufrieden. „Schmeckt auschezaachnet, allerdings aan bißchen fremdländisch, aber dafor is' es ja aan türkisches Essen. Das eß ich allaane, er Saalfeld kann sich ja 'ne Schmalzstulle machen. Hier haste Daan Cheld, also in draa Tage, wenns vier werden, is' es nich schlimm."

Rumpf entfernte sich und wartete den Erfolg ab. Schon am Nachmittag spazierte Saalfeld, eine Kutscherzigarre des Senators Eberwein rauchend, an Rumpfs Wohnung vorbei. Der Student winkte ihn heran. „Na, wie stehts?" „Besser cheht nich', Herr Rumpf! Se sitzt un' sitzt un' kommt nich mehr runter!" „Hat sie Verdacht geschöpft?" „Nee. Se maant, das käme von de viele Butter in diesem ostpreußischen Essen." „Ostpreußischem Essen?" staunte Rumpf. „Das war doch türkischer Pillaw." „Szo, ich dachte immer, Pillau liecht in Ostpreußen." „Na, nun laß man. Es tut mir ja leid, daß es Bine so gepackt hat." „Mich nich' aan bißchen", sagte der zärtliche Ehemann. „Von mich aus kann se alle Verse von ‚Es braust aan Ruf wie Donnerhall' blasen. Ich hab ßo maane Ruhe."

Drei Tage hatte Bine Leibschmerzen und schwor, nie wieder türkische Gerichte zu essen. Als Rumpf kam, um das Geld zurückzubringen, raunte ihm Saalfeld zu: „Heute hat se ‚lieber Saalfeld' ßu mich chesacht. Erst chlaubte ich ja, se wäre verrückt cheworden, aber dann merkte ich doch, daß se bloß schwach auf de Baane is'. Hoffentlich hält es noch 'ne Waale an. Kommen Se bloß öfter ßum Raas rühren, Herr Rumpf!"

Der Weender Bummel

Göttingen ist um einige seiner großen studentischen Attraktionen ärmer geworden, stellen immer wieder alte Herren fest, die an die Stätte zurückkehren, an der sie einst „den Herr'n der Erde glichen".

Verschwunden ist der einst weithin berühmte Weender Bummel. Dieser war keineswegs ein gemütlicher Spaziergang, sondern eine ganz offizielle Angelegenheit, bei der eine Reihe von Vorschriften streng zu beachten waren.

So fand der Bummel nur auf der Weender Straße statt und auch dort nur auf einer bestimmten Straßenseite, nämlich vom „Nabel", wo sich die Studenten an dem heutigen Metallwarengeschäft Ecke Theaterstraße-Weender Straße sammelten und dann im Spaziertempo am Café Lipfert und der Ratsapotheke vorbei bis zum Hause Ecke Weender Straße-Rote Straße bummelten. Dort, also vor dem Gebäude der heutigen Sparkassenzweigstelle, wurde kehrt gemacht, denn der Bordstein der Roten Straße

Weender Bummel vor 1914

war die äußerste Grenze, die beim Bummel betreten werden durfte. Dies hatte freilich seinen Grund darin, daß hier die Weender Straße zu Ende war, denn die Strecke von der Roten bis zur Groner Straße hieß bis 1933 Kornmarkt.

Eigentümlicherweise durfte auch der gegenüberliegende Gehsteig nicht betreten werden. Das war die „Groner oder Zehnpfennigseite", die für den „Weender Bummel" nicht vornehm genug war.

Zwischen der Theaterstraße und dem Auditorium wurde aber auch nicht gebummelt, denn die Kirchgänger von St. Jakobi wollte man natürlich nicht stören und den Weg zum Auditorium mußte man die ganze Woche antreten, das Gebäude zog die Musensöhne am Sonntag wahrlich nicht an.

So konnte es nicht ausbleiben, daß der Bummel der drangvollen Enge wegen alles andere als ein Genuß war. In dichten Trauben schoben sich die Studenten aneinander vorbei, aber niemandem wäre es eingefallen, die gegenüberliegende Seite zu benutzen. Auch als die ersten Studentinnen immatrikuliert wurden, schlossen diese sich dem strengen Brauch an und beteiligten sich an diesem Bummel. Ihre hellen Sonntagskleider bildeten einen damals noch ungewohnten Kontrast zu den bunten Mützen der Studenten. Für die Herren war das freilich recht anstrengend, da diese die Damen, mit denen sie im Kolleg oder im Seminar zusammensaßen, zu grüßen hatten. Weil man sich bei diesem Bummel nach jeder Kehrtwendung wieder traf, hatte man die Mütze mehr vor der Brust als auf dem Kopfe. Da dies den Studentinnen peinlich wurde, blieben sie bald dem Bummel fern.

Die von den Musensöhnen angeschwärmten „Philistertöchter" erschienen während des Bummels auf der gegenüberliegenden Straßenseite und promenierten dort vor der „Krone", später auch vor „Cron & Lanz". Eine Bewegung mit dem Sonnenschirm oder dem Pompadour deutete an, wo man sich nach der Beendigung des Spazierganges treffen könne. Leider verstanden die Herren diese zarte Aufforderung nicht immer, sie waren zwar nicht blind, aber ihr Geldbeutel meist leer.

Die Eltern der Schönen waren realistischer eingestellt. „Nu möchte ich bloß ma' wissen, was Dich an de Stedentens ßo chefällt. Das ßinn doch noch junge Bengels, ßinn nichts, haben nichts und müssen noch flaaßich lernen. Un' wenn se fertich ßinn, dann verdienen se erst ma' aan paar Jahre immer noch nichts. Da lob ich mich den Schorse, Du waßt ja, der is' Schlossermaaster hat ßaan Aankommen, hat aan chanz schönes Sparbuch, der kann Dich chut ernähren, ßumal er noch ßwaa Schwaane mästet." „Ach, Papa, da haste kaanen Sinn für." „O doch, Dich ßieht's ßu was höheres hin. Das höchste, was for Dich paßt, is' aan Dachdecker oder aan Schornstaanfäjer, alles andere von wäjen Frau Doktor schlare Dich man außen Koppe. Komm, wir chehen."

So unrecht hatte der Vater natürlich nicht, da vor 1914 die Standesschranken noch sehr hoch waren. Aber auf den Bummel wollten die Mädchen keinesfalls verzichten. So gingen sie denn auf der Philisterseite auf und ab, wobei sie freilich eifrig darauf achteten, daß „er" keiner anderen ein Zeichen gab. Dann wehe ihm!!

Die Inhaber der Gaststätten auf der Weender Straße haben lange Jahre ihren Nutzen aus dem Sonntagsvergnügen der Studenten gezogen. Der Kronenwirt Bettmann hat wiederholt seinen Gästen versichert: „Bei uns brauchen Sie nicht herumzulaufen, um was vom studentischen Treiben zu bemerken. Setzen Sie sich gemütlich in meine Gaststube, da können Sie genug sehen, der Bummel geht ja vorbei. Alles andere ist nicht so wichtig."

Schlimm erging es der Bine Gaßmann auf dem Bummel. Wütend erklärte sie einmal: „Szo ßinn de Stedentens, Benehmen is' nich'. Mich anpumpen un' ßehr stotterich abbeßahlen, das können se, aber mich aanfach nich' ßehn, wenn se bummeln un' nich' chrüßen, das is' aan starkes Stücke."

Am nächsten Sonntag änderte sich das schlagartig. „Hallo, da ist ja die Bine Gaßmann!" Mit einem Ruck flogen hunderte von Mützen herunter. „Guten Morgen, Frau Gaßmann!" dröhnte es über die Straße. Dies wiederholte sich nun über ein dutzend Mal. Immer wieder taten die Musensöhne so, als bemerkten sie das berühmte Original eben erst, obwohl sie Bine schon zehnmal gegrüßt hatten. Schließlich räumte die Geldverleiherin wütend das Feld, was sehr selten geschah. „Haben wir wieder was falsch gemacht?" dröhnte es hinter ihr her.

Der Bummel hat auch ernste Zeiten gesehen. Im Januar 1831 promenierte hier während der Studentenrevolte eine erregte kampfentschlossene Schar, die zum Zeichen ihrer umstürzlerischen Gesinnung aus langen Pfeifen rauchte, was der Brandgefahr wegen verboten war und das mit Recht, denn die Musenstadt wies noch zahlreiche strohgedeckte Dächer auf. Bismarck brachte seine riesige Dogge mit auf den Bummel, an dem er regelmäßig teilnahm. Als er längst Reichskanzler geworden war, erkundigte er sich bei Göttinger Besuchern immer wieder, ob der Bummel noch üblich wäre. Es konnte ihm berichtet werden, daß der steigenden Zahl der Studierenden wegen eine zweite Bummelstunde zwischen fünf und sechs Uhr am Sonntagabend eingerichtet worden sei, die aber längst nicht die Bedeutung habe wie die morgendliche.

Als vor 1914 ein junger Student seiner Zimmerwirtin sagte, in Göttingen sei doch eigentlich nichts los, stemmte diese die Arme in die Seiten und erwiderte: „Ach nee, nichts los, was Se nich' ßagen! Un' der Weender Bummel, is' der etwa nichts???" Der Student zog es vor, zu schweigen. Diese Antwort zeigt deutlich, wie hoch der Bummel auch von der Bürgerschaft eingeschätzt wurde und . . . wie bescheiden man im alten Göttingen war.

Nach dem Ersten Weltkriege lebte der Bummel noch einmal kräftig auf und konnte sich bis gegen 1930 ungestört halten. Dann kam die große Wirtschaftskrise nach dem Bankenkrach und so mancher Student mußte auch am Sonntag jede Arbeit annehmen, um eine Kleinigkeit zu verdienen. Es war sehr schwer, etwas zu bekommen, weil ja zahlreiche Arbeitslose da waren, die sich um jede Beschäftigung sofort bewarben. Der Strom der bummelnden Studenten wurde wesentlich dünner.

1933 wurde der Weender Bummel gewaltsam unterbunden. Er paßte nicht mehr in die Zeit der Aufmärsche uniformierter Kolonnen.. Leider ist es nach dem Zweiten Weltkriege nicht mehr zu seiner Neubelebung gekommen, wodurch ein unersetzbares Stück heiteren studentischen Lebens verlorenging.

Eine studentische Feier auf dem Markt in den Zwanziger Jahren

Der parlamentarische Frühschoppen

Einer der bekanntesten Gegner Bismarcks war der frühere hannoversche Justizminister Dr. Ludwig Windthorst, der von 1867—91 den Wahlkreis Meppen im Reichstag vertrat. Er war nicht nur der führende Kopf der welfischen Opposition, sondern gleichzeitig einer der bedeutendsten Parlamentarier des deutschen Katholizismus. Als hannoversches Landeskind hatte er von 1830—33 in Göttingen studiert, also gleichzeitig mit Bismarck. Da er ebenfalls Jurist war, wurde er oft gefragt, ob er mit dem Reichskanzler nicht gemeinsam Vorlesungen besucht habe, worauf der alte Welfe verächtlich antwortete: „Göttingen ist eine wunderbare Universitätsstadt, man muß hier hart arbeiten, kann aber auch reizend leben. Wir teilten in diesen Aufgaben, ich mußte hart arbeiten und das reizende Leben verbrachte Herr v. Bismarck, den ich nie in einer Vorlesung antraf." Bismarck hat übrigens stets bestätigt, daß er Windthorst während seines Aufenthaltes in Göttingen nicht kennengelernt hat. Auch die Anekdote, beide hätten in einer Mensur einander gegenübergestanden, ist frei erfunden.

Selbstverständlich hatten beide zahlreiche gemeinsame Göttinger Bekannte, zu denen namentlich der spätere Senator Eberwein, Superintendent Hildebrandt und Stadtsyndikus Matthäi, die späteren hiesigen Köpfe der welfischen Partei, aber auch der Gastwirt Fritze Bettmann zählten. Sie halfen lange Jahre, die Wahl Bismarcks zum Ehrenbürger Göttingens zu hintertreiben. Eine Rede des Senators Eberwein „Chejen ihne Bismarck" machte die Runde in den Wandelgängen aller deutschen Parlamente. Es ist aber fraglich, ob er sie in dieser Form gehalten hat.

Windthorst hatte in seinen Studienjahren zeitweilig im „Schwarzen Bären" gewohnt, dessen Wirt Kollmann einen großen Teil seiner Gästezimmer als Studentenbuden vermietet hatte, was damals in allen Göttinger Gastwirtschaften üblich war, wie heute noch in französischen Universitätsstädten.

Es blieb nicht aus, daß „die Perle von Meppen", wie ihn seine politischen Freunde nannten, hier auch die unerfreulichen Auswüchse des damaligen Studententums kennenlernte, denn so mancher junge Mann verfiel völlig dem freien ungebundenen Leben. Er wurde nach Windthorsts Mei-

Windthorst verbirgt vor Bismarck das Telegramm aus Göttingen (Karikatur des „Kladderadatsch")

nung ein Opfer des Frühschoppens. So unrecht hatte der Parlamentarier nicht. Wir müssen bedenken, daß in jenen Jahren die Kollegs im Sommersemester um fünf Uhr morgens begannen. Wer also einen Frühschoppen nehmen wollte, versäumte seine Vorlesungen, wer einen Schlaftrunk nahm, konnte nicht rechtzeitig aus den Federn finden.

Der Frühschoppen hat zweifellos manche bösen Folgen gehabt, zumindest die Vergeudung wertvoller Zeit. Darüber waren sich freilich auch die Zeitgenossen völlig im klaren, nur konnte man nichts dagegen unternehmen. Es bestanden überaus scharfe soziale Schranken. Ein Student war ein junger Mann, der erst etwas werden wollte, also noch keine Würde besaß, die ihm den Zugang zu der Gesellschaft jener Tage verschafft hätte. Dies trug viel dazu bei, daß die Studenten ein völlig selbständiges gesellschaftliches Element blieben. Ihr Frühschoppen bildete das Gegenstück zum Weinfrühstück des wohlsituierten Bürgers.

Windthorsts im Parlament und auf Tagungen aller Art immer wieder vorgetragene Forderung, der Student solle sich am besten völlig des Bieres oder zumindest des Frühschoppens enthalten, wurde mit Heiterkeit quittiert. Für den Politiker war der Appell verständlich, aber man muß ja in

Rechnung stellen, daß die Fabrikation alkoholfreier Getränke damals in den ersten Anfängen stand und sich noch völlig auf einfache Abfüllung natürlicher Mineralwasser beschränkte. Mit dem heutigen Studenten, der unter einer reichen Auswahl von Fruchtsaftgetränken usw. wählen kann, wäre Windthorst gewiß sehr zufrieden gewesen. Damals wirkten seine Donnerreden gegen den Frühschoppen sehr erheiternd auf Musensöhne.

Abstinenzler ist der Welfenführer nie gewesen, seine Ansichten brachten es aber mit sich, daß er zu einem der geistigen Väter der Temperenzler wurde.

Das Hauptkneipzimmer der „Alten Fink" in der Groner Straße 1898

Die berühmteste Frühschoppenrunde Göttingens, die in der „Alten Fink", damals noch in der Groner Straße, tagte, fand sich allmählich mit dem Schicksal ab, den ständigen Unwillen Windthorsts tragen zu müssen. Und doch sollte es ihr beschieden sein, den alten Gegner einmal zu besiegen.

Bismarck pflegte Anhänger und Gegner öfter zwanglos zu einem parlamentarischen Frühschoppen einzuladen, wozu auch stets der unversöhnliche Feind Windthorst, den der Reichskanzler übrigens sehr schätzte, gebeten wurde, obwohl er nie erschien. Um so größer war das Erstaunen, als eines Morgens Windthorst offensichtlich vergnügt hinter einem Seidel saß. Es dauerte nicht lange, bis er in eifrige Debatten verwickelt war. Daher bemerkte er nicht, daß Fürst Bismarck seinen letzten Studentenstreich ausführte und den Stammtisch der Frühschoppengäste der „Alten Fink" von der Anwesenheit Windthorsts benachrichtigen ließ. Höchstwahrscheinlich besorgte der anwesende Redakteur des „Kladderadatsch" das Telegramm.

Bismarck hielt nun Windthorst fest, Erinnerungen an Göttingen wurden hervorgekramt und die beiden alten Herren vergaßen Zeit und Stunde. Da trat ein Diener zu Windthorst und übergab ihm ein Telegramm. Die „Perle von Meppen" las, überlegte eine Sekunde, warf einen schnellen Blick auf Bismarck, leerte sein Seidel und warf einige Worte auf ein Telegrammformular, das der Diener sofort zur Post tragen mußte. Dann unterhielt sich der Parlamentarier ruhig weiter, stieß auch mehrmals mit Bismarck an, verlor aber kein Wort über die Depesche.

Einige Tage später hatte er die Lacher auf seiner Seite. Er hatte aus Göttingen folgende Drahtnachricht bekommen: „Ei, ei Exzellenz, beim Frühschoppen? Wir kommen Ihnen einen. Der Frühschoppen der Alten Fink." Darauf antwortete er, nachdem er das Seidel geleert hatte: „Probieren geht über studieren. Komme nach."

Der „Kladderadatsch" brachte 1884 ein Bild zu dieser Anekdote, auf dem der körperlich übrigens sehr kleine Windthorst mit dem Reichskanzler anstößt und dabei das Telegramm aus Göttingen auf dem Rücken verbirgt. Daß er es verstanden hat, diesen Ulk zu seinen Gunsten zu entscheiden, erkannte Bismarck neidlos an.

Die Schlacht bei Bovenden

Das Revolutionsjahr 1848 verlief in Göttingen verhältnismäßig ruhig, denn die radikalen Elemente ließen es bei Redensarten bewenden, griffen aber nicht zur Waffe. Dieses war aber, wie Oberbürgermeister Dr. Ebell stets ausdrücklich betonte, einzig und allein das Verdienst des damaligen Bürgervorsteher-Worthalters und Vorsitzenden des Bürgerwehrausschusses Heinrich Eberwein, des späteren Senators. Wie wir heute wissen, hatte man in revolutionären Kreisen auf Göttingen, das durch die Studentenrevolution von 1831 und durch die Tat der Göttinger Sieben bei allen Demokraten in hohem Ansehen stand, besondere Hoffnungen gesetzt, nur wagten die radikalen Gruppen es nicht, den Kampf mit dem energischen Eberwein aufzunehmen, zumal König Ernst August von Hannover sofort Truppen geschickt hätte.

Trotzdem hat aber Göttingen am 30. Juli 1848 die Schlacht bei Bovenden erlebt, die zwar heitere Züge zeigte, aber doch einen sehr ernsten Hintergrund hatte. Die linken Demokraten hatten an diesem Tage eine Volksversammlung bei Rauschenwasser anberaumt, auf der die Göttinger in Scharen erschienen, nicht etwa, weil sie linksradikal eingestellt waren, sondern weil man den Weg mit einem gemütlichen Familienausflug verbinden konnte, wie überhaupt in Alt-Göttingen die Politik mit Kaffee und Kuchen eng verbunden war. Als Redner sollten Dr. Ellissen und Dr. Plathner auftreten, deren zündende demokratische Zeitungsartikel in jenen Monaten viel Anklang fanden. Beide waren auch glänzende Redner, wobei freilich die Soloeinlagen Dr. Plathners besondere Freude erregten. Er war nämlich ein Freund des Schnupftabaks, nahm also auch während der Rede öfter eine Prise, worauf dann die Versammlung wartete, bis ein explosionsartiger Nieser erfolgte. Oft war der Ausbruch so stark, daß dem Redner der Zylinder vom Kopfe fiel, was dann begeistert beklatscht wurde.

Leider fand die Versammlung bei Rauschenwasser ein böses Ende. In der Diskussion forderten die radikalen Führer der Studenten, Velde und Pieper, die Enteignung des Grundbesitzes, was die Bovender Bauern falsch verstanden, denn sie glaubten, man wolle bei ihnen damit anfangen. Mit Dreschflegeln und Mistgabeln trieben ein Dutzend Landwirte die revolu-

Der spätere Senator Eberwein im Jahre 1848 am Rednerpult (Zeichnung von Neise)

tionäre Versammlung auseinander. Entsetzt flüchteten die Familien, die doch eigentlich gemütlich hatten Kaffee trinken wollen und wurden am Ortseingang von Bovenden mit Gewehrfeuer empfangen. Schreiend brach ein Student namens Förster mit einem schweren Bauchschuß zusammen, dem er am nächsten Tag erlag. Selbstverständlich hatten die Bovender nur Schreckschüsse abgeben wollen, und das vergossene Blut ernüchterte Bauern und radikale Demokraten sofort.

Einige junge Burschen hatten den einzig vernünftigen Gedanken gefaßt und waren nach Göttingen gelaufen, um Hilfe zu holen. Dort entstand natürlich sofort die größte Aufregung. Trommler und Hornisten der Bürgerwehr stürzten auf die Straßen und gaben das Alarmsignal. Sehr bald sah man überall Wehrleute mit Lanzen und Gewehren bewaffnet zum Weender Tor laufen, wo sie sich schnell kompanieweise ordneten. Freilich schaute unter den Uniformröcken die Bäcker- oder Schlosserschürze hervor und neben dem Zylinder stand die Zipfelmütze in Reih und Glied, aber die Wehr war marschfertig und das war die Hauptsache. Der Kronenwirt Fritze Bettmann, der die Reiterabteilung der Bürgerwehr führte, galoppierte mit seinen Leuten zum Tor hinaus, um als Patrouille auf Bovenden vorzugehen.

Da erschien der Kommandeur der Göttinger Bürgerwehr, Oberstleutnant a. D. Baur, und verbot den Ausmarsch der Wehr, denn sie sei eine städtische Institution und dürfe ohne königliche Genehmigung nicht das Stadtgebiet verlassen. Nun passierte das größte Ereignis der Göttinger Revolution, die Bürgerwehr der friedlichen Universitätsstadt meuterte!

„Szollen wir unsere Mitbürjer von den Bövendschen dotschlaren lassen!" „Haut ihne Baur die Jacke voll!" „Schlagt ihn dot!" Einige Gewehre und Lanzen wurden auf den leichenblaß gewordenen Oberstleutnant gerichtet. In diesem Augenblick erschien Eberwein, der schnell die Lage überblickte und mit seiner mächtigen Stimme den Lärm übertönte: „Ich übernehme das Kommando! Hauptleute zu mir!" Oberstleutnant a. D. Baur legte daraufhin sofort das Kommando nieder und drohte mit einem Bericht nach Hannover, was aber niemand beeindruckte. Oberbürgermeister Ebell hat den bitterbösen Bericht zu den Bürgerwehrakten gelegt, denn er war heilfroh, daß Eberwein die Situation gemeistert hatte.

Dieser ging sehr geschickt vor, um die Bürgerwehr in die Hand zu bekommen. Er ließ die Turner vortreten und schickte sie sofort unter Dr. Daniel Bettmanns Reitern zur Unterstützung, während er mit einer Kompanie Lanzenträger, der Bürgerschützenkompanie und der Freiwilligenkompanie der Universität folgte. Drei Kompanien, die meist aus älteren Leuten bestanden, blieben in der Stadt, um durch einen scharfen Patrouillendienst alle Unruhen in der Stadt zu unterdrücken, was sich sehr schnell als nötig erwies. Buchhändler Deuerlich wurde mit ihrer Führung beauftragt.

Fritze Bettmann traf in Weende auf einige hundert Flüchtlinge und mehrere Verletzte, denn die Prügelei mit den Bauern hatte einige Opfer gefordert. Nach einiger Zeit trafen schweißtriefend die Turner ein, die den ganzen Weg bis Weende im Laufschritt zurückgelegt hatten. Sie bezogen sofort Feldwachen gegen Bovenden.

Dr. Daniel war aber doch heilfroh, als Eberwein eintraf und ihm die weitere Verantwortung abnahm. Dieser ließ die Flüchtlinge genau den Hergang bei Rauschenwasser erzählen und schickte sie dann unter dem Schutz der Lanzenträger nach Göttingen, während er mit den beiden

Dr. Daniel (Zeichnung um 1855)

Schützenkompanien, den Turnern und Bettmanns Reitern gegen Bovenden vorging.

Dort wurde es den Bauern doch bänglich zu Mute, als die Kompanien in Tiralleurketten ausschwärmten (die Angriffsformation der alten hannoverschen Armee). Ununterbrochen knallten Schüsse, die niemanden trafen, weil die Gewehre nicht soweit trugen, aber es machte Eindruck. Die Kompanieführer ließen bald das Feuer einstellen, es sollten ja nur Schreckschüsse sein. Eberwein winkte mit seinem riesigen Pallasch, der aus den Befreiungskriegen stammte, Fritze Bettmann zu. Nun kam der schönste Augenblick im Leben des Kronenwirtes. Stolz kommandierte er seine sechzehn Reiter zur Attacke, und mit flatternden schwarz-rot-goldenen Lanzenfähnchen galoppierte die Schar mit dem alt-göttingischen Schlachtruf „Chejen! Chejen!" durch Bovenden. Die Turner folgten im Laufschritt, sie fühlten sich offensichtlich verpflichtet, Fritze nicht aus den Augen zu lassen.

Eberwein kümmerte sich sofort um den schwerverwundeten Studenten, den Bauersfrauen sorgfältig verbunden hatten, und untersuchte dann die Vorgänge, die zu dem Angriff auf die politische Versammlung geführt hatten. Fritze Bettmann, der jeden Bürgerwehrmann fragte, wie ihm seine Attacke gefallen habe, und Dr. Daniel spürten bei Bovenden noch zahlreiche Versammlungsteilnehmer auf, die sich in Gebüschen und Geländefalten versteckt hatten. Die in Göttingen befürchteten hohen Blutopfer waren glücklicherweise nicht eingetreten.

Trotzdem traf die Bürgerwehr Göttingen noch in größter Aufregung an. Eine ganze Reihe von randalierenden Studenten waren bereits verhaftet worden und eine unruhige Nacht stand zu erwarten. Tatsächlich wurde Eberwein bald geweckt. Sein Faktotum Ludchen Hampe meldete ihm: „Die Bövendschen Dienstmädchen haben aanen Chehaambund chebildet un' schnaaden ihrer Herrschaft de Kähle durch!" Als der entsetzte Stadtvater auf der Straße erschien, herrschte dort schon reges Treiben. Überall verließen aus Bovenden stammende Mägde und Knechte mit ihren Habseligkeiten die Häuser, in denen sie oft jahrzehntelang gedient hatten. Keiner schenkte ihren flehentlichen Beteuerungen, sie hätten niemanden ermorden wollen, Glauben, trotzdem natürlich kein einziger Mord passiert war. Die aufgeregten Göttinger wiesen alle Bovender aus der Stadt.

Am frühen Morgen kam die nächste Alarmierung. Aufgeregt stürzte ein Reiter der Bürgerwehr in die Rathauswache: „Auf der Weender verhaut Dr. Reck ihne Ritmüller!" „Das muß ich sehen", schrie der Wachhabende Levison begeistert und eilte mit einer Patrouille dem Kampfplatz zu. Was war dort geschehen?

Die aufgeregten Göttinger verlangten, daß auch die Frau des Universitätsprofessors Wolf als gebürtige Bovenderin Göttingen verließ. Sie stand mit ihrem kleinen Kind weinend auf der Straße, während ihr Mann sie wütend mit gefällter Lanze verteidigen wollte. Der Zeichner Ritmüller malte schnell im Auftrag einiger Studenten den Kopf des Professors an eine Hauswand. Gerade hatte er auch den „Reaktionär" Dr. Reck angezeichnet, als er sich plötzlich am Kragen ergriffen fühlte. Der sonst so friedliche Gelehrte prügelte auf den entsetzten Zeichner ein, der sich vor den hageldichten Hieben nicht bergen konnte. Ein vorbeireitender Bürgerwehrmann holte schleunigst die Patrouille Levison zu Hilfe. Sie sorgte auch umgehend dafür, daß die Professorenfrau nicht länger belästigt wurde, stand dann aber vergnügt um das kämpfende Paar herum und feuerte Dr. Reck an. Dem sehr unbeliebten Ritmüller gönnte man die Prügel von Herzen, daß sie aber ausgerechnet der stille Dr. Reck austeilte, erfreute ganz besonders. Levison bestellte sofort bei Ritmüller eine Zeichnung dieser Szene als Trostpflaster.

Einige Zeit später verlangte ein Bovender Bauer sofort Eberwein zu sprechen und bat ihn, schleunigst Bürgerwehr nach Bovenden zu schicken, denn dort sei eine schwere Prügelei im Gange. Die aus dem Dienst gejagten Knechte und Dienstmädchen schlügen das ganze Dorf krumm und lahm. Schnell traten die Turner an. „Befehlen Sie Laufschritt?" „Nä, nä, das machen wer chanz chemütlich im Spaziertempo."

Im „Schwan" spendierte Eberwein die erste Runde, in Weende wurde bei Hillmer ausgiebig gefrühstückt und auch bei den anderen Weender Wirten das nötige Bier getrunken, denn diese sollten auch etwas verdienen. So wurde es später Nachmittag, bis sich die Turner in fröhlicher Stimmung Bovenden näherten. Eberwein meinte grinsend zu Dr. Daniel: „Na, nu werden woll alle Schuldijen ihre Dresche chekriecht haben. Nu kann ich in Ruhe aanchraafen." Das tat er dann auch und stellte schnell die Ordnung wieder her. Am nächsten Tage traten die Bovender Dienstboten ihre Stellungen in Göttingen wieder an. Damit war die Schlacht bei Bovenden und die darauf folgende Unruhe überwunden. Heute erinnern uns an diese Ereignisse nur noch die Bürgerwehrakten unseres Stadtarchivs, sowie mehrere Zeichnungen Ritmüllers. Fritze Bettmann begann bis an sein Lebensende viele Geschichten mit den Worten: „Früher, als ich noch Attacken ritt."

Professor Bartling. Er führte 1848 die Büchsenschützenkompanie der Göttinger Bürgerwehr (Zeichnung von Petri)

Der Wetterprophet

Der Göttinger Professor Dr. Klinkerfues war einer der ersten, der es wagte, Wettervorhersagen regelmäßig zu veröffentlichen. Da diese Wissenschaft noch in ihren Anfängen stand, war es kein Wunder, daß er sich häufig irrte. Das trug ihm manchen unverdienten Spott ein. Der Gelehrte ließ es sich aber nicht verdrießen und stellte weiter seine Prognosen, übrigens in einer ganz unkonventionellen Art. Die humorvollen Wetterberichte, die er in der „Göttinger Zeitung" veröffentlichte, wurden lange Jahre mit Spannung erwartet. Eine seiner Voraussagen stimmt übrigens heute noch. „Wenn man in Göttingen eine langanhaltende Hitzeperiode abkürzen will, empfiehlt es sich, ein Schützenfest zu veranstalten, dann regnet es ganz bestimmt."

Weil er sich aber öfter irrte, hielt man ihm den Torwärter Hämerling als einen vorbildlichen Wetterpropheten, der sich nie irre, vor. Der Professor kannte den alten Mann sehr gut, einen Veteranen aus den Befreiungskriegen, der bei Waterloo ein Bein verloren hatte und schätzte den immer höflichen und gefälligen Beamten sehr.

Als die Sticheleien nicht aufhörten, ging der Gelehrte zu seinem Konkurrenten, der ganz in der Nähe am Geismartor wohnte. Hämerling saß auf der Bank vor der Wache und betrachtete die menschenleere Straße, was sollte um vier Uhr nachmittags am Geismartor los sein? Der berühmte Professor kam als Gesprächspartner gerade recht. „Na, Hämerling, was macht das Bein?" Der Invalide schlug an seinen Stelzfuß und meinte: „Es cheht ßo an, Herr Professor, eben recht sich nischt, das Wetter wird ßo blaaben." Klinkerfues hatte bereits über die durch Witterungsumschläge bedingten Schmerzen der Kriegsversehrten geschrieben, gab daher viel auf solche Hinweise. Heute war dies eine günstige Gelegenheit, auf sein eigentliches Anliegen zu kommen. „Sag mal, Hämerling, ich höre, Du machst mir Konkurrenz in Wettervorhersagen." Der Alte sah ihn mißtrauisch von der Seite an und meinte vorsichtig: „Herr Professor, ich muß laader jeden Pfennich Verdienst mitnehmen." „Aber selbstverständlich", beeilte sich Klinkerfues beizupflichten, „und ich gönne Dir von Herzen die kleine Einnahme, mich interessiert nur rein wissenschaftlich, wie Du das machst. Aus den Wetterschmerzen in Deinem Stumpf kannst Du doch nicht allein die Entwicklung der Wetterlage errechnen."

Torwärter Hämerling
(Zeichnung von E. Honig)

Hämerling lächelte verschmitzt: „Nänä, das is' nich' ßo aanfach, nä, das mache ich chenieralstabsmäßich. Aber verraten darf ich das nich." „Natürlich nicht", pflichtete ihm der Professor mit todernstem Gesicht bei. „Das ist Geschäftsgeheimnis." „So un' nich' anders is' es", betonte der alte Hämerling. „Es wäre mir fünf Taler wert, dies zu erfahren", fing Klinkerfues wieder an. „Aber es geht eben nicht." „Nänä, es cheht nich, wirklich nich', wo ßollte ich woll hinkommen?" „Jaja, Geheimnisse müssen gewahrt bleiben, sonst sind sie keine mehr", betonte der Gelehrte. „Ich verrate nie eins, wenn ich eins erfahre." „Wirklich nich?", erkundigte sich der Torwärter. „Nie." „Hm, nuja, fünf Daler ßin' und blaaben fünf Daler un' Chehaamnis is' Chehaamnis", brummte der Invalide.

Begehrlich schielte er auf das goldene hannoversche Fünftalerstück, das der Astronom in der Sonne glänzen ließ. „Fünf Daler in Chold, Dunnerlittchen, das chibt noch aan paar Chroschen Aufcheld", rechnete er halblaut. „Siebeneinhalb Groschen hannoversch Kourant", berichtigte der Professor sanft. „Dunnerhagel, dafor muß ich zwaa Tage wächtern! Nuja, hmhmhm, also aans maane ich ja, Gehaamnis is . . . ach ßum Deubel noch aans!" Kräftig schlug er dem Astronomen aufs Knie. „Was haaßt hier Chehaamnis. Wir ßinn ja Kollejen. Sie läsen das Wetter aus de Sterne, ich aus maane Knochen. Wetterpropheten ßinn wer baade, nich' wahr?" Das räumte Klinkerfues bereitwillig ein.

Hämerling war erleichtert. „Na eben, dann wahren Szie maan Geschäftschehaamnis chenau ßo chut wie ich ßelber." „Das will ich meinen, so unter Kollegen", lächelte der berühmte Astronom. „Nu, äben drum, darum dürfen Szie de volle Wahrhaat hören." „Hier ist das Goldstück und nun heraus mit der Sprache, wieso stimmen Deine Wettervorhersagen immer?" Erst einmal verstaute der Torwächter umständlich sein Fünftalerstück, bevor er dem gespannt lauschenden Gelehrten sein „Chehaamnis" verriet.

„Herr Professer, Szie machen das cheschäftlich chanz verkehrt. Szie läjen sich von vornheraan fest. Das is' chrundfalsch. Ich mach das ßo. Da kommt ßo etwa am Morjen aan Ackerbürjer, hält de Färde an un' fracht: ‚Na, was maanste, muß ich mich ranhalten baam Roggenaanfahren?' Dann klopfe ich an maanen Stelzfuß un' sare: ‚Es hat de chanze Nacht chezoren un' chebrannt, ßieh ßu, daß Du alles ins Trockene kriechst.' Dann cheht der ran wie Blücher. Nu kommt der zwaate un' fracht das chlaache. Dem sare ich: ‚Überanstrenge nur Daane Pferde nich', das Wetter hält ßich.' Der cheht ßufrieden un' da kommt schon der dritte. Der kriecht auf de chlaache Frare de Antwort: ‚Wenn de Chlück hast, chehts chut, aber verlaß Dich nicht auf, daß ßich das Wetter hält.' Dann beaalt der ßich. Na, ßehn Se woll, aane von die draa Antworten muß ja stimmen. Der Bauer ßacht dann: ‚Er Hämerling hat mich chanz chenau das Wetter vorherchesacht, der versteht ßaanen Kram!' Szehn Se woll, Herr Professer, das is' maan Cheschäftscheheimnis, ßo irre ich mich nie."

Klinkerfues kratzte sich am Kopf: „Und was tust Du mit den beiden anderen, denen Du eine falsche Auskunft gegeben hast?" „Oho, das is' chanz aanfach. Da sare ich: ‚Ja, liebe Leute, von Auskunft cheben kann ich nich leben. Wer 'ne chute Wettervorhersage haben will, muß mich aan Trinkcheld versprechen.'" „Sehr klug", lobte der Astronom. „Aber was tust Du, wenn Du trotz des Trinkgeldes falsch prophezeit hast?" „Aan alter Soldat riecht die dicke Luft. Wenn das kommt, sitze ich auf dem chewissen Örtchen" (Hämerling drückte sich weit deutlicher aus).

„Nun ja, dann mag das klappen. Hast Du denn genug Kundschaft?" „Oja, maane Erfolje sprechen ßich rum", erwiderte der Torwächter nicht ohne Stolz. Kopfschüttelnd entfernte sich der Astronom. Am Eingang zur Sternwarte blieb er sinnend stehen. War dieses Geschäftsgeheimnis wirklich fünf Taler wert gewesen?

Die Bierrevolution von 1881

Göttingen darf für sich den Ruhm in Anspruch nehmen, die vergnüglichste Revolution der deutschen Geschichte erlebt zu haben und darauf waren und sind die Träger des Umsturzgedankens, die Studenten der Georgia Augusta, bis heute sehr stolz.

Nach 1871 stieg der Wohlstand Deutschlands schnell an und zahlreiche Väter konnten ihren studierenden Söhnen einen höheren Wechsel als früher geben. Auch die Zahl der Musensöhne wuchs an allen Universitäten erheblich an. So mancher ließ aber auch die Gastwirte an seinem erhöhten Einkommen teilnehmen und das mißfiel wiederum der Stadtverwaltung. Die Studenten trieben zu nächtlicher Stunde so viel Allotria, daß man schon von einer unerträglichen Ruhestörung reden mußte. Eine Abhilfe war dringend notwendig.

Die königlich preußische Polizeidirektion zu Göttingen kam auf den Gedanken, nun endlich eine Polizeistunde für die Leinestadt einzuführen, denn Göttingen gehörte zu den wenigen deutschen Universitätsstädten, in denen es noch keine gab.

Die Ausführung dieses Gedankens, die Fröhlichkeit der Studenten und Bürger zeitlich zu begrenzen, war nur nicht so einfach durchzuführen. Wenn auch die Studenten sehr viel Unfug trieben, so hatten sie doch einen starken Anhang in der Bevölkerung, namentlich unter den Gastwirten und Kaufleuten, aber auch unter den Journalisten. Was wäre damals aus den Spalten „Lokales" und „Vermischtes" geworden, wenn nicht die Streiche der Musensöhne eine willkommene Abwechslung geboten hätten? Die Bitte, der Magistrat möge für die Abstellung des Unfugs sorgen, war von den Redakteuren bestimmt nicht ernst gemeint, waren doch Studentenulks oft genug die einzigen wichtigen und obendrein noch heiteren Ereignisse, die aus dem friedlichen kleinen Göttingen zu melden waren.

Die Polizeidirektion glaubte jedenfalls, die Musensöhne durch die Einführung einer Polizeistunde aus dem Wirtshaus ins Bett kommandieren zu können. Oberbürgermeister Merkel sah dem 15. Mai 1881, an dem zum ersten Male die Polizeistunde in Kraft treten sollte, mit sehr gemischten Gefühlen entgegen. Er glaubte nicht, daß die Studentenschaft diese widerspruchslos hinnehmen würde.

Das bevorstehende Ereignis war schon Tage vorher debattiert worden und Merkel hatte in Gesprächen mit Studenten immer wieder festgestellt, daß diese ihn für diese Schikane, die den Lebensnerv der Musensöhne, im bürgerlichen Leben auch Bierhahn genannt, abzusperren drohte, verantwortlich machten. Vergebens versuchte er die jungen Leute davon zu überzeugen, daß die Festsetzung von Polizeistunden Sache des Innenministeriums sei, aber die Studenten beharrten darauf, daß er der Schuldige sei, denn er hätte sich ja auf ihre Seite schlagen können, dann wäre alles anders gekommen.

Oberbürgermeister Merkel hat einen sehr detaillierten Bericht über den Verlauf der nun folgenden drei tollen Nächte im Stadtarchiv deponiert (Aktennummer A II, Fach 25, Nr. 4), ferner liegen uns die Berichte der „Göttinger Zeitung" vor, die natürlich in diesen Tagen völlig im Zeichen der Bierrevolution stand, zahlreiche Jubiläumsartikel sind später erschienen und auch der Polizeikommissar Peters hat seine Erinnerungen niedergelegt. Sonst würde es einem schwer zu glauben, daß so etwas in dem stillen Göttingen überhaupt möglich gewesen wäre.

Am 14. Mai sah man abends Scharen von Studenten die Lokale füllen. Wirte und Kellner hatten nicht Hände genug, alle Wünsche zu erfüllen und die benötigten Tische und Stühle heranzuschaffen. Allerdings stellten die Musensöhne keine Ansprüche und fanden es im Gegenteil äußerst gemütlich, auf leeren Bierfässern, umgestülpten Waschbottichen und ähnlichen Gelegenheiten zu sitzen. Als um Mitternacht die Polizei erschien und mit Donnerstimme Polizeistunde gebot, wurden die Beamten mit lautem Hurra begrüßt. Von allen Seiten reichte man ihnen Seidel und bat sie, einen ganz speziellen auf die Studentenschaft zu trinken.

So gemütlich sonst die Polizeibeamten waren, sie befanden sich jetzt im Dienst und nahmen nichts an. Die Studenten stimmten daraufhin ein neues Lied an und dachten nicht daran, die Lokale zu räumen. Der erste Angriff wurde überall abgeschlagen.

Nun ging Kommissar Peters zu energischeren Maßnahmen über. Unter dem Einsatz sämtlicher Beamten, Universitätspedelle und Scharwächter wurde eine Gaststätte nach der anderen gewaltsam geräumt. In der „Alten Fink" wurde der Anfang gemacht. Kaum hatte man die Musensöhne hinausgeworfen, da sammelten sie sich auch schon auf der Groner Straße und stimmten das Lied an: „Burschen heraus!"

Anscheinend war dies das verabredete Signal. Aus allen Häusern kamen die Studenten, zum Teil mit Laternen in der Hand, herausgestürzt und schlossen sich dem Trupp an, der ununterbrochen „Burschen heraus!" singend die Weender Straße entlang zog. Selbstverständlich wurde bei die-

Erregte Debatte auf dem Marktplatz (Zeichnung von Krannich)

sem Gesang weniger auf Harmonie und Melodie als auf Lautstärke Wert gelegt und als man am Weender Tor angelangt war, schlief bestimmt kein Bürger und Student mehr in der alten Musenstadt. Wo Studenten aus den Lokalen herausgeprügelt wurden, schlossen sie sich dem Sängerchor an, der nun auch zu anderen Liedern überging, von denen namentlich das vom „Kurfürsten Friedrich von der Pfalz“ den größten Anklang fand. Selbstverständlich brannte längst in Göttingen keine einzige Laterne mehr.

Oberbürgermeister Merkel erzählt, er habe, als jemand die Studenten zu einem nächtlichen Weender Bummel aufforderte, unerkannt unter den Musensöhnen mitgebummelt und dabei den Gesprächen gelauscht. Die

Studenten waren äußerst vergnügt und freuten sich über die „kolossale" Abwechslung. Alles amüsierte sich köstlich und begrüßte jeden Studenten, der aus dem Café „Cron & Lanz" herausflog, wo gerade die Polizei in Tätigkeit trat, mit lautem Jubel.

Heiß tobte dagegen der Kampf in der Prinzenstraße, wo bei „Puffer-Deppe", an dessen Stelle heute das GT-Gebäude steht, die altbemoosten Häupter ihre Stammkneipe erbittert verteidigten. Hier wurde aus Spaß Ernst. Hier verkehrten hauptsächlich wohlhabende Musensöhne, die über astronomische Semesterzahlen, aber über kein Examen verfügten und in der Polizeistunde einen tiefeinschneidenden Eingriff in ihr Leben sehen mußten. Die alten Studenten schlugen sich wie die Löwen und konnten erst durch den Einsatz sämtlicher verfügbaren Kräfte aus dem Lokal geprügelt werden.

Die Polizei nahm zahlreiche Verhaftungen vor, der Karzer war bald überfüllt. Nachdem auch hier das „Burschen heraus!" erschollen war, daß die Wände zitterten, beschloß man, Ordnung in die Sangeslust zu bringen, und das gesamte Kommersbuch von Lied 1 bis 641 abzusingen. Gesagt, getan.

Allmählich verlor Polizeikommissar Peters die Nerven und erklärte den ganzen „Weender Bummel" für verhaftet. Ein Hohngeschrei antwortete ihm. Wie wollte er das auch mit seinen wenigen Helfern durchführen? Schließlich packten ihn der Präside Koopmann und der Fuchsmajor Nagel der Burschenschaft Hansea, zerbrachen seinen Säbel und zogen ihn durch die Gosse der damals noch nicht kanalisierten Weender Straße.

Da alle Gaststätten geschlossen waren, zogen die Studenten zum Bahnhof, dessen Wirtschaft ja durchgehend geöffnet war. Weil damals noch das Verbot bestand, Wartesäle ohne gültige Fahrkarte zu betreten, waren schnell alle Fahrkarten nach Bovenden, der nächstgelegenen Station, ausverkauft und die Musensöhne saßen mit ihrem Billet im Mützenband nun endlich wieder im Wirtshaus und leerten die Biervorräte des Bahnhofswirtes. Erst am Morgen begaben sich die Studenten nach Hause. Aus dem Karzer schallte ununterbrochen fröhlicher Gesang, nur die häufige Einlage des „Bier her, Bier her!" zeigte an, woran es am meisten mangelte.

Kellner, Stiefelwichser und Dienstmänner waren unermüdlich tätig, das begehrte Naß herbeizuschaffen. Die Inhaftierten banden aus ihren Krawatten Seile, an denen die Bierflaschen vorsichtig hochgehievt wurden, auch Hosenträger und Gürtel, Taschentücher und alles nur brauchbare wurde als „Rettungsleine" eingesetzt und so konnte der Karzer in feuchtfröhlicher Stimmung erhalten werden. Eßwaren und alkoholfreie Getränke durften die Eingangstür passieren. Die Studentenschaft brauchte sich also um ihre im Karzer brummenden Kommilitonen keine Sorgen zu machen.

Am nächsten Vormittag ging kaum ein Student zur Vorlesung. Einige Spaßvögel hängten an verschiedene Institutstüren Schilder: „Wegen Bierrevolution geschlossen!" Natürlich wurden diese entfernt, hingen aber doch lange genug, um dem ganzen Krawall seinen Namen zu geben.

Der Tag war für Brauer, Bierfahrer und Kellner sehr arbeitsreich. Die Studenten bevölkerten alle Gasthäuser und berieten über alle nächsten Maßnahmen. Auf keinen Fall wollte man wieder sich vereinzelt aus den Lokalen entfernen lassen. Widerstand war die Parole.

Am nächsten Abend ging es los! In den Wirtshäusern kam es zu Prügeleien zwischen Studenten und Ordnungshütern und fast 200 Musensöhne mußten in den Karzer und in die Scharwache wandern, wo sie den erschöpften Sängerchor, der die ersten zweihundert abgesungenen Kommerslieder feiern wollte, ablösen konnten. Sofort begannen ausgeruhte Kehlen das nächste Hundert in Angriff zu nehmen. Inzwischen tobte bei „Puffer-Deppe" eine regelrechte Saalschlacht. Die bemoosten Häupter leisteten einen verzweifelten Widerstand. Wer mühsam zur Tür hinausgeprügelte war, kletterte, ohne Rücksicht auf die blutende Nase zu nehmen, zum Hinterfenster wieder hinein und stürzte sich erneut in das Kampfgewühl. Polizeisäbel klirrten gegen Bierseidel und die Stöcke der Pedelle wurden mit abgerissenen Stuhlbeinen pariert. Selbstverständlich waren alle Lampen verlöscht, damit man nicht sehen konnte, wer am Widerstand gegen die Staatsgewalt schuldig war. Die Göttinger meinten am nächsten Tage, wenn der Kampf noch länger gedauert hätte, wäre der spätere Abbruch des Gebäudes unnötig gewesen.

Da wurde die Polizei plötzlich abberufen! In Göttingen war der Teufel los! ! ! Ein Studententrupp hatte die in der Nikolaistraße gelegene Polizeiwache gestürmt und in Kleinholz verwandelt. Eine zweite Schar schlug dem Polizeikommissar alle Fensterscheiben ein und brachte ihm eine Katzenmusik, daß sämtliche Hunde Göttingens zu bellen begannen. Am schlimmsten erging es Oberbürgermeister Merkel. Jedes Fenster seines Hauses, einschließlich der Dachluken, wurde eingeworfen und sein Garten völlig zertrampelt. Jeder einlaufende Fernzug brachte Scharen von Studenten aus Marburg, Jena und selbst aus Berlin heran, die sich sofort in das dichteste Getümmel stürzten und eifrig halfen, sämtliche Gaslaternen zu demolieren. Auch an diesen blieb keine Scheibe ganz. Da Karzer und Scharwache überfüllt waren, mußten weitere Hunderte von Studenten auf den Fluren des Gerichtsgebäudes provisorisch inhaftiert werden. Aber auch hier tönte bald lauter Gesang.

Da die Polizei nicht mehr in der Lage war, die Ruhe herzustellen und im Laufe des Tages die Ankunft von einigen hundert auswärtigen Studenten zu erwarten war, forderte Oberbürgermeister Merkel in den Morgenstunden des 17. Mai militärische Hilfe an, die ihm sofort bewilligt wurde. Das Generalkommando des XI. Armeekorps stellte ihm das Göttinger Bataillon der 82er zur Verfügung, die beiden anderen in Einbeck und Northeim liegenden Bataillone wurden in Bereitschaft versetzt und nötigenfalls weitere Truppen zugesagt, von denen sich das 11. Jägerbataillon in Marburg sofort marschfertig machte.

Schon am Nachmittag klebten überall Maueranschläge, in denen die Studenten ermahnt wurden, künftig Ruhe zu halten, weil die Soldaten erforderlichenfalls von der Schußwaffe Gebrauch machen würden. Auf die Musensöhne machte diese Drohung nicht den geringsten Eindruck. Sie kauften an Feuerwerkskörpern auf, was nur zu bekommen war und ließen diese in den frühen Abendstunden zerknallen, damit sich die Studentenschaft rechtzeitig an das Gewehrfeuer gewöhnen konnte.

Als freilich die Polizeistunde nahte und häufig Militärpatrouillen durch die Straßen gingen, sah man, daß es jetzt doch ernster wurde. Um Mitternacht gingen wieder zahlreiche Trupps von Studenten unter militärischer Bewachung in die überfüllten Arrestlokale. Aber unverdrossen erschallte aus Karzer, Scharwache und Gerichtsgefängnis der laute Gesang der Inhaftierten, die das vierhundertste Lied recht bald absingen wollten. Auch die Bierzufuhr klappte noch, obwohl sie fast die Kräfte des eingesetzten Hilfspersonals überstieg. Längst mußten die Frauen und Kinder der Eckensteher, Buttcher und Stiefelwichser helfen, um alle Wünsche erfüllen zu können und längst waren die zusammengebundenen Krawatten durch feste Stricke ersetzt, an denen man ganze Flaschenkörbe in die Höhe ziehen konnte.

In Göttingen wurde es aber ungemütlich und so beschlossen die Studenten, nach Bovenden zu wandern. Jeder holte sich aus seiner Bude die Petroleumlampe oder, wenn möglich, eine Stallaterne und schloß sich dem langen Zug an, der sich nach Bovenden in Bewegung setzte.

In Weende angekommen, einigte man sich, erst einmal beim alten Wasseram einzukehren. Die Vorhut klopfte den Wirt (sein Gasthaus ist der spätere „Weender Hof") aus dem Bett, bat ihn, sich keinerlei Mühe zu machen, so daß der Wirt im flatternden Nachthemd und Filzpantoffeln die nötigen Vorbereitungen traf, wobei die Studenten gern halfen, die Bierfässer in die Gaststube zu rollen.

Inzwischen war der Haupttrupp angelangt, der unterwegs sorgfältig darauf geachtet hatte, daß jede Straßenlaterne eingeworfen wurde und bald war man fröhlich beim Trinken. Die Wirtin erschien mit dem gesamten Vorrat an Würstchen, sie wurde mit lautem Hurra und dem Lied von der Filia hospitalis begrüßt. Schnell war der Vorrat erschöpft, das Bier und alle anderen trinkbaren Stoffe versiegten und selbst die letzte Kutscherzigarre hatte ihren Abnehmer gefunden.

Nun wäre es ja an der Zeit gewesen, nach Bovenden weiterzuwandern, aber man blieb noch gemütlich sitzen und lief dadurch in das Verhängnis.

Selbstverständlich hatten die Militärpatrouillen den Abmarsch der Studenten gemeldet, worauf der Kommandeur zwei Kompanien 82er nach Bovenden schickte, um die Studenten aufzuheben. Schweigend zogen die Kompanien durch die Nacht.

In der Wasseramschen Wirtschaft wurde gerade ein neues Lied angestimmt, als plötzlich der Schreckensschrei: „Militär! Militär!" ertönte. Mit aufgepflanzten Bajonetten stürmte ein Zug Musketiere ins Haus und jagte die Studenten hinaus. Die Musensöhne sprangen aus den Fenstern, stießen aber sofort auf Soldaten, die beiden Kompanien hielten das Haus eng umzingelt. Jeder Widerstand wäre angesichts der Kolben und Bajonette sinnlos gewesen. Schnell durchsuchten Patrouillen das Haus und stöberten einige versteckte Musensöhne auf. 264 Studenten mußten sich, umringt von den Soldaten, die sie keinen Augenblick aus den Augen ließen, nach Göttingen in Marsch setzen. Nur einige Studenten, die aus einem Hinterfenster auf einen Misthaufen gesprungen waren, konnten entkommen.

Die Arrestlokale waren nunmehr völlig überfüllt. Mit lautem Hallo wurden die Neuankömmlinge begrüßt, die sofort mit aller Kraft in das Lied Nr. 459 einfielen. Als der Morgen graute, wurde der achthundertste Häftling eingeliefert. Ungeachtet der tosenden Begrüßung seiner Leidensgenossen bat er flehentlich, er möchte freigelassen werden, er sei kein Student sondern Bäckergeselle und hätte auf dem Wege zur Arbeit nur mal ein bißchen Krawall gemacht, worauf ihn die Patrouille gleich mitgenommen hätte. Aber das half alles nichts, er hatte randaliert und mußte nun bleiben.

Am 18. Mai versammelten sich die Studenten zu einer Protestversammlung auf dem Rohns, aus der aber nicht mehr viel wurde. Es waren doch schon zu große Lücken in die Schar der Musensöhne gerissen. Auch die von anderen Universitäten gekommenen Studenten wurden sehr bedenklich, denn sie hatten absolut keine Lust, dem Militär Straßenschlachten zu liefern. Zwar beschloß man, festzubleiben und den Kampf fortzusetzen, aber dieser Wille wurde sehr schnell verwässert.

Oberbürgermeister Merkel hatte inzwischen den alten Senator Eberwein von den Vorkommnissen unterrichtet, der in seiner Schwerhörigkeit noch nichts von der Bierrevolution bemerkt hatte. Staunend schüttelte er den Kopf und sagte lächelnd: „Nu' laß man mich mal machen, ich will de Stedenten schon kriejen, mit die haue ich mich nu' schon sechzich Jahre rum." Als die Studenten vom Rohns zurückkamen und sich überlegten, was sie jetzt noch anstellen könnten, kam der Zug plötzlich ins Stocken. Alles drängte von vorn zurück. „Feuerwehr! Feuerwehr!" Senator Eberwein hatte alle Tore durch die Feuerwehr besetzen lassen. Am Weendertor stand die Kompanie der Turngemeinde von 1848, am Albanitor die des Männerturnvereins, der heutigen Tuspo, am Gronertor und der heutigen Goetheallee wartete die Bürgerfeuerwehr, während Senator Eberwein die Nikolaistraße mit den Klein-Pariser Buttchern sperrte. Wo die Studenten erschienen, zischte ihnen ein Wasserstrahl entgegen. Nur am Albanitor unternahm man keinen Durchbruchsversuch, denn hier stand Oberbürgermeister Merkel persönlich am Rohr, der für seine Fensterscheiben Rache nehmen wollte.

Quatschnaß überkletterte die Studentenschaft die Wälle und wurde dabei noch kräftig bespritzt. Dies alles kühlte ihren revolutionären Elan doch wesentlich ab.

Die Nacht verlief verhältnismäßig ruhig, auch den verhafteten Studenten verging die Lust zum Singen, nachdem man das Kommersbuch fast abgesungen hatte. Am Morgen des 19. ließ man sie laufen und bestellte die Rädelsführer zum Prorektor.

Dort erfolgte eine sehr nachdrückliche Ermahnung, die mit dem Hinweis endete, daß diesen Krawallen ein Nachspiel folgen würde. Sie hätten mit Geldstrafen bis zu 1500 Mark zu rechnen. Als die Studenten sich zum Gehen wandten, hatte einer dennoch die Frechheit, den Prorektor zu fragen: „Sollen wir das Geld beim nächsten Male gleich mitbringen?"

Die Strafen fielen ziemlich hart aus, eine Reihe von Studenten wurde relegiert, andere mußten Geldstrafen bis zu 1500 Mark bezahlen. Koopmann und Nagel wurden zu einem Jahr Gefängnis verurteilt, flüchteten aber nach Brasilien.

Die Göttinger Bierrevolution ist bis heute nicht vergessen worden.

Die Studentendemonstration

Wir leben im Zeitalter der Kundgebungen und Demonstrationen. Um so interessanter ist es für uns zu erfahren, daß man früher so etwas in Alt-Göttingen auch schon kannte, nur gingen diese sehr viel humorvoller vor sich als heute, es waren ja auch politisch sehr ruhige Zeiten, in denen kleinere Demonstrationen höchstens als Abwechslung empfunden wurden.

Die Bierrevolution von 1881 war noch nicht vergessen, als der edle Gerstensaft „schon wieder" die Göttinger Studenten auf die Barrikaden trieb. Mit Beginn des Wintersemesters 1894/95 hatte sich der Göttinger Wirteverein zu einer schwerwiegenden Tat aufgerafft, die ihm die Musensöhne niemals zugetraut hätten, er wollte künftig nicht mehr pumpen.

Dies hieß an den Grundlagen des Studententums rütteln. Der damalige Student borgte nämlich in den meisten Fällen nicht aus dem Grunde, weil er mehr ausgab als er einnahm, sondern weil er einen Semesterwechsel bekam. Früher bekamen die Beamten und Angestellten ihr Gehalt vierteljährlich, weshalb die Väter ihren Söhnen nur alle drei Monate Geld schikken konnten. Es war aber für einen jungen Mann, der — wie es vor 1900 doch üblich war — bis zur Studentenzeit kaum über Geld verfügt hatte sehr schwierig, seinen Wechsel richtig einzuteilen, um ein Vierteljahr mit dem Gelde hauszuhalten. Es gab solche Studenten, aber sie waren in der Minderzahl, bei den meisten mißlangen die ersten Versuche und so hinkten sie bald ein Vierteljahr hinter ihrem Wechsel her und mußten pumpen.

Die Karren des Biergerichts im Demonstrationszug

Kam das Geld, wurde prompt bezahlt und dann wurde weiter gepumpt. Es ging eben nicht anders. Da aber in Göttingen jeder an dieses System gewöhnt war, klappte es auch vorzüglich.

Es gab allerdings auch früher einige Wirte, die nicht borgten, so der alte Fink schon seit 1832 und Otto Eisfeld (in der heutigen Theaterstraße). Im Oktober 1894 taten sich aber alle Gastwirte zusammen, um die Studentenschaft vom Bier abzuschneiden. Den Musensöhnen war diese harte Maßnahme völlig unverständlich, schließlich waren sie ja die besten Kunden der Wirte. Selbstverständlich dachte niemand daran, sich dies gefallen zu lassen. Schließlich war man ja nie etwas schuldig geblieben und mehr als tausend „Ganze" hatte man im Semester selten auf dem Kerbholz stehen, der weitaus größte Teil der Studentenschaft begnügte sich sogar mit einem weit geringeren Bierkonsum, was die Wirte bislang sehr bedauert hatten. Und das sollte nun anders werden? Das würde man erst mal sehen!!

Überall wurde auf den Studentenbuden lebhaft diskutiert. Die Vermieter schleppten manchen Kasten Bier heran und erklärten wohlwollend: „Also ich habe aanen Flaschenbierhändler anne Hand, der pumpt waater." Ein donnerndes Vivat lohnte dem braven Mann. Vorübergehende konnten freilich auch manches Pereat hören, das den Wirten ausgebracht wurde. Mancher Restaurateur krazte sich schon nachdenklich am Kopf und überlegte, ob es nicht besser gewesen wäre, wenn man den Pump bestehen gelassen hätte. Aber schließlich brauchte man ja auch sein Geld, Kellner und Brauereien wollten bezahlt werden. Sollten die Studenten eben sparsamer wirtschaften, dann hatten sie Moneten, aber das ging auch nicht, denn wenn sie sparten, mußten sie ja beim Frühschoppen anfangen und das spürten die Wirte. Was sollte man nun tun?

Zum gleichen Ergebnis kamen die rachebrütenden Musensöhne. Der zaghafte Vorschlag einiger krasser Füchse, man könnte doch künftig Limonade trinken und so den Wirten mores lehren, wurde unter den Tisch gefegt. Zürnend sprach ein bemoostes Haupt die weisen Worte: „Man kann wohl Limonade trinken, aber wer tut das schon, brrr, nee!" Schließlich kam man überall auf den Buden zu dem Ergebnis, durchzuhalten und die Wirte entweder zum Nachgeben zu zwingen oder künftig Flaschenbier zu trinken.

In Göttingen, das 1894 etwa 23 000 Einwohner zählte, gab es rund hundert Flaschenbierhandlungen, die den Gerstensaft über die Straße verkauften. Selten wurde dies im Hauptberuf gemacht, meist bildete der Kleinhandel eine Nebenerwerbsquelle von Rentnern, Kriegsversehrten und älteren Witwen. Diese waren alle hocherfreut, daß der neue Bierkrieg ihr Geschäft sichtlich belebte. So sahen die Gastwirte mißmutig zu, wie die

Handwagen der Flaschenbierhändler mehrmals am Tage zur Brauerei rollten, um neuen Stoff zu holen und an besonders ergiebigen Stellen luden die Bierfahrer hunderte von Flaschen ab. Wohl dem Kleinhändler, der in einer Straße wohnte, in der viele Studenten ihre Buden hatten. Er konnte auf ein glänzendes Geschäft hoffen. Die Städtische Brauerei drängte übrigens keineswegs mit der Bezahlung, sie war natürlich auf die Begleichungsweise der Studenten eingerichtet.

Das Unternehmen des Wirtevereins war von vornherein zum Scheitern verurteilt und wuchs sich zu einem herrlichen Studentenulk aus, der die Göttinger sehr amüsierte und alte Akademiker, die hier ihren Ruheabend verlebten, zu der Bemerkung veranlaßte, daß in der heutigen Studentenschaft anscheinend der alte Frohsinn noch nicht ganz erloschen sei. (Wie muß es da erst vor 1870 gewesen sein!) Die Musensöhne versuchten es erst einmal mit gutem Zureden. Sie gingen in ihre gewohnten Lokale und setzten sich. Als aufatmend der Wirt kam, der schon befürchtet hatte, seine besten Kunden zu verlieren, zogen die Studenten schweigend das Futter ihrer Hosentaschen nach außen, um anzudeuten, daß sie kein Geld hätten. „Borgen darf ich leider nicht mehr", stotterte der Gastwirt verlegen. Schweigend erhoben sich die Studenten und verließen das Lokal.

Andere Wirte versuchten, die Musensöhne gütlich zur Barzahlung zu bewegen. Sie wiesen darauf hin, daß sich die harte Maßnahme natürlich nicht gegen Anwesende richte, aber es gäbe doch einige Studenten, die ein sehr hohes Schuldkonto hätten und böse Beispiele könne man doch nicht dulden. Es gäbe auch Musensöhne, die bei allen Wirten in der Kreide ständen. Das ginge natürlich nicht auf die Dauer, zumal ja nicht alle Studenten zahlten, wenn der Wechsel käme. Einige Restaurateure händigten den Studenten sogar eine Abschrift der vom Wirteverein getroffenen Abmachung aus. Aber auch hier verließen die Studenten die Stätten ihrer einstigen Tätigkeit.

Was sollten sie nun tun? Wieder begannen lange Tagungen. Die Zimmerwirte, die ihre „Buden" für Diskussionen zur Verfügung stellten, wurden von den Flaschenbierhändlern am Umsatz beteiligt und hatten ihre Arbeit, um den brennenden Durst zu stillen. Hier und da wurde getuschelt und allmählich reifte der Plan zu einer Demonstration.

Am 9. November 1894 bewegte sich ein seltsamer Zug durch die stillen Göttinger Straßen. Voran ritten zwei als Gastwirte verkleidete Studenten, die Plakate mit der Aufschrift „Nieder mit der Borgwirtschaft!" und „Barzahlung!" trugen. Ihnen folgte der große Rollwagen eines Möbeltransporteurs, dessen Ladefläche ein buntes Bild zeigte. An einem Tisch saßen drei Studenten, die in ihren Masken täuschend drei stadtbekannten Wirten glichen. Ein Schild „Wirtekommission" erklärte ihre Tätigkeit. Angstschlotternd stand ein gleichfalls stadtbekannter Bierstudent vor ihnen, der gewiß in den düsteren Schuldturm mußte, der hinter dem Kutschbock aufragte.

Im Hintergrund zechten fröhliche Studenten, die mit bierbeladenen Kellnern eine vergnügte Runde bildeten. Auch hier stand ein Schild „Pumpkonvent". Ein Musensohn verteilte als Dienstmann verkleidet, Zettel mit lustigen Kommentaren zum Pumpverbot. Selbstverständlich machten die Reporter der in Göttingen erscheinenden Zeitungen den Umzug mit. Die Göttinger amüsierten sich köstlich über diese herrliche Abwechslung und rissen dem „Dienstmann" die Zettel aus der Hand. Die heitere Demonstration hatte einen vollen Erfolg zu verzeichnen. Die Gastwirte gaben ihren Widerstand gegen das Pumpen auf und bald herrschten wieder die alten Verhältnisse.

Gastwirt Otto Eisfeld, langjähriger Vorsitzender des Wirtevereins

Der Kartoffeldieb

Der Frühsommer brachte früher armen Leuten manche Plage, die wir uns heute nicht mehr vorstellen können. Die alte Ernte mußte unbedingt bis zur neuen reichen, die Zukaufsmöglichkeiten waren nur gering, und namentlich die Preise für den kleinen Mann unerschwinglich. Die Kartoffelvorräte und auch das Brotgetreide wurden sehr genau eingeteilt, ebenso die Erträge des Schweineschlachtens, des wichtigsten Festes im Jahre. Nicht ein Streifchen Speck durfte irgendwann zusätzlich verbraucht werden, damit der genau eingeteilte Vorrat bis zur neuen Schlachtung reichte. Die Bäcker klagten noch um 1850, sie hätten nur einen geringen Brotverkauf, weil die Göttinger Hausfrauen selbst backten und dem ehrsamen Handwerk nur die Lohnbäckerei überließen. Aus einem Zentner Mehl wurden damals 132 Pfund Brot gebacken, also 33 vierpfündige Brote. Geschickte Hausfrauen verstanden es, unter Benutzung kleiner Zusätze, wie etwa Abfallmehl, 34, vielleicht sogar 35 Brote herauszuwirtschaften, einen Profit, den man sich nicht entgehen ließ. Die Hausfrau war ja nicht an die strengen hannoverschen Backvorschriften gebunden.

Der Göttinger Ackerbürger kam also einigermaßen bis zur nächsten Ernte. Schlimm konnte es für die Tagelöhner werden, wenn eine Mißernte gewesen war. Sobald sich die Grundnahrungsmittel verteuerten, stand eine Hungersnot vor der Tür. Erst nach 1871 besserten sich diese Verhältnisse gründlich, als Deutschland gute Bahnverbindungen bekam, und sich rege am Welthandel beteiligte.

Trotzdem blieb für die ärmere Bevölkerung Göttingens die Zeit bis zur Reife der neuen Ernte nicht leicht. Man mußte zusehen, wie man die bösen Wochen überbrücken konnte, sei es auch manchmal mit nicht ganz einwandfreien Mitteln. In Klein-Paris nannte man so etwas „die nich' vorhandenen Vorräte aan bißchen strecken". Es ging auch niemand heimlich fort, um einen kleinen Felddiebstahl auszuführen, man ging „ßo'n bißchen sich de Baane vertreten".

Die Ackerbürger trafen Abwehrmaßnahmen. Zwar gab es einen Feldhüter, aber der konnte nicht überall sein. So ging man kurzentschlossen nach Klein-Paris und engagierte Hilfskräfte, die mit einem riesigen Knüppel bewaffnet, die Feldfrüchte bewachten und die von ihnen ertappten

Diebe bei der Polizei ablieferten. Übrigens haben die Klein-Pariser willig und genau ihren Dienst versehen. Man machte hier keineswegs den Bock zum Gärtner, denn der Kampf gegen die Feldhüter war ein Sport, bei dem List gegen List stand. Im Jahre 1873 war es besonders schlimm. Nicht nur die Felder, auch die Gärten waren nicht vor Dieben sicher, besonders die vor dem Wall befindlichen Grundstücke hatten viel zu leiden.

Böse erging es dem gutmütigen Professor Klinkerfues, auf dessen Milde viele kleine und größere Übeltäter rechneten. Der Gelehrte merkte bald, daß er voraussichtlich keine Erdbeere und keine Frühkartoffel ernten würde. Das ärgerte ihn mächtig, denn der Astronom war ein vorzüglicher Gemüsegärtner, so sehr er den verwilderten Blumengarten allen kunstvollen Anlagen vorzog. Da half nur eins, er mußte einen Gartenhüter anstellen. Der Professor machte sich persönlich auf den Weg, um bei den Klein-Parisern sein Glück zu versuchen. Staunend wurde er empfangen und hatte kaum sein Verlangen vorgebracht, als er auch schon von mehreren zerlumpten Männern umringt war, die ihm ihre Dienste anboten. Etwas besseres als Gartenhüter bei Klinkerfues konnte man ja in Alt-Göttingen nach Ansicht der Buttcher nicht werden. Jochen Bartels bekam die Stellung für freies Essen und zwei Taler in der Woche, eine fürstliche Bezahlung nach seiner Meinung, er wäre mit 4,50 Mark zufrieden gewesen.

Jochen schwang stolz einen riesigen Knüppel auf die Schulter und folgte seinem Herrn, wobei er sich mehrmals drohend nach Klein-Paris umwandte und seinen Knüppel schüttelnd schrie: „Traut Euch bloß nich' an unsere Kartoffel, wenn Euch Euer haaler Puckel lieb is'. Ihr kennt mich ja, ich hau dazwischen!"

Jochen war nicht nur mit dem Munde der rechte Mann für den Posten. Die Diebstähle hörten schlagartig auf, denn Bartels war die ganze Nacht im Garten und schlief in den Mittagsstunden. Nebenbei besorgte er sämtliche auf der Sternwarte anfallenden Dreckarbeiten.

Eines Abends sagte Klinkerfues zu ihm: „Heute nacht könntest Du eigentlich ein paar Büsche Frühkartoffeln ausmachen, dann gibt es morgen mein Leibgericht, Pellkartoffeln mit Speck und Zwiebeln." Jochen strahlte, mit dem Gericht war er völlig einverstanden, da würde er seinen Mann stehen. Nur war er ausgerechnet heute sehr müde, er hatte in der vorigen Nacht die Abortkübel der Sternwarte gereinigt, eine in der Sommerhitze besonders unangenehme Arbeit. Der Professor hatte es bestimmt sehr gut gemeint, wenn er ihm zur Belohnung Pellkartoffeln mit gebratenem Speck vorsetzte, aber heute war er wirklich müde und hatte keine Lust, im Mondenschein Kartoffeln zu buddeln. Dann freilich gab es auch keine Speckkartoffeln. All diese Gedanken gingen in Bartels Schädel herum,

Blick auf die Sternwarte um 1840 (Zeichnung von Neise)

während er seine Rundgänge durch den Garten machte. Da kam ihm ein guter Gedanke. Er mußte sich die Arbeit irgendwie abnehmen lassen. Aber wie?

„Na, Jochen, Du wirst woll nie müde?" schreckte ihn eine Stimme aus seinen Gedanken. Vor dem Zaun stand ein Buttcher, der einen begehrlichen Blick auf das Frühkartoffelbeet warf. „Ach, Du bist es, Schorse", entgegnete Bartels, dem der alte Freund wie gerufen kam, „müde bin ich schon, ich habe den chanzen Dach feste for'n Professer arbaaten müssen, un vorher 'ne Nachtwache un' hinterher 'ne Nachtwache, das strengt mächtich." „Jaja", stimmte ihm Schorse nachdenklich zu, der in seinem Leben der Arbeit immer sehr weit aus dem Wege gegangen war, „Cheld verdienen is' nich' aanfach, aber der Hunger knaapt doch mächtich inne Chedärme, un' dann muß man aanfach arbaaten. Ich dachte bloß immer, er Klinkerfues is' ßu chut, da braucht man nich' ßu arbaaten." „Aane Seele von Mensch is' er", versicherte Jochen, „un' chrade darum muß ich streng aufpassen, so sauer es mich auch heute wird, aber ich setze mich manchmal ßo'n bißchen auf de Bank, sonst schlaf ich noch aan." „Tu das man, Jochen", riet Schorse eifrig, „wenn man de Baane aan bißchen ruhn können. Das Rumlaufen macht nämlich ßo müde." Dann entfernte er sich mit kurzem Gruß. „Der hat anchebissen", lachte Jochen hinter ihm her.

Bartels ging weiter seine Runden und spähte, wenn er an der Straßenfront vorbei kam, eifrig aus, ob er nicht eine verdächtige Gestalt sah. Gegen Mitternacht war er seiner Sache sicher. Ab und an kräftig gähnend schritt er zur Gartenbank, ließ sich ächzend nieder und bald verrieten kräftige Schnarchtöne, daß der treue Wächter eingeschlafen war.

Eine kleine Gestalt näherte sich dem Zaun, stellte vorsichtig eine Hacke nieder, schwang sich über das Stackett und schlich auf das Beet mit den Frühkartoffeln zu. Geräuschlos setzte sie die Hacke in Tätigkeit, rodete einige Büsche, zog einen Sack hervor und sammelte die Knollen hinein. Etliche Pfund mochten schon geerntet sein. Der Kleine hob den Sack, überlegte ein Weilchen, aber die Schnarchtöne wuchsen immer mehr an, da durfte es gewagt werden, weiter zu buddeln.

Hätte er nur zur Bank blicken können. Klinkerfues hatte mit Staunen die abgrundtiefen Schnarchtöne seines sonst so zuverlässigen Gartenhüters gehört, schlich zur Bank, um ihn zu überraschen und fand dort einen putzmunteren Bartels, der den kleinen Gartendieb scharf beobachtete. „Es is' Schorses Fritze", flüsterte er dem Professor zu, „schnarchen Se mal waater, ich schnapp mich jetzt den Bengel." Bald ertönten die Grunztöne des Astronomen, während Jochen den Dieb umging.

Der Junge hob den schwer gewordenen Sack auf den Rücken, schulterte die Hacke und wollte wieder über den Zaun klettern, als plötzlich Jochen vor ihm stand. „Kucke an", sagte er höhnisch, „hab ich Dich, maan lieber Fritze. Du Klaan-Pariser Chossenschieter (Neckname für die Klein-Pariser Jugend) chlaubst allen Ernstes, ich schnarche, wo ich ßum Wachen verankaschiert (engagiert) bin. Ab ßum Professor." Bartels nahm ihm den Sack ab und führte den Übeltäter zu Klinkerfues. Der besah sich die elende blasse Jungengestalt und ließ sein gutes Herz sprechen: „Na, sperr ihn bis zum Morgen in den Keller, gib ihm aber vorher noch ein paar Wurstbrote." Sehr artig folgte der kleine Übeltäter seinem Wächter und fiel heißhungrig über die Brote her. Die Nacht im Keller sollte ihn nicht weiter stören.

„Aan fideles Chefängnis", brummte Bartels, „na, ich chönns dem Bengel, das Kartoffelausbuddeln hat er ja für mich besorcht." In diesem Sommer wurde nie wieder der Versuch gemacht, den Garten der Sternwarte zu bestehlen. Bartels war von jetzt an der begehrteste Feldhüter Göttingens, der die ihm anvertrauten Felder und Gärten sorgfältig und unbestechlich bewachte.

Studentenumzug

Wenn ein Student sich eine neue Bude suchte, war das nicht so einfach, denn sie mußte nicht nur ihm, sondern auch seinen Freunden gefallen, weil ihn sonst niemand aufgesucht hätte. So streng waren die Bräuche im alten Göttingen.

Hatte man eine gefunden, „stieg" der Umzug, der stets mit einem fröhlichen Ulk verbunden war. Keinem Musensohn wäre es eingefallen, seine wenigen Habseligkeiten in einen Koffer oder einige Kartons zu packen und selbst zu tragen, schließlich war man ja wer. So ging der Student auf den Marktplatz, wo auf einem der alten Prellsteine der Kutscher-Jochen saß. Dieses bekannte Göttinger Original hockte zwischen 1820 und 1880 Tag für Tag auf „seinem Stein" und schaute die Weender Straße hinunter, ob nicht jemand käme, um die Dienste seines Gespannes in Anspruch zu nehmen, denn Jochen war ein kleiner Fuhrunternehmer, der mit seinen beiden wohlgepflegten Kaltblütern Lohnfuhren jeder Art übernahm. Da er in seiner Jugend Kutscher gewesen war, hieß er zeitlebens der Kutscher-Jochen.

Stets leistete ein Hund dem Manne Gesellschaft, eine großartige Promenadenmischung sämtlicher existierender Rassen, aber klug und seinem Herrn treu ergeben. Das Tier beobachtete für gewöhnlich den Kornmarkt und hatte einen sechsten Sinn für Kunden, denn wenn er jemanden mit freundlichem Schwanzwedeln begrüßte, hatte dieser einen Auftrag für den Kutscher-Jochen. Alle diese unaussprechlich häßlichen aber gelehrigen Köter, die der Fuhrmann besaß, hießen Scholli (vom französischen joli, d. h. der Hübsche).

Kam ein Student, wußten Fuhrmann und Hund, daß ein Umzug bevorstand, der nicht gerade schwere Arbeit versprach. Jochen erhob sich, faßte seine Peitsche fester, von der er sich nie trennte und nahm den breitrandigen Hut ab. „Haben Se was for mich ßu tun, Herr Stedente?" „Ja, ich will umziehen. Ich brauche einen Wagen mit zwei kräftigen Pferden und zwei Dienstleute." „Wird bestens besorcht." „Vergessen Sie den Hund nicht." „Der kommt sowieso mit."

Nachdem der Student gegangen war, winkte Jochen die Eckensteher Siedentopf und Körner heran, zwei bärenstarke Tagelöhner, die auch am Markt auf Kundschaft warteten. „Schöner Auftrach, Stedentenumßuch!" „Daß sinn aan paar laachtverdiente Chroschen", freute sich Siedentopf. „Du wirst noch raach durch de Stedentens", prophezeite Körner.

Göttinger Eckensteher um 1840
(Zeichnung von Neise)

Am andern Morgen um zehn Uhr, noch früher zog kein Musensohn, hielt Kutscher-Jochen mit seinem Wagen vor der alten Studentenbude und knallte kräftig mit der Peitsche, was Scholli mit einem fröhlichen Gebell begleitete. Körner und Siedentopf kletterten vom Wagen, spuckten in die Hände, sagten: „Na, denn mal weder ran" und stiegen die Treppe zur Bude hoch, in der der bisherige Bewohner mit Unterstützung einiger Kommilitonen gepackt hatte.

„Tragt man erst mal das Bier runter", befahl der Student und wies auf zwei Kisten mit Bierflaschen, die der damaligen Art entsprachen, also mehr als einen Liter faßten. Diesen Befehl führten die beiden Arbeiter nur zu gern aus. „Verdursten wird niemand", beruhigten sie Jochen, der auf dem Wagen stand, um die Ladung richtig zu packen. „Szinn denn viele Stedentens da?" „Nä, bloß so Stücker sechse." „Dann paßt alles aufen Waren."

Die nächsten Gegenstände, die es zu transportieren galt, waren eine kleine Reisetruhe mit Wäsche, ein Pfeifenständer, Stiefelknecht, einige Schreibtischutensilien, unter denen eine Tintenflasche, auf der mit großen Buchstaben GIFT! stand, besonders auffiel.

Als letztes ergriffen die Arbeiter eine Kiste. „Kommilitonen, die Bücher!" sagte der glückliche Eigentümer. Ehrfurchtsvoll zogen die anderen die bunten Mützen, bis die Kiste aus der Bude gebracht war. Dann ergriffen die Studenten, die bislang keinen Finger gerührt hatten, die Bierseidel, das Kommersbuch und die Pfeifen ihres Freundes und schritten würdig zum Wagen. „Der Wagen ist übervoll. Die Pferde haben schwer zu ziehen. Erleichtern wir den armen Tieren die Last, indem wir erst mal einen trinken", schlug der Gastgeber vor. Siedentopf und Körner zollten am lautesten Beifall. Nachdem ein erfrischender Schluck genommen war, kletterte alles auf den Wagen, die Musensöhne stimmten ein fröhliches Wanderlied an, „Studio auf einer Reis'" erfreute sich großer Beliebtheit, besonders die Verse, die nicht im Kommersbuch standen, wie „unser Göttinger":

Studio auf einer Reis'
bei Bine wohl zu pumpen weiß,
doch er kriegt nischt auf die Hand,
weil der Reis ihm angebrannt,
hollahi, hollaho, bei Bine Gaßmann ist das so
hollahi, hollaho, bei Bine ist das so.

So fuhr man gemütlich durch die Straßen bis zur Aula. Dort flüsterten die Musensöhne Scholli zu: „Da wohnt der böse Prorektor", worauf der Hund in ein wütendes Gebell ausbrach. Die Studenten hatten ihm dieses Kunststück beigebracht, das Scholli um so lieber ausführte, weil er dafür eine Wurst bekam.

Dann fuhr man gemütlich noch durch einige Straßen, um die frische Luft zu genießen, bis vor der neuen Bude gehalten wurde. Inzwischen war es dringend notwendig geworden, wieder einmal etwas zu trinken, schließlich waren die Kehlen vom vielen Singen heiser geworden. Das Bier, das nach dem Umtrunk in die neue Behausung getragen werden mußte, genügte aber immer noch zur Einweihungsfeier. Als die Bücherkiste vom Wagen gehoben wurde, zogen die Studenten wieder ehrfürchtig die Mützen, um der in ihnen steckenden Gelehrsamkeit ihren Respekt zu zollen und folgten der kostbaren Last wieder mit Seidel, Kommersbuch und Pfeifen.

Als die Helfer wieder auf der Straße standen, machten Kutscher-Jochen, Siedentopf und Körner sehr zufriedene Gesichter. Nach dem Tode Jochens, der übrigens auf seinem Kutschersitz mit den Zügeln in der Hand starb, fanden die Studenten bald neue Helfer bei Umzügen. Inzwischen fuhren die ersten Möbelwagen, die mit vier schweren Pferden bespannt waren. Selbstverständlich wurde der größte bestellt, den die Firma besaß und als Helfer die Dienstleute Muh, Mäh und Kalweskopp engagiert. Dieses Trio trug die wenigen Habseligkeiten des Studenten zum Wagen, setzte sich dann an die Tür, die nicht verschlossen wurde, ließ die Beine herunterbaumeln und fuhr so durch Göttingen, wobei Kalweskopp auf einer alten Ziehharmonika mehr laut als richtig spielte. Seine Kollegen begleiteten ihn mit einem abscheulichen Gesang.

Wenn Göttingern ein Möbelwagen entgegenkam, fragte wohl jemand: „Wer zieht denn in unsere Straße?“ Kam das Gefährt näher und ließ sich ein dumpfes Gebrüll hören, beantwortete sich die Frage von selbst: „Aha, die Türflüjel stehen offen, de Dienstmänner ßinn schon in Stimmung, da zieht bloß aan Stedente in ßaane neue Bude.“

Auch dieser lustige Brauch fiel dem Ersten Weltkrieg zum Opfer, denn später gab es keine Musensöhne mehr, die sich die Unkosten eines Möbelwagens und mehrerer Dienstleute leisten konnten, um ihre wenigen Habseligkeiten in eine neue höchst bescheidene Bude bringen zu lassen.

Kutscher Jochen und sein Hund Scholli (Zeichnung von Neise)

Die Ausfahrt nach Mariaspring

Das berühmteste alte Ausflugslokal ist zweifellos für Generationen von Göttinger Studenten Mariaspring gewesen. Die Ursprünge dieses Brauches gehen bis ins 18. Jahrhundert zurück. Damals gehörte das Gebiet der Herrschaft Plesse, auf dem Mariaspring liegt, zu Hessen-Kassel. Dort waren die hessischen Münzen, die im kurhannoverschen Göttingen nicht oder nur zu geringerem Kurse genommen wurden, vollgültige Landeswährung. Eine Biersteuer, wie sie im Leine-Athen erhoben wurde, gab es dort nicht, was genügte, um vielen Musensöhnen den Weg nach Bovenden, dem Hauptort der Herrschaft Plesse, zu erleichtern.

Als gegen Ende des 18. Jahrhunderts die staatliche Aufsicht über die Bovender Wirtschaften auf Betreiben Hannovers verschärft wurde, was — nebenbei gesagt — auch dringend notwendig geworden war, suchten die Studenten nach einem neuen Asyl und fanden es nicht weit entfernt in Mariaspring. Seit 1803 ist dort eine Gastwirtschaft mit Tanzbelustigung am Wochenende nachweisbar, der Ausschank dürfte freilich schon älter sein.

Als 1815 die Herrschaft Plesse zum Königreich Hannover kam, wurden die Ausflüge nach Mariaspring nicht aufgegeben, sondern entwickelten sich jetzt zu einer Blüte, die vor dem Ersten Weltkriege ihren höchsten Stand erreichte.

Nach heutigen Begriffen waren die dort gebotenen Genüsse sehr bescheiden. Außer dem Bier mehrerer Brauereien, Limonade und belegten Broten war dort nichts zu haben. Zum Tanz spielten Göttinger Kapellen auf, vor 1866 auch das Musikkorps der in Northeim liegenden hannoverschen Gardekürassiere. Eine aus Studenten bestehende Band wäre damals übrigens völlig unmöglich gewesen. Der als Tanzfläche zur Verfügung stehende Raum war so eng, daß 1884 der Göttinger Journalist Geisler den Vorschlag machte, man solle doch eine Maschine konstruieren, die die Tanzfläche bewege, denn dann könnten die Paare stehen bleiben, wodurch Raum für noch mehr Stehtänzer geschaffen würde.

Die Partnerinnen der Musensöhne waren in „Mariechenhüpp" die „Besen" und „Hühner", die von den „Philistern" „bewacht wurden". Mit Besen waren alle berufstätigen Mädchen gemeint, die damals schon mehr

Studentischer Korso um 1910

Freiheiten genossen, weil sie auf eigenen Füßen standen. Die Hühner waren die von den ehrbaren Bürgern (Philistern) streng beaufsichtigten wohlerzogenen und fügsamen Haustöchter.

Hieraus erwuchsen die starken Reibungsflächen, die sich um den Begriff Mariaspring spannten. Der Vater wollte in Ruhe sein Bier trinken, der Student sich amüsieren, die Tochter tanzen und die Mutter eine Verlobung zustande bringen. Dieses alles auf einen Nenner zu bringen, war fast unmöglich.

War die Tochter glücklich, daß sie im Semester mehrmals mit ihrem Philologen einen Nachmittag tanzen konnte, rechnete ihr die Mutter spitz vor: „Danzen macht ja Spaß, naja, aber der Räjen hat das vorichte Mal Daan Klaad völlich verdorben. Rechne nu' noch viermal rausfahren, die Auschaben inne Wirtschaft, Daan aanzijer Fritze hat auch aanen aanzichartijen Appetit, aber wo blaabt nu' die Verlobung?" Während die holde Tochter entrüstet abwehrte, wie man im himmlischen Mariaspring nur so gräßlich prosaisch sein könne, klopfte Vater drohend auf den Tisch: „Daß mich das Verlobungschequatsche aufhört! Ich bin Klempnermaaster un' will 'nen Klempner als Schwiejersohn. Er Fritze is' ja nich uneben, aber was soll ich mit 'nem Bücherwurm. Ja, wenn er noch Gymnasialprofessor werden wollte, aber maane Tochter aanen chäben, der Redakteur baa 'ne Zaatung werden will? Am Ende muß er dann noch wäjen Majestätsbelaadijung auf Festung un' ich kann mich baa maanem Kriejerveraan nich' mehr ßehn lassen. Schlacht Euch das man außem Koppe!"

Die Musensöhne ließen zwar bei den kurzen Spaziergängen zwischen den Tänzen in des kühlen Waldesschatten manche Liebeserklärung los, aber von Verlobung und Heiraten war doch nur sehr selten die Rede. Kam aber tatsächlich eine Verbindung zustande, mußte die kleine Braut etliche Jahre warten, bis sie zum Traualtar gehen konnte, denn Referendare und Assessoren bekamen damals noch kein Gehalt. Um so größer war dann die Freude, wenn die Mutter stolz verkünden konnte: „Nu' hat er Wilhelm endlich aane chute Anstellung bekommen, nu' kann es Lisbeth haaraten. Un' was maanen Se woll, Oberleutnant der Reserve is' er auch cheworden. Da hat sich die Fahrt nach Mariechenhüpp wirklich chelohnt!"

Aber auch die Studenten, die dort nur getanzt und geschwärmt hatten, vergaßen nie jenen Ausflugsort. Wohl jede akademische Generation hatte hier ihre speziellen Erlebnisse. Hatte Göttingen Originale, so hatte Mariaspring die seinen. Vor 1830 war es Frau von Poten. Sie gehörte zu den ersten Damen Göttingens, denn ihr Mann war Kommandant der Universitätsstadt. Er war während der napoleonischen Kriege sehr schwer verwundet worden und hatte einen Arm verloren, von anderen empfangenen Wunden nicht zu reden. Er fand später eine weit jüngere Frau, die ihn rührend betreute. Nur einmal im Jahre ließ sie ihn allein, fuhr hinaus nach

Mariaspring, Blick vom Konzertpodium

Mariaspring um 1900

Mariaspring und tanzte dort unermüdlich, solange sich noch eine Fiedel regte. Mehr als einmal hat sie dort in einer Nacht ein paar Stiefelsohlen durchgetanzt. Die Frau des Generalmajors ließ sich dort von dem jüngsten Studenten herumschwenken, wenn er nur ein flotter Tänzer war, was damals gesellschaftlich fast unmöglich war.

Am nächsten Morgen berichtete sie ihrem Mann haarklein, wie nett es in Mariaspring gewesen sei und widmete sich dann wieder ein ganzes Jahr treu und unbedingt zuverlässig ihren nicht leichten häuslichen Pflichten. Als der General starb, folgte sie ihm bald, denn ohne ihn konnte sie gar nicht leben. Obwohl diese beiden Menschen so grundverschieden waren, hatten sie sich sehr geliebt.

Die Göttinger Studenten gaben ihrer Dauertänzerin das letzte Geleit. Einige Zeit später lief aber das Scherzwort durch die Musenstadt, die Dame solle ein Denkmal besonderer Art bekommen, auf dem die Worte stehen würden:

Unter diesen Toten
ruht die Frau von Poten
doch, Fremder, eile fort von hier
sonst steht sie auf und tanzt mit Dir.

Dieses Verschen hat sich bis in die neueste Zeit erhalten.

War Frau von Poten die zweifellos berühmteste Tänzerin Mariasprings, so dürfte es „Minna" die bekannteste Serviererin gewesen sein. Sie bediente um 1870 dort die Gäste, war flink und unermüdlich unterwegs, nur durfte man keine Rechnung von ihr fordern. Die Gute war nämlich strohdumm und konnte beim besten Willen nicht ausrechnen, wieviel der

Gast zu zahlen hatte. Das einzige Detail, das sie behalten hatte, war die Tatsache, daß sie zehn Prozent der Gesamtsumme als Bedienungsgeld verlangen durfte. Danach handelte sie nun auch. Fragte ein Gast: „Was habe ich zu zahlen?" so erfolgte ganz gewiß die Antwort: „Dat ßoll mich doch schnurzejal ßaan, ich jedenfalls krieje zähn Prozent!" Viele Studenten und Bürger machten sich den Spaß, Bekannten, die zum erstenmal in Mariaspring weilten, die dumme Minna als die Zahlkellnerin vorzustellen, bei der alle Rechnungen beglichen werden müßten. Die Antwort gewann dadurch eine ganz besondere Note und gab den Tischgenossen Gelegenheit, über das verblüffte Gesicht des Fragers zu lachen.

Die wohl bekannteste Erscheinung in Mariaspring war vor 1900 der Blumen-Karl, ein völlig harmloser Geistesschwacher, der auf den Wiesen und an den Feldrainen nach „Blumen", worunter bei ihm jedes blühende Unkraut fiel, suchte, in Sträußchen von unmöglicher Farbzusammenstellung zusammenband und an die Gäste von Mariaspring verkaufte. Freilich waren hier Klatschmohn, Heckenröschen, Gänseblümchen und ähnliche mit Huflattich- oder Löwenzahnblättern mit Hilfe eines Endchen Bindfadens zusammengeschnürt, aber das störte Karl nicht. Hätte ihn der Wirt mit seinem Blumenkörbchen, das einst einer Weender Bauersfrau zum Eiertransport gedient hatte, solange es noch einen Henkelgriff besaß, fortgewiesen, wären die Ausflügler sehr böse geworden. Der Unglückliche paßte nämlich mit größter Sorgfalt auf kleine Kinder auf und wand ihnen unermüdlich Blumenketten und -kränzchen. Die Eltern konnten also völlig unbesorgt einige Tänzchen wagen.

Viele Besucher nahmen eine Klappstulle für den Blumenkarl mit, der sich wohl nur an Ausflugstagen richtig satt essen konnte, schenkten ihm auch lächelnd einen Groschen für seine „Buketters" und gaben ihm gern ein kleines Trinkgeld für die Beaufsichtigung der Kinder. Hiervon lebte der Schwachsinnige irgendwie und irgendwo.

Die Armenbehörde hatte keine Ahnung, wo er hauste. Er verschwand während des Winters und war pünktlich zur ersten Ausfahrt nach Mariaspring wieder da. Mehrfach hatten barmherzige Menschen versucht, ihm für die kalten Monate ein Obdach zu geben, aber Karl hielt es nicht lange aus, so dankbar er zunächst für den Unterschlupf war. Wahrscheinlich fütterten ihn die Studenten durch.

Wenn aber die erste Ausfahrt nahte und die blankgestriegelten und herausgeputzten Pferde ungeduldig vor den langen Wagen scharrten, erschien der Blumenkarl in Festgala. Auf seinem Kopf saß ein sehr ramponierter und zerknüllter Zylinder, der ihm immer wieder über die Ohren rutschte. Auf dem Leibe trug er einen roten Frack, der einem sehr schlanken kleinen Herrn gehört haben mußte, denn seine Ärmel reichten dem Blumenkarl, der freilich enorm lange Arme hatte, nur zu den Ellenbogen. Zuknöpfen ließ sich das Prachtstück ohnehin nicht, was aber nicht schadete, denn dadurch wurde die knallgrüne Weste mit ihren himmelblauen Blümchen sichtbar. Diese hatte Karl wiederum von einem sehr dicken Herrn geerbt, der ihm auch eine rote Hose geschenkt hatte, wie sie die französischen Soldaten 1870/71 trugen. Dieses Beutestück muß aber einem wohlbeleibten Feldwebel gehört haben, denn Karl paßte zweimal hinein. Ein breiter Gürtel, der einst bei der Göttinger Feuerwehr bessere Tage kennengelernt hatte, hielt Weste und Hose zusammen. Die geräumigen und staunenswert haltbaren Taschen der Franzosenhose dienten zur Aufbewahrung alles Eßbaren, das Karl geschenkt bekam. Wäre dieses Beinkleid einmal heiß ausgebrüht worden, hätte er eine sehr kräftige Bouillon bekommen.

Zu seinen Pumphosen trug der Schwachsinnige riesige uralte Studentenstiefel, sogenannte Kanonen. Sie waren zwar schon mehrfach geflickt, aber Karl hatte sie zur Feier des Tages gut mit Pferdefett eingeschmiert, wodurch sie wie mit Speckschwarte abgerieben glänzten. Da diese Prachtstücke nicht zu den französischen Pluderhosen paßten, mußte Karl all den Stoff, den er nicht in die Stiefelschäfte stopfen konnte, überhängen lassen. Hierdurch entstand der Eindruck, als habe er ein überdimensionales Hinterteil, das von den schmalen herabhängenden Frackschößen nur noch betont wurde.

Der Blumenkarl schwang sich auf das rechte Vorderpferd des ersten Viergespanns und übernahm das Amt des Reisemarschalls. Er hatte auch das Recht, das Zeichen zur Abfahrt zu geben und brüllte sein: „Kolonne jüo!“, daß der Marktplatz zitterte. Dann stieß er seinem Gaul die Hacken in die Seite und ritt an, während auf dem vordersten Wagen der Trompeter „Ludchen“ Ahrens „Freut Euch des Lebens“ anstimmte.

In seinem Galaanzug, krumm wie ein Affe auf dem Zugpferd hockend, muß Karl einen ergötzlichen Anblick geboten haben. Die Pluderhose verbot ihm, festen Schenkelschluß zu nehmen, kam ein Wind von vorn, flatterten die Frackschöße wie eine Fahne. Obwohl der Schwachsinnige auf dem Gaul herumrutschte und sich nur mit einer Hand festhalten konnte, weil er mit der anderen ununterbrochen seinen Zylinder aus den Augen schieben mußte, ist er nie vom Pferde gefallen. Wie er das schaffte, war allen rätselhaft. Die Studentenschaft schwor jedenfalls darauf, daß der Blumenkarl keineswegs so dämlich sei, wie die Polizei immer behauptete.

In Mariaspring angekommen, kletterte Karl auf einen Tisch und hielt die Begrüßungsansprache, mit der die Saison eröffnet wurde. Es war zwar in jedem Jahr die gleiche, sie wurde aber immer wieder freudig beklatscht und lautete etwa so:

„Maane lieben Herren Stedenten un' Kommi, Kommi, na, Dingsda, wie haaßt es doch?" „Kommilitonen, Karl!" rief es in der Runde. „Szo is' es richtich. Nu' is' es Frühling un' wir ßinn rauschefahren un' wer ßinn alle fröhlich, un' waal wer fröhlich ßinn, wollen wer auch fröhlich blaaben un' feste aanen trinken!" Rauschender Beifall dankte ihm, Karl schwenkte den Zylinder nach allen Seiten, machte einen Kratzfuß und sprang vom Tisch. An diesem Tage hatte er Freibier und durfte soviel von seinem Leibgericht, Frikadellen mit Senf, essen wie er wollte.

Dafür hatte er freilich am späten Abend, wenn die zweite Fidelität begann, noch eine weitere Leistung zu vollbringen, nämlich das Räuberlied aus dem Roman „Rinaldo Rinaldini" zu singen:

Der Blumenkarl (Zeichnung von Wetzel)

„In des Waldes finstren Gründen
und in Höhlen tief versteckt
schläft der Räuber allerkühnster
bis ihn seine Rosa weckt."

Dieses Lied war das einzige, das der Blumenkarl kannte. Dafür sang er bereitwillig alle Verse, wenn man seine Bemühungen, die mehr den musikalischen Urlauten der Altsteinzeit glichen, als Gesang bezeichnen wollte.

Wenn die Fuhrwerke der Studenten heimwärts rollten, nahm Karl seinen Platz äußerst vorsichtig ein, denn in seinen unergründlichen Hosentaschen steckten alle möglichen eßbaren Beutestücke, die er beiseite gebracht hatte, Frikadellen, Wurstzipfel, Käseschnitten, Brötchen und ähnliches. Es hat Studenten gegeben, die steif und fest behaupteten, auch Rollmöpse seien uneingewickelt in diesen Taschen verstaut worden. Dies mag dahingestellt bleiben, unmöglich können aber Frikadellen und Wurstzipfel beim Trabe der Pferde ihre Form lange behalten haben. Der Blumenkarl kratzte sich den Brei am nächsten Morgen heraus und verwertete ihn als gemischten Brotaufstrich. Geschadet hat ihm dieser nie etwas.

Ganz leicht hatte er es übrigens nicht, das kalte Büfett zu plündern, denn dort machte ihm der Trompeter Ahrens scharfe Konkurrenz. Ohne Ludchen Ahrens wäre Mariaspring zwischen 1870 und 1900 nicht denkbar gewesen. Er konnte noch die alten heute völlig vergessenen Ländler blasen, nach denen damals gern getanzt wurde. Er blies auch jedes gewünschte Signal, weshalb er gern zu studentischen Ausfahrten engagiert wurde, zumal er sämtliche Melodien des Kommersbuches auswendig blasen konnte. Dies alles waren ihm hochwillkommene kleine Nebenverdienste, denn sein Beruf als Musiker der Kapelle Kohrßen brachte ja nur sehr wenig ein und fünf Kinder wollten ernährt sein. Da war es schon verständlich, wenn Ahrens nach jedem Wurstzipfel griff.

In seinen Musikerfrack hatte er sich zwei riesige Taschen in die Rockschöße einbauen lassen, in die seine Beute kam. An allen deutschen Universitäten erzählte man sich folgende Anekdote von seinem „einnehmenden Wesen":

Er hatte wieder einmal in Mariaspring die ganze Nacht unermüdlich zum Tanz aufgespielt und stieg rechtschaffen müde vom Podium. Wie immer hatte der Wirt ein kräftiges Frühstück, das die Studenten der Kapelle spendiert hatten, vorbereitet. Ahrens setzte sich zu Tisch. Während seine Kollegen erst einmal eine Tasse Kaffee tranken, ergriff Ludchen eine schöne große Göttinger Mettwurst, die ihn einladend anlachte und zog sein Messer. Dann wandte er sich zum Kellner, der sich gleichfalls müde und hungrig mit an den Tisch gesetzt hatte und fragte ihn: „Du, wo darf ich denn die Wurscht anschnaaden? Vorne oder hinten?" „Ach was", wehrte der Ober ab, „schnaade se doch an wo Du willst, un' frach nich' ßo dämlich!" „Ich wollte mich bloß verjewissern", entschuldigte sich Ahrens, „wenns Dich ejal is, schnaade ich se zu Hause an." Sprachs und ließ die dicke Wurst wie einen Blitz in seine rechte Rockschoßtasche gleiten. Der Kellner vermochte nur verblüfft den Mund zu öffnen, sagen konnte er nichts.

Genauso unverfroren erinnerte er die Tanzpaare daran, daß die Musik Durst habe. So konnte er mitten im Rheinländer die Melodie mit einem wahren Jammerlaut ersterben lassen, verbeugte sich dann und sagte: „Verzaahen Se vielmals, aber es cheht nich' anders, wir müssen ma' 'nen klaanen Aurenblick verschnaufen. Baa die Hitze ßinn unsere Kehlen un' Spaacheldrüsen wie auschetrocknet." Reagierte immer noch niemand, wandte er sich an seine Kollegen und sagte: „Ich habe bloß noch zwaa Fennje inne Tasche, aber viellaacht haben noch aan paar was, daß wer ßusammenläjen können ßu aanem klaanen Chlase Bier. Dann trinkt äben jeder aanen Schluck und dann cheht's waater."

Soweit mußte es nur selten kommen. Für Durst hatten die Studenten volles Verständnis. Sobald das edle Naß für die Kapelle auf dem Podium erschien, verbeugte sich Ahrens höflich und sagte so recht innig: „Nänä, es chipt doch wirklich noch edle Menschen."

Die angenehmste Pause in der Musik war ihm aber die Frühstückspause. Spornstreichs eilte er zum Büfett, das die Musiker plündern durften, bevor der Blumenkarl den Rest zur guten Beute erklärte, und sicherte sich etliche Frikadellen, die in seinen Taschen verschwanden. Dann widmete er sich eifrig den Fischbrötchen, denn Fische wollen ja schwimmen und Bier war auch für die Musik noch überreichlich vorhanden.

Bei solcher Gelegenheit gelang es einmal einem geschickten Studenten, den Inhalt eines großen Glases Senf den Frikadellen folgen zu lassen, ohne daß Ahrens, der sich an einen Wurstzipfel heranpirschte, etwas merkte.

Eine halbe Stunde später hatte Ludchen eine größere Pause, weil die Musik den Kaiserwalzer spielte. Diese Minuten gedachte der Trompeter zu einer kleinen Stärkung zu benutzen und sich eine Frikadelle zu genehmigen. Er fingerte in seiner Frackschoßtasche, bis er zwischen den diversen Wurstzipfeln eine herausgefischt hatte. Daß die Hand dabei feucht und klebrig wurde, machte ihn nicht weiter stutzig, besonders sauber sah es in der Tasche sowieso nicht aus.

Da wurde plötzlich der Kaiserwalzer durch ein gellendes: „Verdammte Schweinerei!" unterbrochen. Die Musik endete mit einem Katzengewimmer, die Tänzer blieben stehen und blickten erstaunt auf das Podium, auf dem Ahrens eine gelbbraune Hand schlenkerte, um so den gröbsten Dreck fortzuschleudern. Als er gewahr wurde, wie sehr er die Aufmerksamkeit aller auf sich lenkte, wurde er rot, kam zum Rande des Podiums, verbeugte sich formvollendet und sagte: „Verzaahen Se man vielmals, es is man bloß, waal ich mich ßo erschrocken hatte. Da hat mich doch aaner Senf inne Tasche chekippt, ßuerst dachte ich chlattwech, es wäre was anderes!" Ein tobendes Gelächter antwortete ihm. Wenn aber die Studenten geglaubt hatten, nun Ahrens ein wenig vom Stehlen der Frikadellen kuriert zu haben, irrten sie sich sehr. Bereits am nächsten Tanznachmittag standen seine Taschen genauso weit ab wie beim letzten Male.

Gesamtansicht von Mariaspring um 1910

Der Aschanti

Vor hundert Jahren gab es noch keine Mensa. Die Studenten aßen in billigen Speiselokalen, die sich völlig auf den schmalen Geldbeutel der Musensöhne eingestellt hatten. Waren die Gäste zufrieden, wurde das Menü in feierlicher Form zum Fraß ernannt, was die Speisewirte als Auszeichnung empfanden. Meist wurde dem Essen ein Name beigelegt, so hieß z. B. das beim Bäckermeister May in der Weender Straße verabfolgte Mittagessen der „Maienfraß", den „Mitte Mai" servierte, die etwas eitle Frau des Bäckers, die nie ihr Alter verriet und deshalb „Mitte Mai" genannt wurde. Auch der „Hasenfraß" des Schneidermeister Hase ließ sich essen.

Wer einen etwas besser gefüllten Geldbeutel besaß, ging zur „Hebamme" um sich „stillen" zu lassen. Die Frau des Gastwirts Abmeier in der Groner Straße war eine ausgezeichnete Köchin und, was damals noch nicht selbstverständlich war, blitzsauber. Wer über größere Barmittel verfügte, ging zum „Bärenfraß" in den „Schwarzen Bären", der übrigens zu den Lokalen gehört, die sich vom Mittagstisch zu vielbesuchten Studentengaststätten entwickelt haben, oder man saß beim „Finkenfraß" in der „Alten Fink", wenn man nicht gar vornehm den „Kronenfraß" speiste.

Im letztgenannten Lokal gab es noch eine weitere Zugabe. Das der „Krone" benachbarte Gebäude beherbergte das Gasthaus „Zur Stadt London" des Weinhändlers Bremer, der den Kronenwirt Bettmann grimmig haßte. Zwischen beiden Wirten herrschte ein jahrzehntelanger Kleinkrieg um die Tischweine, die beim Gedeck angeboten wurden. Jeder wollte den anderen ausstechen und an Qualität und Billigkeit übertrumpfen. Die Mittagsgäste hatten den Vorteil davon.

Schlimm war es, wenn das Essen eines Wirtes zum Aschanti erklärt wurde. Dann bedeutete es, daß die Ansprüche der Studenten mit dieser Nahrung nicht befriedigt wurden. Für gewöhnlich traf dieses harte Urteil auch nur sehr wenig leistungsfähige Mittagstische. Viel wurde daran herumgerätselt, woher dieser Name käme und was er zu bedeuten habe. Die Studenten verrieten aber nichts.

Eines schönen Tages wollte ein Gastwirt es aber genau wissen und ging zu dem stets gefälligen Professor Klinkerfues. Der berühmte Astronom schüttelte nachdenklich den Kopf und meinte dann: „Ich kenne die

Aschanti nur als ein westafrikanisches Negervolk, will aber gern noch einmal im Lexikon nachschauen."

Er schlug nach und sagte dann zu dem Wirt: „Wie ich sagte, ein als besonders kriegerisch bekannter Stamm an der afrikanischen Goldküste. Was hat der nur mit dem Essen zu tun? Ein anderes Aschanti kennt man nicht."

Der Wirt dachte nach: „Den Namen gibt es doch schon lange, vielleicht hängt er doch irgendwie mit den Negern zusammen?" Klinkerfues fuhr auf: „Das könnte gut möglich sein. Die Aschanti sind ja dafür bekannt, daß sie ihre Gefangenen in die Sklaverei verkaufen, soviel ich weiß, meist nach Brasilien. Als vor zehn Jahren der nordamerikanische Bürgerkrieg im Gange war, gab es doch in vielen Lokalen Gerichte, die in ‚Onkel Toms Hütte' vorkommen, ich denke nur an die ‚Speckpfannkuchen à la Tante Cora', die ich selbst oft gegessen habe."

„Das ist schon richtig", erwiderte der Wirt, „aber ich habe nie die südstaatlichen Negergerichte herrichten lassen und niemals einen Schwarzen gesehen, geschweige denn im Dienst gehabt." „Dann kann nur noch eins helfen: Sie bestechen einen Studenten!" schlug der Professor vor. „Gern, aber die halten dicht." „Na, bei mir wohnt ein blutarmer Kerl, dem ich von meiner großen Dienstwohnung ein Zimmer abgegeben habe. Wenn Sie da was auf den Tisch legen würden . . ." Der Wirt nickte und zog den Geldbeutel. Klinkerfues ging ins Nebenzimmer und kehrte mit einem jungen blassen Mann zurück, der mehr als einfach gekleidet war. „So, das ist mein getreuer Famulus, der wird uns die gewünschte Antwort geben." „Sagen Sie mal, was bedeutet Aschanti?" „Das ist ein Negervolk in Westafrika, Herr Professor!" „Ich weiß, aber warum wird das Essen in einigen Gasthäusern und an einigen Mittagstischen Aschanti genannt?" „Ach so, ja, also die Aschanti, die essen auch so gern große Portionen." „Stimmt, aber vermutlich an Hirsebrei mit Ziegenmilch und dünnes Fladenbrot, was Euch gewiß nicht schmecken würde." Der Wirt legte einen Taler auf den Tisch, ließ einen zweiten klingen und nahm einen dritten in die Hand.

Begehrlich starrte der arme Student auf die Geldstücke. „Das darf ich doch nicht verraten", sträubte er sich. „Ich sage es ja niemandem weiter", versprach der Restaurateur. Der dritte Taler wurde aufgezählt. „Aber wenn das rauskommt, bin ich der Dumme", wandte der Student ein. Ein vierter Taler folgte den dreien. „Aber es geht doch einfach nicht, meine Kommilitonen werden mir das nie verzeihen." (Klinkerfues bewunderte im stillen das schauspielerische Talent und den Geschäftsgeist des Studenten, die er nie in dem jungen Mann gesucht hätte.) „Und hier ist noch ein fünfter Taler." Der Musensohn schaute begehrlich auf die Münzen und vergewisserte sich: „Sie sagen wirklich nichts?“ „Bestimmt nicht. Zum Beweise lege ich noch einen sechsten Taler dazu.“ „Na gut, dann will ich es wagen.“ Schnell zog der Student ein abgeschabtes Portemonnaie hervor und ließ die sechs Taler verschwinden.

„Nun hören Sie zu. In Brasilien gibt es doch noch Negersklaven, die von den Aschanti gefangen wurden, und . . .“ „Das weiß ich.“ „Naja, und das Essen bei manchen Wirten schmeckt genauso wie das Zeug, das die Sklaven der Aschanti kriegen.“

„Ach so ist das also, so ist das“, staunte der Wirt. „Und dafür bezahle ich Dummkopf auch noch sechs Taler.“ „Oho“, widersprach der Student, „sechs Taler für ein Geheimnis ist sehr billig.“

Der Wirt wollte nach kurzem Gruß gehen. In der Stubentür drehte er sich um und meinte: „Würden Sie mir wohl einen Gefallen tun, Herr Student?“ „Ja, gern.“ „Dann schicke ich noch einige Wirte und Sie verkaufen Ihnen das Geheimnis vom Aschanti. Aber nehmen Sie bitte von jedem sechs Taler. Weshalb sollen die es billiger haben als ich.“ Dann warf er die Tür zu.

Klinkerfues und der Musensohn lachten sich an. Wohlwollend meinte der Astronom: „Da etwa zwanzig Speisewirtschaften Aschanti verkaufen, kann das für Sie ein recht einträgliches Semester werden.“ So ist es dann auch gekommen.

Dr. Georg Wagner. Er wohnte als armer Student bei Klinkerfues, war sein Famulus und schrieb den Nachruf auf den Astronomen (Zeichnung von Neise)

Pauline

Bismarck hatte in Göttingen eine sehr fröhliche Studentenzeit verbracht und hier auch eine Jugendliebe namens Pauline gehabt. Dieses Mädchen, ihr Vater war ein einfacher Arbeiter, war einige Jahre älter als Bismarck und wurde für fast zwei Semester seine Geliebte.

Ihr besonderer Stolz war ein Schlafrock aus leuchtend roter Seide, der an den Kanten schwarz eingefaßt war. So ein gutes und wertvolles Stück besaß gewiß kein anderes Mädchen in Göttingen und mehr als einmal ging sie in ihm spazieren. Freilich fiel dies in der Biedermeierzeit nicht besonders auf, weil man sich durchaus im Schlafrock angezogen fühlte, wenn man mit ihm auf die Straße ging. Daß die Tochter eines armen Arbeiters ein so wertvolles Stück trug, gab freilich zu sehr viel Klatsch Anlaß, der allerdings einen wahren Kern hatte.

Bismarck beendete seine Studien in Berlin und hat Pauline sehr bald vergessen. Diese hatte leider kein leichtes Los. In der damaligen Zeit verurteilte man ihr Verhältnis zu Bismarck sehr streng und sie mußte froh sein, wenn sie als Putzfrau ein kümmerliches Auskommen fand.

Als Glück mußte sie es schon betrachten, daß ihr Professor Klinkerfues die Säuberung der Sternwarte und auch die Betreuung seines kleinen Haushaltes übertrug. Diese Pflichten hat sie bis an ihr Lebensende sorgfältig erfüllt.

Nach den Ereignissen des Jahres 1866 wurde sie wieder an ihre Jugenddummheit erinnert. Die alten Göttinger Bürger waren meist stramm welfisch eingestellt und verübelten es fast der Pauline, daß sie nicht den Studenten Bismarck umgebracht hatte wie einst Charlotte Corday den Revolutionsdiktator Marat. „Wie konnte ich denn ahnen, daß der Kerl mal preußischer Ministerpräsident un' dann Bundeskanzler von Norddeutschland un' am Ende Raachskanzler von chanz Deutschland wird. Wenn ich dumme Chans haamlich nach Berlin chechangen wäre, statt hier ßu blaaben, könnte ich heute Kanzlerin ßaan un' cheden Tach Windbeutels essen und vierelang (mundartlich: im vierspännigen Kutschwagen) fahren. Aber das aane is' chanz chewiß, wenn ich cheahnt hätte, daß er Bismarck unseren chuten Könich Schorse, den armen blinden Mann, vom Throne un' außem Lande jagen würde, dann hätte ich ihne Bismarcken nie an mich ranchelaten."

Einmal reinigte sie den Eingang zur Sternwarte, lag dabei, wie es üblich war, auf den Knien und scheuerte mit Bürste und grüner Schmierseife die Steine, als sich einige Studenten darüber unterhielten, daß Bismarck mit seiner Frau nach Bad Kissingen reisen wolle. Vermutlich würde er wohl über Göttingen fahren und man hätte Gelegenheit, ihn auf dem Bahnhof zu sehen.

Da mischte sich Pauline ins Gespräch und sagte: „Ich verzichte auf ßaanen Anblick. Erst läßt er mich sitzen und dann muß unser blinder König ins Konzil . . ." „Exil, Exil heißt es", verbesserten die Studenten, die Mühe hatten, ernst zu bleiben. „Naja, dann nach Exil, das is' auch nich hannoversch. Un' er Bismarck fährt chroß ins Bad, als wäre nischt chewesen. Soll der sich doch ßu Hause ordentlich waschen, ich muß das ja auch tun." „Du, sag mal, Pauline", fragte ein neugieriger Musensohn, „hast Du ihm nich' mal öfters den Rücken gewaschen?"

Ein vernichtender Blick traf den Vorwitzigen. „Immer chabs Kuchen, Bohnenkaffee, faane Braten inne ‚Krone' und dann warer heidi, war in Berlin un' ich stand da mit 'nem Scheuerlappen inne Hand. Da waren de schönen Zaaten vorbaa."

Pauline
(Zeichnung von Neise)

Grimmig scheuerte sie eine Minute. Dann richtete sie sich auf und sagte ganz ruhig zu den Studenten: „Ach, er war ja man damals noch aan junger Bengel. Aber ankucken möchte ich mich doch mal die Frau, die ihne Bismarck mich auschespannt hat." Jetzt war es mit dem mühsam gewahrten Ernst vorbei. Die Studenten lachten los, denn der Vergleich zwischen der Putzfrau Pauline, die barfuß im hochgeschürzten oft geflickten Rock auf den Knien scheuerte und der Fürstin Bismarck war ja nun doch reichlich kühn.

Die Aussprüche der Pauline machten die Runde in der ganzen Welfenpartei und die arme alte Putzfrau ahnte glücklicherweise gar nicht, daß sie zu den großen Originalen der Stadt Göttingen gerechnet wurde. Ihr gewiß nicht unberechtigter Ärger auf den so treulos Entschwundenen wurde leider überall nur mit Heiterkeit aufgenommen.

Bismarck als Student in Göttingen 1832 (Scherenschnitt von Neise)

Ein Studentendiner

Früher mußten die Studenten weit mehr rechnen als heute, denn Stipendien wurden sehr selten vergeben und man mußte sich mit dem elterlichen Wechsel begnügen.

Die Einteilung des Geldes vollzog sich, wenn man keine Schulden machen wollte, für gewöhnlich folgendermaßen. Die ersten Tage lebte man bene, man aß im Restaurant zu Mittag und genehmigte sich einen kleinen Morgen- und Abendschoppen. Dann kamen die Strebertage, in denen man fleißig war, denn Göttingen ist stets eine Arbeitsuniversität gewesen, an einem bescheidenen Mittagstisch teilnahm und sich abends mit einem Mettwurstbrot begnügte. Zum Schluß des Monats kamen die mageren Tage. Morgens und abends gab es nur Margarinebrote oder Schmalzstulle, je nach Laune, und man aß das Studentendiner. Prosaische Naturen sagen zu diesem Diner auch Bockwurst, böse redeten von Pferdewurst.

Göttingen besaß ein bekanntes Original namens Karlchen Strauch, der ein stets fröhlicher, schlagfertiger Bursche war, der kein Geschäftchen ausließ und mit allen Wassern gewaschen war. Er stand vor dem Ersten Weltkriege auf der Weender Straße und verkaufte Bockwürste. Ein Schild an seinem Heißwasserbehälter verkündete: „Reelle Würschte". Als 1915 die Fleischkarte eingeführt wurde, stieg er auf Zeitungen um und steckte ein Schild ins Mützenband „Gott strafe England!". Nach der Revolution 1918 verkaufte er republikanische Zeitungen und malte auf ein neues Schild „Nieder mit Wilhelm!". Er fand sich eben sofort in jede Situation.

Es herrschte lange Jahre die unfreundliche Sitte, junge Studenten zu verleiten, sich die Sehenswürdigkeiten der Weender Straße und des Marktplatzes von Karlchen Strauch erklären zu lassen, der dies in humorvollster Art machte. Nur hatte dies einen Haken: Er tat dies nicht umsonst, ließ sich aber auch nichts schenken. Wer seinen Erklärungen lauschen wollte, mußte während der ganzen Zeit an einer Bockwurst kauen.

Wenn sich so ein junges Füchslein näherte, um sich die Sehenswürdigkeiten zeigen zu lassen, merkte Strauch schon an den grinsenden Gesichtern einiger alter Studenten, daß ihm ein neues Opfer zugetrieben wurde. Liebenswürdig deutete er auf sein Schild und rief: „Reelle Würschte

Zwei Dinergäste

Herr Stedente, nur ßwanzich Fennje das Stück, Akademikerpraas, Szie verstehn." „Schon, schon, aber bitte, was ist das für eine Brunnenfigur?" „Das da? Kaane Zaat, muß arbaaten! Haaße Würschte!! Unterhalte mich nur mit maaner Kundschaft! Haaße Würschte!" Endlich fiel der bewußte Groschen bei seinem Gegenüber. „Nun, so geben Sie mir eine Bockwurst."

„Jawollja, aane besonders schöne! Szwanzich Fennje! Besten Dank! Das is' also das Chänseliesel. Die Chöttinger Bürjer haben lange chesammelt, dann hat der hohe Marestrat inne Tasche chechriffen un' dann war aan . . ." „Na, was denn?" „Haaße Würschte!! Unterhalte mich nur mit maaner Kundschaft! Haaße Würschte!!"

Der Student begriff. „Na, dann geben Sie mir noch eine Bockwurst." „Jawollja, aane schöne haaße! Szwanzich Fennje! Besten Dank! . . . Praasausschraaben veranstaltet“, setzte Strauch die vorhin unterbrochene Erklärung mitten im Satz fort, während die älteren Studenten sich über das dumme Gesicht des Fuchses amüsierten. „Aajentlich wollte der Marestrat ja aanen anderen Brunnen hinhaben, aber Fläutjepiepen, die Chöttinger . . .“

Er brach ab, denn der letzte Wursthappen war im Munde des Studenten verschwunden. „Was denn nun“, drängte der Musensohn. „Haaße Würschte! Haaße Würschte! Unterhalte mich nur mit maaner Kundschaft!“ „Da, dann geben Sie mir zum Donner noch eine dritte Wurst.“

„Jawollja, aane schöne haaße! Szwanzich Fennje! Besten Dank! . . wollten das Chänseliesel“, fuhr Strauch seelenruhig fort. „Es chab noch aan bißchen aan hin und her, aber dann wurde das Chänseliesel aufchestellt und wenn Sie, Herr Stedente, immatrikuliert ßinn, dann müssen Szie . . “ Der Musensohn schluckte den Wurstzipfel hinunter und sagte nur: „Her mit Nummer vier, zum Teufel! Was muß ich?“

„Jawollja, aane schöne haaße Wurscht! Szwanzich Fennje! Besten Dank! . . . das Chänseliesel küssen! Das chlaache dürfen Szie noch mal tun, wenn Sie den Doktor chebaut haben. Wünschen Szie noch aane Auskunft?“ „Nein, danke. Ich kriege nichts mehr runter“, stöhnte der Musensohn.

Gegen Ende des Monats änderte Strauch seinen Ruf. Das Geld war den Studenten knapp geworden, weshalb es hieß, die warme Mahlzeit möglichst billig zu gestalten. Der Würstchenhändler gab nun zu seiner Ware ein Brötchen und rief: „Aan Stedentendiner für nur fünfunßwanzich Fennje! Billijer als ins faanste Hotel un' ebenso chut!“ Über mangelnden Zuspruch brauchte er sich nicht zu beklagen. Wohlwollend sagte er zu seinen Kunden: „Szo is es recht, aane haaße Wurscht auf das kalte Bier is' chesünder als das faanste Diner. Was haben Szie schon da dran? Viel Teller, wenich drauf. Nänä, da is' . . .“ „Danke, eine ist genug“, sagte dann der Musensohn und wandte sich ab. Strauch mußte den Rest seines Eigenlobes für sich behalten. Zum Monatsanfang mußte es besser werden.

An einem Tag des Jahres wurde er zum öffentlichen Ärgernis, nämlich am 27. Januar, dem Geburtstag des letzten Kaisers. Am Abend des Tages fand ein Kaiserdiner im „Hotel zur Krone“ statt, zu dem die Städtischen Behörden jeden Bürger einluden, der bereit war, fünfzehn Goldmark für ein Gedeck zu bezahlen. Der Reinertrag floß dem Waisenhause und dem Altersheim zu, ungefähr zehn Mark pro Gedeck. Viele Bürger beteiligten sich an diesem Festmahle.

Die Studenten gingen freilich zu Strauch, der an diesem Tage eine größere Bockwurst mit Brötchen für dreißig Pfennige anbot und lauthals verkündete: „Reelles Kaiserdiner for Akademiker! Ohne wohltätije Ancheberaa for nur draaßich Fennje!“ Zahlreiche Studenten und andere junge

Leute machten von diesem Angebot Gebrauch. „Obwohl der Geburtstag Seiner Majestät ist, bleibt trotz dieses erhabenen Festtages in meinem Beutel der siebenundzwanzigste", meinte ein Student sehr richtig. Nur der Schutzmann, der die Auffahrt der Droschken vor der „Krone" regelte, verwies in jedem Jahr Strauch auf den Marktplatz.

Dort stellte sich der Würstchenhändler vor den Gänselieselbrunnen und machte dort wohlgefällig alle Jahre wieder den gleichen Witz: „Das hätte ich nie for möchlich chehalten, daß de stolze ‚Krone' auscherechnet ßum Kaiserdiner maane Konkurrenz fürchtet. Sie muß doch verdammt wackelich stehen, nänänä!" Die Umstehenden spendeten ihm freundlich Beifall für diesen abgestandenen Scherz und mancher großzügige Musensohn sagte: „Nun, dann mach die ‚Krone' doch völlig fertig! Gib mir noch eine Wurst."

Als der Verfasser dieser Zeilen als junger Student sich 1943 in einer Göttinger Gaststätte eine Bockwurst (auf Fleischmarken) mit Salat bestellte, sagte der alte Ober lächelnd: „Einmal Studentendiner! Sofort, mein Herr!"

In Examensnöten

Niemand geht wohl gern in eine Prüfung. Jeder hat irgendwo einen wunden Punkt, der genügt, bei einer Grundberührung sein Examensschiffchen leck werden zu lassen, und jeder hofft, daß der Prüfer diese Stelle nicht findet.

Der wunde Punkt hieß früher bei den Chemikern die Geologie. In der Prüfung wurde immer für einige Minuten dieses Fach gefragt, das zwar

Professor Wöhler
(Lithographie von Petri)

belegt werden mußte, in das man nicht tiefer eindrang, weil der Prüfer der Hauptfach-Chemiker, Geheimrat Wöhler, auch in Geologie prüfte, aber sich mit sehr geringen Kenntnissen zufriedengab. Sehr bald fand man auch heraus, daß er, wenn die Mineralien bestimmt werden mußten, stets ein Stück Rauchtopas und eine Probe Quarz aus der Tasche zog. Nachdem jahrelang keine anderen Mineralien zum Vorschein gekommen waren, verließ man sich darauf, daß der Geheimrat auch künftig diesen beiden Prüfungsgegenständen treu bleiben würde.

Als einmal ein Examenskandidat eingepaukt wurde, sagte ihm der Repetitor: „So, mit der Geologie brauchen wir uns keine große Mühe zu geben. Sie werden auch ohnehin nichts in dem Fach getan haben. Das ist auch nicht nötig, wenn Sie nur theoretisch etwas wissen. Wöhler legt ja immer Rauchtopas und Quarz vor. Diese beiden Mineralien sehen folgendermaßen aus . . ." Nun erklärte er dem angstschwitzenden Kandidaten, wie die Stücke aussahen, die Wöhler aus der Tasche zu ziehen pflegte.

Dann war der große Tag gekommen. Der Musensohn war recht gut vorbereitet und Wöhler mit seinen Kenntnissen zufrieden. Nun nahte aber die gefürchtete Geologie. Theoretisch ging es auch noch ganz glatt. Der Geheimrat nickte zufrieden und holte aus seiner Tasche ein Mineral heraus: „Was meinen Sie wohl, Herr Kandidat, um welches Material es sich handelt?" Der Prüfling erkannte es sofort. „Das ist Rauchtopas", erklärte er stolz und sicher. „Sehr schön", sagte Wöhler freundlich, „und was ist das hier?" „Du kriegst die Motten", dachte der Student, „was mag das bloß sein, Quarz ist es doch unmöglich. Da hat der Chef anscheinend aus Versehen ein anderes Mineral erwischt! Was sage ich jetzt bloß?" Verzweifelt sann er her und hin, aber es fiel ihm nicht ein, worum es sich handeln könnte.

Wöhler wurde nach einer Weile unruhig: „Kennen Sie denn dieses so ungemein häufige Mineral überhaupt nicht, Herr Kandidat?" Der Prüfling schwieg immer noch, während helle Schweißtropfen auf seiner Stirn erschienen. Etwas mußte er ja nun antworten, aber was nur, was! Ein Königreich für eine richtige Antwort!! Endlich faßte er sich ein Herz und sagte seufzend: „Also Quarz ist es jedenfalls nicht."

Wöhler sah den jungen Mann ganz erstaunt an, er schien erst jetzt zu merken, daß er lange Jahre stets die gleichen Mineralien vorgelegt hatte. Der Kandidat bestand die Prüfung, denn die letzte Antwort konnte das Gesamtergebnis nicht erschüttern. Wöhler hat aber nie wieder Rauchtopas und Quarz vorgelegt.

Sehr viel schlimmer erging es einem anderen Studenten, der ebenfalls Naturwissenschaftler war, aber mehr die Genüsse der Gastwirtschaften als Mathematik und Physik studiert hatte. Da er im Nebenfach Astronomie gehört hatte, befand sich Professor Klinkerfues im Raume, der mit banger Sorge die teilweise sehr schlechten Antworten des Studenten verfolgte.

Der Prüfer wollte, da er von den fachlichen Kenntnissen des Kandidaten nicht überzeugt war, sehen, ob sich dieser wenigstens auf der Universität eine größere Allgemeinbildung angeeignet habe, und fragte plötzlich: „Können Sie mir einige Männer nennen, die sich um die Neuordnung des Universitätswesens nach dem unglücklichen Krieg von 1806/07 verdient gemacht haben?" Der Prüfling hatte keine Ahnung. Verzweifelt blickte er Professor Klinkerfues an, als ob von dem Hilfe zu erwarten wäre und tatsächlich konnte der gutmütige Astronom nicht länger den Armen zappeln lassen, so sehr er sich auch wunderte, daß Hardenberg, Humboldt und Altenstein dem jungen Mann völlig unbekannte Begriffe waren.

Wie konnte er nur helfen? Klinkerfues durfte ja nichts sagen, er mußte es also bei der Pantomime bewenden lassen. Da erblickte er auf dem Schreibtisch einen Beschwerstein, auf den er verstohlen deutete. Die Beziehung „alter Stein" zu „Altenstein" durfte ja wohl mehr als deutlich sein. Leider kapierte nur der Prüfer sofort, der Klinkerfues einen strafenden Blick zuwarf und zu dem Studenten, der verständnislos die Achseln zuckte, sagte: „Na hören Sie mal, zwei müssen Sie mir doch zumindest nennen können!"

Nun versuchte Klinkerfues, den Namen Hardenberg zu verdeutlichen. Er tat so als führe er ein kleines Glas zum Munde, das er auf einen Zug leerte, worauf er sich etwas schüttelte. Nun mußte ja der trinkfeste Student auf den Namen Hardenberg kommen, schließlich hatte ja der Studiosus mehr als eine Flasche Hardenberger Korn gesehen und geleert. Da der Mensch auf einem Bein nicht stehen kann, führte der Astronom einen zweiten Hardenberger zum Munde.

Wieder verstand der Prüfer sofort. Da er nun aber glaubte, daß jetzt der Student unter allen Umständen die Zeichen des Professors begriffen haben müßte, fragte er ungeduldig: „Na, können Sie mir wirklich nicht zwei Männer nennen, die auf das deutsche Universitätsleben den größten Einfluß ausgeübt haben?" (Klinkerfues genehmigte den dritten Hardenberger). Endlich kapierte der Prüfling und stieß hervor: „Bacchus und Gambrinus!" Der Kandidat soll sich sogar gewundert haben, daß er durchfiel.

Später machten die Göttinger Studenten die „bittenden Engel" zu ihren Vertrauten. Es handelte sich dabei um drei bronzene Engelsfiguren, die auf dem Albaniplatz, am Geismartor und am Groner Tor auf einem Podest knieten und ein Kästchen hielten, in das milde Gaben geworfen wurden.

Oft wurde die Gabe in Papier gewickelt, das mit einem Sinnspruch, einer Bitte an den Engel oder auch mit einem Bestimmungszweck für das Geld beschrieben war. Da konnte man dann lesen: „Lieber Engel! Hilf mir bitte! Ich muß zu Willamowitz in die Prüfung. Eine Mark fürs Waisenhaus." Vier Wochen später las man: „Lieber Engel! Schönen Dank für die Hilfe! Fünf Mark für die Weihnachtsbescherung der Waisenkinder." Da die Spenden und die Begleittexte in den Göttinger Zeitungen veröffentlicht wurden, hatten die Leser viel Spaß an den Ergüssen der Studenten, die oft lustige Verse waren, drückten aber auch die Daumen, wenn ein Examenskandidat den bittenden Engel in Examensnöten um Hilfe anflehte.

Professor Kohlrausch, langjähriger Vorsitzender der Prüfungskommission (Zeichnung von Petri)

In der alten Klinik

Die Klinik in der Geiststraße konnte vor über hundert Jahren drei große Originale ihr eigen nennen. Da war zunächst der Herr Geheimrat von Langenbeck, einer der fähigsten Chirurgen Deutschlands, der übrigens ganz nebenbei der Erfinder der Lazarettzüge gewesen ist.

Langenbeck war noch ein Operateur der ganz alten Schule, die mit möglichster Geschwindigkeit arbeitete, weil die Betäubungsmittel noch in den Anfängen steckten. In Göttingen wurde er einmal von einem amerikanischen Kollegen besucht, der bat, bei einer Operation zusehen zu dürfen, um einmal den berühmten Langenbeck bei seiner zauberhaften Schnelligkeit im Amputieren zu beobachten.

Das wurde ihm gewährt, der Patient wurde hereingetragen. Der Geheimrat und sein Faktotum Warnecke, ein gelernter Bader aus Göttingen, der aber die Dienste des Operationsassistenten versah und von seinem Chef jedem promovierten Mediziner vorgezogen wurde, machten sich fertig, dem Verletzten den Oberschenkel zu amputieren. In dem Augenblick, als Langenbeck das Messer ansetzte, mußte der Amerikaner sich schneuzen, weshalb er sich umdrehte. Selbstverständlich versorgte er seine Nase so schnell wie möglich, um Langenbecks Operation weiter zu verfolgen, aber als er wieder zum Operationstisch trat, war das Bein schon abgetrennt und er konnte nur noch die Geschwindigkeit des Geheimrates und Warneckes in der Versorgung der Wunde bewundern.

Der Geheimrat erzog die Studenten zur scharfen Beobachtung des Kranken, was bei dem geringen Vorrat ärztlicher Instrumente und Hilfsmittel um 1850 noch sehr viel wichtiger war als heute. So sah er einmal, als die neue Klinik im Bau war, einen Arbeiter, der eine dicke Backe hatte. Sofort war sein medizinisches Interesse wach: „Was haben Sie denn mit ihrer Wange?" „Och, Herr Chehaamrat, das ßieht man bloß ßo aus, da hab ich aanen ordentlichen Brocken Tabak inne stecken." „Ausgezeichnet. Wollen Sie sich morgen früh billig und ohne Arbeit einen Taler bei mir verdienen?" „Aber cherne, Herr Chehaamrat." (Ein Taler war ein Wochenlohn eines ungelernten Bauarbeiters.)

Am nächsten Morgen umstanden die Studenten den Handlanger, der mit einer dick angeschwollenen Backe leise stöhnend auf einem Stuhl saß. Der dreckigen Kleidung und den mörtelverschmierten Händen sah man an, daß der Mann direkt von der Baustelle eingeliefert worden sein mußte.

„Doktor" Warnecke
(Zeichnung von E. Honig)

„Sicher ein Unfall", flüsterte man sich zu, während Warnecke vorsichtig die schmutzige Backe säuberte, wobei der Mann manchmal schmerzvoll aufstöhnte.

Der Geheimrat erschien. „Meine Herren, soeben wurde ein Arbeiter vom Neubau unserer Klinik gebracht, der einen Unfall hatte und am Gesicht verletzt wurde. Wie mir der Polier sagte, schwoll die Backe binnen Sekunden so stark an. Untersuchen Sie den Patienten und stellen Sie die Art der Schädigung fest. Anschließend erwarte ich Ihre Vorschläge, wie die ärztliche Hilfe zu erfolgen hat."

Die Studenten untersuchten nun eifrig den Arbeiter, stellten ihm Fragen, die er aber nur mit lautem Stöhnen beantwortete. Wenn die Hand seine Wange betastete, konnte er ab und an einen Aufschrei nicht unterdrücken. Alle nur denkbaren Vermutungen schwirrten durch den Raum, vom Abszeß bis zur Splitterung des Kiefers wurde alles in Erwägung gezogen. Die meisten Studenten hielten eine sofortige Operation für erforderlich.

Langenbeck wandte sich lächelnd an den Arbeiter: „Nun operieren Sie sich selbst." Warnecke hilt ihm einen Spucknapf unter, in den sich ein Strom von Tabaksaft ergoß, dann holte der Mann ein ungeheures Stück Kautabak aus seiner Backentasche hervor und sagte stolz: „Aan Cheschenk vom Herrn Chehaamrat." „Sie sehen", schloß Langenbeck seine Demonstration, „wenn ein Arbeitsmann mit dicker Backe in die Klinik kommt, braucht keine Krankheit die Ursache zu sein, Kautabak genügt."

Der getreue Gehilfe Warnecke war Bader. Nach den Akten des Göttinger Baderhandwerks ist er in Adelebsen geboren, erlernte in der Universitätsstadt seinen Beruf und bestand bei Langenbeck das von den Badern geforderte Examen in der kleinen Chirurgie. Später ist er Gildemeister der Bader gewesen. Zeitlebens blieb er aber der immer zuverlässige Gehilfe bei allen Operationen Langenbecks. Die Studenten redeten ihn auch ehrfürchtig mit Herr Doktor an und ließen sich von ihm zum Examen einpauken. Es ging auch in der medizinischen Fakultät das Gerücht, Warnecke habe an mehr als einer Dissertation einen sehr erheblichen Anteil. Die Studenten wandten sich mit ihren Sorgen und Nöten stets an ihn, bevor sie zu dem Geheimrat gingen, und selbst die Dozenten hüteten sich, es mit ihm zu verderben.

Langenbeck machte sich mehrmals den Spaß, Warnecke bei einer besonderes schwierigen Operation aufzufordern, doch statt seiner das Messer zu führen. Der Bader betrachtete sich dann den Patienten und meinte endlich zögernd: „Och nää, Herr Chehaamrat, tun Se das man selber. Sie verstehn das wahrschaanlich doch noch besser als ich." An eine einfache Operation hätte sich Warnecke zweifellos herangetraut und sie vermutlich auch gut durchgeführt.

Außer Langenbeck und Warnecke besaß die Klinik noch „ihne Aujust", August Dramme, der als „Leichenkutscher" einen legendären Ruf genoß. Er holte nämlich die Toten zusammen, die seziert werden sollten. Sein ernstes Geschäft hatte aber seine Fröhlichkeit in keiner Weise beeinträchtigen können. Wenn er nicht mit seinem treuen Pferd, der „Liese", unterwegs war, machte er sich in der Klinik nützlich, säuberte Krankenstuben und Flure, hackte Holz für die Küche, half beim Essentragen und was derartige Dinge mehr waren. In seinen wenigen Freistunden war er mit seiner Ziehharmonika ein gern gesehener Gast bei den Kranken, für die er fröhliche Lieder und Tänze aufspielte.

August, seine treue Liese und die Ziehharmonika bildeten eine Einheit. Wenn das Pferd auf der Weide war, konnte sein Herr auch nicht weit fort sein. Ob man allerdings August einmal ohne die geliebte Ziehharmonika gesehen hatte, steht nicht fest. Warnecke behauptete jedenfalls, er hätte sie bei der Trauung nicht mit in die Kirche genommen, was nicht alle glaubten. Tatsache war jedenfalls, daß er beim Hochzeitstanz nach den ersten Schritten sagte: „Szo, Emma, nu' danz mit 'nem andern, ich muß speelen helfen."

Sehr oft führte den Leichenkutscher sein Weg zum Landeszuchthaus nach Moringen, von wo er die Leichen der verstorbenen Sträflinge für die Göttinger Anatomie holte. In jenen Zeiten hatte man starke Nerven, stille Landstraßen und Pferde, die den Weg zum heimatlichen Stall allein fanden. August machte sich nichts daraus, daß auf seinem Wagen eine Leiche in einem sehr einfachen Kistensarg ruhte. Gemütlich zockelte seine Liese durch die südhannoverschen Dörfer, sie kannte ja den Weg nach Göttingen und verirrte sich nie. Rechtsverkehr, Überholverbote und Vorfahrt gab es noch nicht und so blieb für August auf dem Weg von Moringen bis Göttingen kaum etwas zu tun. Er holte deshalb seinen „Treckebüdel" hervor, spielte zuerst einen Choral, denn schließlich lag ja eine Leiche auf dem Wagen, aber dann folgten bunt durcheinander Volks- und Soldatenlieder, manchmal schob sich sogar einer der alten südhannoverschen Volkstänze dazwischen. In den Dörfern war dieses seltsame Gefährt mit dem Ziehharmonika spielenden Leichenkutscher eine bekannte Erscheinung. Die Einwohner blickten kaum auf, wenn sie sagten: „Horch, da kommt er Aujust, der speelt wedder aanen wech in de Anatomie."

Leichenkutscher August Damme (Zeichnung von E. Honig)

Wie Tante Ramsahl den kürzeren zog

Die Apfelfrau Tante Ramsahl, die jahrzehntelang auf dem Göttinger Wochenmarkte saß und dort bis 1873 die gewichtigste Persönlichkeit war, einmal ihres Ansehens wegen, zum zweiten weil sie so wohlhabend war, daß sie den Studenten borgen konnte und zum dritten, weil sie mit ihren dreieinhalb Zentnern unübersehbar war. Die riesige Tante hockte sommers und winters auf einem niedrigen Schemel, was bei ihrer rundlichen Figur sehr possierlich aussah, war aber dennoch äußerst beweglich.

Der Einkauf bei ihr vollzog sich nach Regeln, die nie verletzt werden durften. Der Student trat an den Stand und grüßte: „Guten Morgen, liebe Tante." „Aanen schönen chuten Morjen, maan lieber Junge." „Ich möchte zwei Pfund schöner Frühstücksäpfel, Tante Ramsahl." „Das is aan chuter Chedanke, viel chesünder als das chanze Cheld ßu versaufen. Obst is' chesund, das chipt 'nen klaren Kopp, da kannste chut lernen." „Das will ich ja auch, aber was kosten diese Äpfel?" „Ach laß man, die kannste nich beßahlen, wenn de das chanze Cheld inne Knaape schleppst. Nimm man diese Szorte, da cheb ich Dich noch aanen schönen Appel ßu." Das Geschäft wurde dann zur beiderseitigen Zufriedenheit getätigt.

Am Stand der Tante Ramsahl

Manchmal schickten alte Studenten Kommilitonen, die neu nach Göttingen gekommen waren, zur Tante mit der Bemerkung, sie verlangte einen zu hohen Preis, weil sie erwarte, daß man etwas abhandele. Der Schacher mit ihr sei ein köstlicher Spaß. Daß die Tante in Wirklichkeit billige feste Preise hatte, verriet man ihnen nicht. Ahnungslos trat so ein Neuling an den Stand.

„Guten Morgen, Frau Ramsahl. Würden Sie mir ..." Weiter kam er nicht, denn die Tante unterbrach ihn: „Nu' hör ma' ßu, maan chuter Junge, Du bist noch ßo chrün wie maan Spinat. Ich bin de Tante Ramsahl, Du sachst Du un' ich sach Du, waal ich wie Daane liebe Mutter über Dich wache, daß Du nich' alles versäufst, sondern auch chesundes Obst ißt. Un' was willste nu' schnabulieren?" Vor solcher Herzlichkeit kapitulierten die meisten.

Wer aber nun trotzdem mit ihr schachern wollte, meinte zögernd: „Ach Tante, ich finde die Äpfel doch ein bißchen zu teuer, kannst Du nicht was ablassen?" Da kam er an die verkehrte Adresse. Die Tante öffnete ihren Mund, schaute den Studenten sprachlos an, klappte den Mund zu, sprang auf, stemmte die Fäuste in die Seiten, funkelte den unwillkürlich zurück-

Tante Ramsahl (Zeichnung von Neise)

weichenden Musensohn mit zornsprühenden Augen an und dann legte sie los: „Was hör ich da, ßu teuer ßinn maane Äppel. Da hört doch alles auf! Szu teuer? Du waaßt woll nich', wen Du vor Dich hast, Du Buntmütze, Du Mappenjunge, Du Schtipendijenbruder, Du Wechselschreiber, Du, Du, Du" (die meisten Schimpfworte sind nicht druckfähig). „Damit De waaßt, wen Du vor Dich hast, Du Chrünschnabel" (sie machte einen höhnischen Knicks, bei dem sie sich mit beiden Händen kräftig auf ihr Hinterteil klappte) „ich bin de Tante Ramsahl, nu' waaßte alles!" Der Student der jetzt erst gemerkt hatte, daß er auf einen Ulk hereingefallen war, brauchte Wochen, bis er die erzürnte Tante wieder versöhnt hatte.

Die streitbare Marktfrau geriet aber doch einmal an einen Musensohn, der ihr überlegen war. Ein Altphilologe war von seinem älteren Bruder, der auch in Göttingen studiert hatte, gewarnt worden, sich darauf einzulassen, mit der Tante zu feilschen. Als ihm ältere Kommilitonen einen diesbezüglichen Vorschlag machten, erwiderte er vergnügt, auf den Schwindel falle er nicht herein, er sei bereits gewarnt. Als er das allseitige Bedauern bemerkte, bot er seinerseits eine Wette an: „Ich will der Tante, wenn sie mich beschimpft, solche überzeugenden Worte entgegenschleudern, daß sie ihr Mundwerk schließt und keinen Widerspruch wagt."

„Unmöglich", ertönte es ringsum, „haben Sie eine Ahnung, über welchen Vorrat an Flüchen die Tante verfügt, da müßten Sie ja ganz ausgefallene auf Lager haben." „Na, ob die die Ramsahl nicht auch kennt, möchte ich bezweifeln, die stellt jeden Fuhrknecht in den Schatten!" ließ sich eine andere Stimme vernehmen.

„Ich gehe noch weiter in meiner Behauptung", erklärte der Altphilologe. „Die Tante wird nichts auf meine Widerworte sagen, obwohl ich keinen einzigen Fluch oder auch nur eine Unfreundlichkeit sagen werde." „Unmöglich, die Wette halten wir. Ich setze drei Taler dagegen!" „Und ich fünf!" „Et ego!" so schwirrte es von allen Seiten. Kaum konnte der Altphilologe alle die Namen und die Wettsummen notieren, die ihm zugerufen wurden.

Ein Schwarm von Studenten folgte ihm in einiger Entfernung als er sich zum Stand der Tante begab. Die ahnte schon, daß wieder einmal ein Ulk im Gange war. Freundlich begrüßte sie den ihr unbekannten Musensohn, der drei Pfund Pflaumen forderte. Als der junge Mann den Preis zu hoch fand, öffnete sie die Schleusen ihrer Beredsamkeit, war aber höchst erstaunt als der zusammengedonnerte Jüngling sich keineswegs zerknirscht entfernte, sondern seinerseits zu schimpfen begann. Wütend streckte er ihr seine rechte Faust entgegen und schrie: „Was sagst Du da zu mir, Du Alpha, Du Beta, Du Gamma, Du Delta! ! !" Langsam und mit höchster

Lautstärke brüllte er ihr das ganze griechische Alphabet entgegen, nicht weil die Tante schlecht hörte, sondern weil alle Studenten sich überzeugen sollten, daß er nicht einen einzigen Fluch verwandte, wie die Wettbedingungen vorschrieben.

Tante Ramsahl erstarrte. Sie vergaß völlig ihren Knicks zu machen. Sie verstummte sogar, vermutlich zum erstenmal in ihrem Leben. Als ihr ein „Du Zeta!" entgegendröhnte, rief sie weinerlich: „Das is' ja alles charnich wahr!" und als der Altphilologe mit einem donnernden „Du Omega!" schloß, hockte sie auf ihrem Schemel und weinte in ihre Schürze und rief dabei: „Nänänä, ßo 'ne Chemaanhaaten hat mich ja noch nie nich' aan Mensch cheboten!" Die gute alte Apfelfrau hatte selbstverständlich vom altgriechischen Alphabet nie etwas vernommen. Solange der Altphilologe in Göttingen studierte, musterte sie ihn mit größtem Mißtrauen. Der war ihr entschieden im Mundwerk über.

Göttinger Student um 1850 (Zeichnung von Neise)

Der Göttinger Regen

Als ein nach Göttingen berufener Professor den Astronomen Klinkerfues fragte, was man am dringendsten brauche, um hier heimisch zu werden, antwortete der Gelehrte lakonisch: „Einen Regenschirm." Studenten und Professoren rüsteten sich bereits im ersten Semester mit hohen Stiefeln aus, sogenannten Kanonen, mit denen man ungestraft durch das hohe Wasser der Gossen waten konnte, denn die Kanalisation wurde erst 1877 in Angriff genommen.

Damals kannte man sogar ein Gossenrecht. Der Student, der die Gosse zur Rechten hatte, mußte einem ihm begegnenden Kommilitonen in engen Straßen Platz machen. „Bemooste Häupter" leisteten sich den Ulk, jungen Juristen, die ihr Studium in Göttingen beginnen wollten, zu raten, gleich im ersten Semester die so eminent wichtige Vorlesung über Gossenrecht zu belegen, was auch manche arglose Gemüter taten.

Wenn es freilich einige Tage vom Himmel drosch, was in Göttingen des öfteren zu passieren pflegt, besonders freilich dann, wenn das Schützenfest abgehalten wird, flossen vor hundert Jahren breite Bäche durch die Straßen, von denen der Leinekanal einen Teil auffing. Wer nicht über hohe Stiefel verfügte, konnte nur unter großen Schwierigkeiten die Straßen passieren, wobei er selbstverständlich nasse Füße in Kauf nehmen mußte.

Böse war es für Damen, die ja um 1870 nicht nur bodenlange Kleider, sondern Schleppkleider trugen. Sie mußten unter Umständen auf ein sehr unfreiwilliges Bad gefaßt sein.

So stand 1866 eine junge Dame bei strömendem Regen an der Ecke Jüdenstraße/Rote Straße und überlegte, wie sie den Gießbach, der an trockenen Tagen den Fahrdamm der Roten Straße bildete, überqueren konnte. Rocksaum und die kleine Schleppe konnte sie nicht in die Höhe heben, weil sie mit beiden Händen den mächtigen Regenschirm als Schutz gegen die von oben herniedertrommelnden Wassermassen halten mußte und keinen Augenblick zuklappen durfte. Sollte sie nicht besser umkehren?

Da kam trotz des Unwetters fröhlich pfeifend der Professor der Landwirtschaft Griepenkerl daher. Auf dem Kopf trug er einen völlig zerweichten Zylinder, ohne den ein Professor damals nicht denkbar war. Ein alter Wetterkragen schützte vor der Nässe, wenn es noch schlimmer kam, pflegte der Professor nach löblicher Bauernsitte einen Kartoffelsack über diesen zu hängen. Böse Zungen behaupteten freilich später, Griepenkerl hätte, als die folgende Anekdote passierte, auch einen Sack umhängen gehabt. Seine Beine steckten in hohen Wasserstiefeln, die keinen Tropfen durchließen, weil sie gut mit Pferdefett eingeschmiert waren. Der Geheimrat war nur durch seinen Zylinder von einem Göttinger Bauern zu unterscheiden. Als er die Dame erblickte, stellte er sein Pfeifkonzert ein, tippte flüchtig an die Kopfbedeckung, spuckte fachgerecht in die Landwirtshände, sagte: „Moment, meine Dame!“ und schon schwebte sie auf seinen Armen über die trüben Fluten auf die andere Straßenseite. Das Wasser patschte unter den Tritten der Wasserstiefel, während kräftige Arme den Körper sicher über den schmutzigen Gießbach hielten, freilich dabei auch an den klatschnassen Wetterkragen (wenn nicht Kartoffelsack! !) drückten.

„So, da wären wir!“ sagte Griepenkerl fröhlich und stellte die Dame behutsam auf die Füße. Ausgerechnet in dieser Situation glaubte das weibliche Wesen, Anstand und Sitte verteidigen zu müssen: „Mein Herr, wie können Sie es wagen, eine Dame so mir nichts dir nichts einfach auf den

Professor Griepenkerl

Arm zu nehmen. Das geht doch nun wirklich nicht!" Der Professor glaubte nicht recht gehört zu haben, seine Hilfe wurde ihm also verübelt statt gedankt.

Mürrisch tippte er wieder an den alten Zylinder und murrte: „Na, denn eben nicht." Er spuckte nochmals in die Hände. Ein schneller Griff. Die Dame saß, ehe sie es sich versah, wieder auf seinen Armen und trat den Weg über die Straße nochmals an. Genau an der Stelle, an der er sie getroffen hatte, setzte der Gelehrte sie nieder. „Bitte sehr, einmal retour, meine Dame." Dann tippte er nochmals mit zwei Fingern an die Kopfbedeckung und schritt pfeifend weiter.

Die Dame stand wieder am Rande der Gosse und überlegte, wie sie unter Wahrung der gesellschaftlichen Sitte über die Straße gelangen könnte.

Eingeregnete Göttinger Dame um 1850. Die nassen langen Kleider legten sich eng an den Unterkörper, die einzige Gelegenheit, bei der damals ein Frauenbein sichtbar wurde. (Zeichnung von Neise)

Du liebe alte Gartetalbahn

Welcher alte Göttinger Student erinnert sich nicht wehmütig an die so herrlich gemütlich vor sich hinbimmelnde Gartetalbahn. Generationen von Musensöhnen hat sie Stoff für unzählige Späße geliefert, die z. T. zu den besten Studentenanekdoten der Geschichte der Georgia-Augusta gehören. Einige von ihnen dürfen in diesem Buche nicht fehlen.

1. *Die Hundebilletters*

Pfingsten war die schmalspurige Gartetalbahn immer überfüllt. Einmal, nämlich 1912, ist es sogar vorgekommen, daß der Fahrkartenvorrat am Schalter in Göttingen kurz vor Abgang des vormittäglichen Zuges gänzlich ausverkauft war. Ein Eisenbahner ging sofort zur Verwaltung, um neue zu holen, aber bis er wiederkam, war guter Rat teuer.

Es nahte nämlich noch eine fröhliche Studetenschar, die unbedingt diesen Zug benutzen wollten. „Fahren Sie doch mit dem nächsten, meine Herren", versuchte der Bahnhofsvorsteher zu vermitteln. Die Musensöhne dachten nicht daran. Schon begann einer zu singen:

Studio auf einer Reis',
jumheidi, jumheida,
zahlt so gerne jeden Preis',
jumheidi, heida,
doch die „Garte" läßt uns warten,
denn sie hat ja keine Karten,
jumheidi, jum . . .

„Halt, halt", unterbrach der Vorsteher, „Sie bringen uns ja in Verruf mit Ihrer Singerei! Mir fällt eine Notlösung ein!" „Arion war der Töne Meister", zitierte der Sänger und sah sich stolz im Kreise um.

„Wir haben noch Hundebillets. Die kosten, wie Sie wissen, genausoviel wie die IV. Klasse, die Sie ja gern Studentenklasse nennen." „Sollen wir etwa auf . . ." „Nun los doch", rief der Sänger, „her mit den Billets, der Zug geht sonst ab." Heimlich raunte er seinen Kommilitonen zu: „Nichts sagen, das gibt den famosesten Ulk des Semesters!" Erleichtert gab ihnen der Schalterbeamte die Fahrkarten, und die Studenten liefen zum Zuge.

Die IV. Klasse war die „Stehklasse", die später unter dem Namen „Für Reisende mit Traglasten" aufgebraucht wurde. Nur an den Schmalseiten der Wagen waren Holzbänke angebracht, die von den Studenten selbstverständlich den Marktfrauen und alten Bauern überlassen wurden. Einige leere Kiepen und Körbe standen vor den Besitzern, die ihren Gewinn überschlugen und die Einnahmen zählten.

Eine alte Frau wandte sich an die Musensöhne, während der Zug keuchend und rumpelnd abfuhr. „Maane Herren, heute is' zwar kaan richtiger Markt chewäsen, waal Sonntach is', wir haben man bloß ßu unsere Kundschaft frische Butter un' Aaer chedraren. Aber nu' is' mich aane schöne selbst aancheschlachtete Mettwurst übercheblieben. Die wäre for Szie das richtije Frühstücke." Bereitwillig zogen zwei der Musensöhne ihre Portemonnaies.

Ein rundlicher Student meinte: „Aber nun singen wir erst einmal weiter. Arion, hast Du einen neuen Vers fertig?" „Selbstverständlich, zur gleichen Melodie.":

Studio auf einer Reis',
jumheidi, jumheida,
sich gar schnell zu helfen weiß,
jumheidi, heida
die „Garte", die war gar so nett,
läßt uns fahr'n auf Hundsbillet,
jumheidi, jum . . .

Student Themistokles

„Wau, wau, waaau, wauwau!" so klang es plötzlich aus Leibeskräften von allen Seiten. Der Rundliche, auch Themistokles genannt, weil er so gern auf dem Seeburger See ruderte, sprang mit wildem Gekläff, das jeden Kettenhund in seine Hütte gejagt hätte, auf die Wurst los und trug sie wohlgefällig knurrend umher, wobei er sie schnell von der Haut befreite. „So, nun beißt rein, ihr hungrigen Köter." Jaulend, bellend, blaffend und in den höchsten Tönen den nicht sichtbaren Mond anheulend, verzehrten die Musensöhne ihre Wurstanteile.

„Was is' denn hier für aan Radau", ertönte eine kräftige Stimme. „Die Billetters, bitte sehr!" Sofort zogen die Studenten ihre Hundefahrkarten aus dem Mützenband, wobei sie den Schaffner nach bestem Können ankläfften, was namentlich Themistokles meisterhaft gelang. Der Bahnbeamte wußte nicht, ob er lachen oder schimpfen sollte. Schließlich meinte er vergnügt: „Naja, wenn Se auf Hundebilletters fahren müssen, is' Bellen Ihr chutes Recht."

Der Zug hielt. Themistokles, und zwei seiner Freunde, Aristides und Decius Mus genannt, sprangen schnell hinaus, um Bier zu holen. „Bei der Bellerei wird man ja ganz heiser." Aus den Vorder- und den anschließenden Wagen des Zuges kletterten ebenfalls Studenten heraus, um Bier zu holen. Die geleerten Flaschen wurden dann auf den nächsten Stationen gegen volle umgetauscht. Da auf der Rückfahrt genau so verfahren wurde, kam jeder Wirt wieder zu den seinen.

Themistokles erklärte schnell, warum aus seinem Wagen solch gräßliches Gebell erscholl, belud sich und seine Freunde mit Flaschen und eilte in die IV. Klasse zurück, nicht ohne den Stationsvorsteher noch wütend angekläfft zu haben. Der Eisenbahner schüttelte den Kopf und meinte entsetzt: „Maane Herren, noch nich zähn Uhr un' schon ßo besoffen!"

Als der Schaffner unterwegs nachfragte, ob noch jemand zugestiegen sei, ertönte ein Gebell, das wahrhaft ohrenbetäubend genannt werden konnte. Als der Beamte, der natürlich nicht nachgeben wollte, drohte, im nächsten Dorf eine Hundepeitsche besorgen zu wollen, erwiderte ihm Aristides nur: „Wenn Sie aus dem Zug springen und querfeldeinlaufen, sind Sie eher auf der nächsten Station als der Zug." Der Schaffner lachte mit, sagte aber: „Ich versteh man bloß nich', wie man in Chöttingen an Stedenten Hundebilletters verkaufen kann. Da machen die doch bloß den chrößten Ulk mit." Eine gespendete Friedenszigarre nahm er aber dankend an.

Als die Studenten ausstiegen, sagten Lokomotivführer und Schaffner wie aus einem Munde: „Die Rückfahrt kann ja haater werden!" Das wurde sie auch.

Der Mond schien bereits, als die Studenten wieder einstiegen. Jetzt benahmen sie sich recht gesittet, stiegen dafür aber auf jeder Station aus und bellten den Mond so kunstgerecht an, daß die Dorfköter sich sofort an dem Konzert beteiligten. So nach und nach machten sie das ganze Gartetal rebellisch.

Ganz schlimm wurde es in Götingen. Zwar gab es auch hier ein entsetzliches Gebell, dem das Zugpersonal schadenfroh lauschte, aber jetzt begannen die Musensöhne nach den Eisenbahnern zu schnappen. Der geplagte Schaffner meinte aber ganz zufrieden: „Szo is' es richtich, erst verkauft Ihr Hundebilletters an de Stedenten, mich bellen se de Ohren voll, aber nu' baaßen se wenichstens Euch innen Hintern. Laßt Euch das 'ne Lehre ßaan un' haltet chenüjend Billetters parat."

Tatsächlich hat die Verwaltung der Gartetalbahn nie wieder Studenten auf Hundebillets fahren lassen, obwohl sie des öfteren verlangt wurden.

2. Blumenpflücken während der Fahrt verboten

Die Gartetalbahn hat nie eine hohe Fahrtgeschwindigkeit gehabt. Sie war, wie alle deutschen Kleinbahnen, mit Lokomotiven ausgerüstet, die zwar erstaunlich zuverlässig waren und lange Jahre ihren Dienst taten, aber sie zogen ihre Last nur langsam. Der verhältnismäßig schwache Gleisoberbau hätte hohe Fahrgeschwindigkeiten auch gar nicht gestattet. Dafür benötigte man zum Bau einer Schmalspurbahn auch nur den Bruchteil der Kosten einer normalspurigen Anlage. War ein Güterzug vollbeladen oder ein Personenzug überbesetzt, so sank die Geschwindigkeit noch mehr ab.

Gartetalbahn vor dem Eichenkrug

Dies nutzten die Studenten zu manchem Streiche aus. Namentlich zu Himmelfahrt fuhr die mit Ausflüglern überbesetzte Gartetalbahn so langsam, daß es einem Fahrgast ohne besondere Schwierigkeiten möglich war, während das Zügle dahinbimmelte, abzuspringen, einen Blumenstrauß zu pflücken und nach kurzem Dauerlauf wieder den Wagen zu erreichen und einzusteigen.

Die sportliche Betätigungsmöglichkeit hatten Studenten der Philologie entdeckt und genutzt. Freilich geschah dies schon lange vor Himmelfahrt, als die Bahn erheblich schneller durch das idyllische Gartetal dampfte. Dennoch war aber auch jetzt das Kunststück völlig gefahrlos. Obendrein müssen wir bedenken, daß viele der damaligen Philologen bei der Kavallerie oder Artillerie gedient und dort das Voltigieren am galoppierenden Pferd geübt hatten, das gewiß eine weit höhere Schnelligkeit entwickelte als die „Chartetal".

Wenn ein sportlich geübter Musensohn mit seiner „Flamme" einen kleinen Ausflug machte, war es doch eine herrliche Leistung, aus dem Zug zu springen, einen Strauß aus Wiesenblumen zu pflücken, wieder elegant in den Wagen zu voltigieren und mit einer Verbeugung das „duftige Angebinde" (wenn's auch bloß buntblühendes Unkraut war) der Dame zu überreichen. Es gab Mädels, die damals stolz der allerbesten Freundin anvertrauten: „Meiner ist ein toller Kerl, ein Kavalier, sag' ich Dir! Kaum sind wir aus Göttingen raus, da springt er auch schon aus der ‚Gartetal' und pflückt mir einen Strauß!"

Besonders schlimm muß es am Himmelfahrtstag 1911 gewesen sein, denn da sollen mehr Studenten blumenpflückend neben dem Zug hergelaufen sein als in ihm gesessen haben. Das Dekanat der Philosophischen Fakultät hat deshalb durch einen Anschlag am Schwarzen Brett das Blumenpflücken während der Fahrt mit der Gartetalbahn strengstens verboten. Es muß betont werden, daß die Studenten diesem Verbot gehorsam nachkamen, wenngleich viele grimmig knurrten: „Ochsen darf man bis man schwarz wird, aber mal was tun, was allen Spaß macht, ist nicht gestattet."

3. Die Aktionäre

Lange sannen die Musensöhne hin und her, wie man sich einen kleinen Ersatz für die vom Dekanat vergällte Freude schaffen könne. Bedenklich war dabei, daß schon beim Frühschoppen dieses Thema diskutiert wurde, denn das war das untrügliche Zeichen, daß etwas ernsthaft behandelt wurde.

Eine Lokomotive der Gartetalbahn wird in Chemnitz verladen

Mancher Schoppen wurde nachdenklich getrunken, aber ein guter Gedanke wollte nicht kommen. Die Erleuchtung sollte von einer ganz anderen Seite gebracht werden. Als im Ratskeller wieder einmal eine Runde grübelnd beisammen saß, schlug schließlich einer grimmig auf den Tisch und verlangte den Wirt. Erstaunt kam dieser und erwartete eine Beschwerde. Aber der Musensohn bat nur höflich um den Rat eines erfahrenen Bürgers, wie man sich als Student auch künftig mit der „Gartetal" amüsieren könne, ohne das Dekanat zu erzürnen.

Der stadtbekannte Göttinger Meisterschütze und Ratskellerwirt, August Glade, wußte sofort Rat, da waren die Studenten vor die richtige Schmiede gekommen. Er war nämlich eifriger Wertpapiersparer und besaß u. a. Aktien und Anleihepapiere der königlich ungarischen Eisenbahnen. „So etwas ist doch ganz einfach, meine Herren", erwiderte er, „die Gartetalbahn ist doch eine Aktiengesellschaft. Kaufen Sie nach und nach die Aktien auf und machen Sie eine Studentenbahn daraus, alle Papiere brauchen Sie ja nicht zu erwerben, eine Mehrheit genügt ja!"

„Darauf hätten wir schon lange kommen können", riefen die Studenten lachend, „der Rat ist kostbar! Wir werden Aktionäre!" Brummig meinte einer: „Aktionär ist ja ganz schön, ich würde mich nur an einer Brauerei beteiligen, da krieg ich wenigstens was von meinem Gelde zurück!" „Wir werden Aktionäre bei der Gartetalbahn, basta!" Glade lachte: „Meine Herren, nehmen Sie meinen Scherz nicht zu ernst. Die Garte hat ein Aktienkapital von über einer Million. Das dürfte Ihre Wechsel doch erheblich übersteigen!"

Der Gedanke setzte sich aber in den Musensöhnen fest. Die Studentenschaft mußte sich ganz einfach an dieser einmaligen Kleinbahn beteiligen. Einige wohlhabende Studenten machten sich tatsächlich den Spaß und wurden Aktionäre.

Vor dem Ersten Weltkrieg gab es in Göttingen mehrere kleine Privatbanken, die grundsolide und, wie konnte es damals anders sein, mit ihren Kunden eng verbunden waren. Die Wertpapiersachbearbeiter waren daher höchst erstaunt, als buntbemützte Herren plötzlich Aktien der Gartetalbahn verlangten. Selbstverständlich wurden diese Aufträge prompt und schnell durchgeführt, so daß einige Musensöhne nach kurzer Zeit Aktionär waren. So mancher ergraute Bankbeamte meinte kopfschüttelnd zu seinem Chef: „Daß die Studenten mit allem möglichen Ulk treiben, wissen wir ja, wie man das aber mit Aktien tun kann, ist mir schleierhaft."

Sobald der Bankier sich dem Zügle anvertraute, wurde ihm klar, was gespielt wurde: „Na los, nun fahrt schon mit, ich brauch doch Dividende!" „Menschenskinder ist der Zug voll, das gibt ein Prozent mehr!" „Was sagten Sie soeben, Herr Schaffner? Ich dürfte nicht auf dem Dach des Waggons sitzen? Schließlich bezahle ich nicht nur die Fahrkarte, sondern der Platz gehört mir sogar. Schließlich bin ich ja Aktionär der Bahn!" „Verdammte Bummelei! Warum werden nicht zwei Waggons mehr angehängt! Werde mich in der Aktionärshauptversammlung beschweren!" So klang es durcheinander.

Wirklich schön wurde es aber erst im Winter, wenn die meist sehr bescheidene Dividende ausgeschüttet wurde. Damals hatte man seine Wertpapiere meist noch in eigener Verwaltung. Die kleine Aktie der Gartetalbahn lag irgendwo im trauten Verein mit Kollegmitschriften, Seminararbeiten und Liebesbriefen, wurde nun hervorgesucht und der Coupon eingelöst.

Dann konnte man in manchen Lokalen eine fröhliche Runde sitzen sehen, die andächtig ein oder zwei Seidel Bier „auf ihr Wohl" tranken, denn zu mehr reichte die Ausschüttung der Gartetalbahn ganz bestimmt nicht. Fragte man dann einen Bekannten, der in der Runde saß, kam die stolze Antwort: „Ja, mein Lieber, das kann sich nicht jeder leisten! Wir verprassen die Dividenden unserer Aktien!"

„So chut möchte ich's auch ma' haben", dachte dann so mancher biedere Bürger, „erst versaufen de Stedentens ihre Wechsel un' wenn se damit fertich ßinn, dann kommen de Dividenden an de Raahe." Daß es sich um die winzigen Beträge der Gartetalbahn handelte, deren Aktien die meisten Göttinger nicht geschenkt haben mochten, ahnte freilich niemand.

Einige Göttinger Verbindungen haben übrigens „ihre Aktie" bis zum Ende der Gartetalbahn besessen.

4. *Der Wettlauf mit der „Charte"*

Aktionär konnte leider nicht jeder Student werden, aber stets brav im Zuge sitzen, ist auf die Dauer nur schwer zu ertragen. Den Musensöhnen fiel etwas anderes ein. Vor dem Ersten Weltkrieg erschienen in Deutschland Wildwest-Schmöker, in denen mehrfach von Wettkämpfen zwischen Postkutschen und den ersten Präriebahnen zu lesen stand. So etwas ähnliches müßte sich doch in Göttingen auch organisieren lassen!

Aber was nur? Die Postverwaltung weigerte sich, eine ihrer noch im Landkreis tätigen Pferdeposten gegen die Kleinbahn antreten zu lassen. Zu solchem Allotria gäbe sich die Kaiserliche Post nicht her, ein Bedürfnis an Publicity bestand eben bei Behörden noch nicht. Berittene Studenten als Wettkämpfer einzusetzen wurde als unfair abgelehnt, schließlich müsse ja auch die Gartetalbahn eine echte Chance haben.

Der Akademische Turnverein fand die einzig akzeptable Lösung. Wenn Studenten während der Fahrt abspringen und Blumen pflücken konnten, müßte es möglich sein, daß eine studentische Stafettenmannschaft die Kleinbahn auf der Strecke Göttingen—Rittmarshausen überholte. Dieser Vorschlag wurde mit Jubel angenommen, wobei der Bahn ein Vorsprung von 300 Metern eingeräumt wurde. 1913 fand zu Himmelfahrt der erste Wettkampf zwischen dem vollbesetzten Ausflüglerzug und den Musensöhnen statt und man darf wohl rückschauend sagen, daß kein Fest der Universität sich je auch nur einer annähernd gleichen Beliebtheit erfreuen durfte, wie dieser lustige Zweikampf.

Ruhige Bürger behaupteten: „Also, wenn man de Augen ßumachte, fühlte man ßich dann wie in Wildwest baa aanem Indijanerüberfall, ßo aan Chebrüll um aanen rum. Aan Taal der Raasenden, namentlich die Mächens, hielten es mit de Stedentens, un' bölkten ßum Fenster raus: ‚Feste ßiehn! Feste ßiehn!' Na, de Stedentenbengels rannten ja wie die Feuerwehr! Aber das ärjete nu' alle, die anne Charte betaalicht waren oder an interessiert waren. Die bölkten nu' inne Richtung von de Lokomotive: ‚Mehr Dampf, mehr Dampf!' Aber cheholfen hat's nischt. Chejen de Stedenten konnte unsere Charte nich' ankommen."

Tatsächlich hat die Kleinbahn nie einen Sieg in dem Zweikampf davongetragen. Wenn die Studenten nur einen Vorsprung von zwei Minuten herausholten, war das schon ein sehr schlechtes Ergebnis. Es hat schon Zeitunterschiede von zehn Minuten gegeben! Sehr bald wurde es zu einer

Ehre, an dem Stafettenlauf gegen die Kleinbahn teilzunehmen, denn ein völlig hilfloser Gegner war die Lokomotive ja keineswegs.

Selbstverständlich wurde das Dampfroß in den Tagen vor Himmelfahrt gründlich überholt, damit nicht die kleinste Panne passieren konnte. Der Heizer lud die besten verfügbaren Kohlenstücke und achtete darauf, daß kein Grus darunter war. Was die Bahn tun konnte, geschah also. Unberechenbar war natürlich immer, welche Last der Zug zu befördern hatte. Gegen einen Leerzug hätten die Studenten gewiß keine Chance gehabt, aber einen solchen konnte die Direktion der Kleinbahn aus kaufmännischen Gründen nicht laufen lassen.

So schleppte die brave Lokomotive Jahr für Jahr einen mit Ausflüglern zum Bersten gefüllten Zug hinter sich her. Lokführer und Heizer gaben ihr Bestes, aber sie konnten gegen die Studenten, die unbeschwert in ihrer leichten Sportkleidung liefen und auch nach einer kurzen Strecke abgelöst wurden, nicht ankommen.

Als die Gartetalbahn wirtschaftlich in die roten Zahlen geriet und ihren Maschinenpark nicht mehr erneuern konnte, war es den altersschwachen Lokomotiven erst recht nicht mehr möglich, einen Sieg herauszufahren.

Heute ist dieser fröhliche Wettlauf Geschichte geworden. An die Gartetalbahn erinnert nichts mehr. Selbst ihre Gleise sind verschwunden. Göttingen hat mit ihr ein echtes Stück alter Studentenromantik verloren, das so recht in die gemütliche alte Musenstadt paßte.

Der einträgliche Spaziergang

Das Urbild eines zerstreuten Professors dürfte der Geheime Hofrat Marx gewesen sein, jedenfalls wurde dies in Göttingen lange Jahre behauptet.

Er war ein alter Junggeselle, der von einer Haushälterin gewissenhaft betreut wurde. Aber die resolute Dame konnte ihn nur im Hause behüten,

Professor Marx (Zeichnung von Petri)

auf der Straße war er allen Stürmen des Lebens — soweit sie um 1850 in Göttingen brausten — hilflos ausgeliefert. Einen Regenschirm gab sie dem zerstreuten Gelehrten längst nicht mehr mit, er brachte ihn doch nicht wieder nach Hause, hatte aber auch keine Ahnung, wo er ihn gelassen haben könnte. Jeder Versuch, seinen Weg durch die Stadt zu rekonstruieren, scheiterte. Der Jurist war wohl auf den verschlungenen Pfaden seiner Paragraphen ausgezeichnet orientiert, wo er sich aber vor einer Stunde aufgehalten hatte, war ihm gänzlich entfallen.

Mit seinen Hüten ging es ganz genauso. Mindestens ein Dutzend waren bereits verschwunden und das tat ihm nun doch leid, denn ohne Zylinder war ein Professor um die Mitte des vorigen Jahrhunderts nicht denkbar. Da fiel ihm ein Mittel ein, das Liegenlassen der Kopfbedeckung zu verhindern: Er setzte seinen Zylinder künftig nicht mehr auf, sondern trug ihn vor sich her, damit er ihn immer vor Augen hatte. Tatsächlich war dies ein vortrefflicher Gedanke, der Geheimrat hat nie wieder einen Hut verloren.

Dafür gewöhnte er sich ein neues Übel an. Er trug seinen Zylinder stets mit der Öffnung nach oben. Wenn er so langsam durch die Straßen ging, denn schließlich mußte er ja auf den Hut und den Weg gleichzeitig achten, sah es tatsächlich so aus, als ob er um eine milde Gabe bitten wolle, wie die Studenten gern behaupteten.

Es blieb nicht aus, daß diese Angewohnheit die Musensöhne zu einem neuen Streich lockte. Es war nämlich möglich, aus dem oberen Stockwerk der vielen alten Häuschen, in denen die meisten Studentenbuden lagen, eine kleine Münze in den Zylinder des langsam in tiefes Sinnen versunken daherschreitenden Gelehrten zu werfen, da Marx sich ziemlich eng an die Hauswände hielt.

Wer sich an dem Spaß beteiligen wollte, wartete ab, bis der Geheimrat zur gewohnten Stunde erschien und warf dann im richtigen Augenblick die Münze herunter. Dies war gänzlich gefahrlos, denn der Professor senkte stets den Blick, um auf den Weg und den Zylinder zu achten.

Wer nun geglaubt hatte, der Geheimrat würde sich ärgern, irrte sich gründlich. Er bewies im Gegenteil einen erstaunlichen Humor. Marx verbeugte sich nämlich, sobald eine Münze in den Zylinder plumpste, höflich nach allen Seiten und dankte so für die freundliche Gabe.

Nun hätte wohl jeder von der Angewohnheit, den Zylinder auf solch drollige Weise zu tragen, abgelassen. Marx tat es nicht. Im Gegenteil, sein Spaziergang wurde jetzt noch viel skurriler. Ein Zuschauer, der nicht ahnte, worum es ging, kam aus dem Staunen nicht heraus. Sah der barhäuptige Gelehrte, dessen Haare sich nicht legen wollten und wie Igelborsten vom Kopf abstanden, sowieso schon etwas seltsam aus, wenn er mit dem vorsichtig in der Rechten getragenen Zylinder spazierenging, so wirkte es doch höchst lächerlich, wenn er alle Augenblicke stehen blieb und sich dankend nach allen Seiten verneigte, weil eine kleine Münze in seine Kopfbedeckung gefallen war. Es ist vorgekommen, daß sich dieses Spiel auf der Groner Straße zwanzigmal wiederholte.

Oft wurde Marx von Kollegen gebeten, diese Schrulle doch aufzugeben, aber er erwiderte immer nur: „Warum denn? Wir wollen abwarten, wer es länger aushält, ich oder die Studenten. Nach einer Weile legt sich das. Wartet nur ab?" Leider legte sich nichts, im Gegenteil, es machte den Studenten Spaß, den sonst so gefürchteten Professor nach allen Seiten danken zu sehen. Wenn die alten Semester gingen, setzten ihre Nachfolger das Spiel fort.

Der Geheimrat sagte aber ganz vergnügt zu seiner Haushälterin: „Ein Gutes hat die Sache ja. Ich werde immer daran erinnert, daß ich meinen Hut nicht liegenlassen darf. Außerdem kann ich das Geld einem Armen schenken oder in den Klingelbeutel stecken. So betrachtet, ist meine Art des Spazierganges doch recht einträglich."

In Hillmers „chuter Stube"

In Weende gab es die beliebte Gaststätte des Ökonomen und Wirtes Hillmer, dessen einfache aber schmackhafte Gerichte sich der größten Beliebtheit erfreuten. Seine Schlachteschüssel oder seine Bratkartoffeln mit Hausmachersülze waren in Studentenkreisen höchst beliebt. Zwischen 1871 und 1885, als es sehr viele arme Studenten gab, waren Sonntagsausflüge nach Hillmer deshalb für alle schmale Geldbeutel eine gebieterische Notwendigkeit, wenn man einmal gut und billig essen wollte.

Verregnete ein größerer Spaziergang, war Hillmers Haus das angestrebte Ziel. Dort konnte es dann sehr eng werden, aber der alte Wirt ermunterte freundlich: „Ümmer nur rin, ümmer rin. Bier un' Mettwurst ßinn raachlich da. Ümmer rin, cheduldije Schafe chehen viele in aanen Stall."

Seine Gastwirtschaft hatte zwei Zimmer, im vorderen hielten sich die Knechte, Kutscher, Diener und ähnliche einfache Leute auf, die hier ihr Bier zum Butterbrot verzehrten. Die Studenten gingen in die große Gaststube, in deren Ecke der Lehnstuhl des alten Hillmer stand, von dem aus er alles beobachtete. Dort saß er mit seinem Käppchen auf dem Kopf und der langen Pfeife im Mund, die ihm ein Student überlassen hatte, der seine Zechschulden nicht bezahlen konnte. Ohne sie war Hillmer selten zu sehen.

Bei ihm herrschte der strenge Brauch, daß sämtliche leeren Flaschen auf dem Tisch zu stehen hatten. War keine Fläche mehr verfügbar, mußten sich die Studenten auf den Boden setzen und die geleerten „Butelljen" auf die Stühle verfrachten. Wenn diese voll waren, waren es die Musensöhne auch. Hillmer machte dann seine Rechnung, erleichterte solange die Portemonnaies, bis seine Forderung beglichen war, steckte irgendeinem die quittierte Rechnung in die Tasche und ließ die ganze Gesellschaft heimfahren. Dem Kutscher befahl er dann: „Läje se immer aufen Bauch mit de Köppe nach außen, damit se sich nich ßo vollko . . ., wenn se ma müssen." Das war Dienst am Kunden in Alt-Weende.

Hatte Hillmer bei schlechtem Wetter sehr viele Gäste, ließ er die „chute Stube" aufschließen, die man auf dem Lande nur an hohen Feststagen betrat. Es war also ein sehr großes Entgegenkommen, wenn er sie bei Regenwetter öffnete, wo doch unausbleiblich Schmutz hineingetragen werden mußte. Selbstverständlich durften nur besonders gern gesehene Gäste diesen Raum betreten.

Die Studenten blieben in ihrem Kneipzimmer, während die Göttinger Honoratiorenfamilien in der guten Stube Platz nahmen.

So war es auch an einem Regentage des Jahres 1880. Zahlreiche Sonntagsausflügler waren von einem Unwetter überrascht worden und hatten bei Hillmer Unterschlupf gefunden. Die zuerst angekommenen Studenten saßen bereits beim Bier und wurden recht bald wieder vergnügt, denn auf der Haut schadete ja das Wasser nicht, nur von innen war es unerträglich.

Die Stimmung stieg wieder, als ein Göttinger Bankier mit drei jungen Damen erschien, die unter einem riesigen Familienschirm dem Regenguß recht gut getrotzt hatten. Der alte Hillmer schloß sofort die gute Stube auf: „Kaffee und Kuchen, Herr Kommerzjenrat?“ „Ja, und recht heiß.“ „Soll cheschehn!“

Dann drehte sich der Alte zu seinen jungen Gästen um. „Nanu, da kucke doch ma’ aaner her. Ich ßehe aanije waaße Nasenspitzen, steht am Ende jemand baam Herrn Kommerzjenrat inne Kraade?“ „Wir, ach du lieber Himmel, Papa Hillmer. Bei einem Kommerzienrat haben wir nichts zu

Gastwirt Hillmer (Zeichnung von E. Honig)

erwarten. Da müssen wir woanders hin!" „Un' die Raachen unter Euch?" „Reiche Studenten, wenns welche gibt, machen zum Semesteranfang in der Bank ihren Wechsel zu Geld und lassen sich dann bis zum nächsten nicht mehr dort blicken." „Jaja, ßum Sparen haben de Stedenten char kaane Zaat!" „Nein, denn wenn wir es täten, dürften wir ja nicht bei Hillmer sitzen." „Auch wieder richtich, lassen wirs dabaa!" gab der Wirt zu und schlurfte davon, um den Auftrag des Bankiers auszuführen.

Inzwischen hatten die drei Mädchen auf dem Sofa der guten Stube Platz genommen und ließen sich von ihrem Onkel erklären, was die bunten Mützen der Studenten zu bedeuten hätten, denn sie weilten zum ersten Male in Göttingen und fanden die alte Musenstadt „rasend interessant" und „himmlisch", wie damals die Modeworte lauteten, mit denen man ausdrückte, daß etwas gut gefiel. Das Stimmengewirr in der Gaststube schwoll an. „Jetzt gibt's frischgefüllte Seidel", lächelte der Bankier und erklärte den jungen Damen einige Kneipausdrücke.

„Kommen die Studenten auch zu Dir?" fragte die blonde Margarete. „Etliche lösen bei mir ihren Semesterwechsel ein. Ausländische kommen auch mal, um Goldmünzen ihrer Heimatwährung umzutauschen. Aber sonst habe ich wenig mit ihnen zu tun." Die schwarze Sophie schien das zu bedauern. „So hast Du mit der Universität also nichts zu tun?" „Indirekt schon. Viele Professoren sind Kunden meiner Bank und lassen sich von mir beraten." „Naja, die", dehnte die braune Marie, der die jungen Musensöhne sichtlich interessanter waren als die würdigen Gelehrten.

Draußen ertönten einige Kommandos. „Was bedeutet denn das?" fragte Sophie. Der Bankier brauchte einige Augenblicke, um von den Eisenbahnpapieren, die er einigen Professoren verkauft hatte, zurückzufinden. Er lauschte: „Ach, das sind die Vorbereitungen zum Salamander!" „Wozu?" ertönten drei Rufe. „Die Studenten reiben mit ihren Seideln auf dem Tisch einen Salamander. Entschuldigt mich einen Augenblick, ich will nach dem Kaffee sehen."

Kaum war er draußen, als die drei Mädchen losbrachen. „Pfui, das hätte ich nicht geglaubt. Die Jungen machten ein so fröhliches Gesicht", rief Marie. „Und einen Salamander mit Biergläsern zerreiben! Wie kann man nur so grausam sein!" entrüstete sich Sophie. „Ich mag zwar Salamander nicht leiden, aber was zu weit geht, geht zu weit!" schloß sich Margarete an. „Wißt ihr was, wir zeigen ihnen unsere Verachtung."

Das blonde Köpfchen fuhr mit dem schwarzen und dem braunen zusammen, es wurde hin- und hergewispert und dann schritt man zur Tür, durch die das Getöse des Salamanders dumpf zu hören war. Als es einen Augenblick verstummte, weil ein neues Kommando ertönen mußte, flog sie auf, dreistimmig erscholl ein kräftiges „Tierquäler! Tierquäler! Tierquäler!" und krachend flog die Tür ins Schloß. „So, jetzt kennen die Burschen unsere Meinung", sagte Sophie befriedigt.

Die Musensöhne sahen sich verdutzt an. Wodurch hatten sie nur den Zorn der jungen Damen herausgefordert. „Hat einer von Euch in Gegenwart der Mädchen ein Tier gequält?" fragte der Präside. Allgemeine entrüstete Ablehnung. „Aber sie müssen doch einen Grund gehabt haben." „Uns völlig unbegreiflich!" „Ich sehe sie zum ersten Male!" ertönte es von allen Seiten. „Na, dann frage ich mal, das können wir ja nicht auf uns sitzen lassen", entschied der Präside.

Als er an die Tür der guten Stube klopfen wollte, wurde sie von dem Bankier geöffnet, dem die Mädchen gerade ihre energische Tat berichtet hatten. Lachend klärte er das Mißverständnis auf und bat um Verzeihung für seine Nichten, die nicht ahnen konnten, was ein Salamander ist. Die Studenten fielen in sein Lachen ein. Auf diese Lösung des Rätsels waren sie nicht gefaßt gewesen.

Der Kommerzienrat lud die Musensöhne zu einigen Versöhnungsschoppen ein, was dankend angenommen wurde. Die Mädchen überwanden schnell ihre Verlegenheit und so wurde es ein sehr vergnügter Nachmittag. Selbstverständlich ließen es sich die Studenten nicht nehmen, zu Ehren des edlen Spenders einen Salamander zu reiben.

Die Breite Straße in Weende um 1910

Nächtliche Ruhestörung

„Nachts is' es in Chöttingen wunderbar ruhich, wenn nich chrade de Stedentens Krach machen", verkündete der Scharwächter Müller den Fremden, die nach einem ruhigen Quartier suchten. Es ist freilich staunenswert, was die Musensöhne in dem ruhigen Göttingen alles anstellten. Die Bürger wären bestimmt nicht auf diese Dinge auch nur im Traum gekommen.

Besonders geschätzt waren nächtliche Ständchen. Diese gab es in mehreren Abstufungen. An erster Stelle standen gut vorgetragene Studentenlieder. Ein solches Ständchen zu bekommen, galt als Ehre. War es mit Soldaten- und Wanderliedern vermischt mehr laut als schön vorgetragen worden, wurde diese Darbietung durchaus noch freundlich aufgenommen. Eine humorvolle Antwort veranlaßte die Studenten stets, sich mit einem gut vorgetragenen Liede zu verabschieden.

Konnte der Beehrte keinen Spaß vertragen, so mußte er damit rechnen, mit einer Katzenmusik geärgert zu werden, die unter Umständen mehrmals wiederholt wurde. Aber auch hier gab es verschiedene Abstufungen. Die mildeste Form war das Absingen von Liedern in völlig falscher Tonart, was die zahlreichen mitgebrachten Hunde zu einem fürcherlichen Jaulkonzert veranlaßte. Schlimmer war es, wenn Topfdeckel und alte Gießkannen in dem Konzert mitwirkten, denn dies galt als höchste Stufe der Verachtung.

Auf Ständchen mußte jeder Bürger gefaßt sein, der den Musensöhnen im freundlichen oder bösen Sinne aufgefallen war. Der Gastwirt „Fritze" Bettmann war stolz darauf, daß er an jedem Geburtstag eins bekam, wobei er als „edler Freund und Gönner" angesprochen wurde und eine Zugabe wünschen durfte. Manchmal spielten ihm die Studenten dann beim Fackelschein die Szene in Auerbachs Keller aus Goethes „Faust" auf der Weender Straße vor, die dann beim flackernden Flammenschein wirklich etwas Gespenstisches bekam. Bettmann lud dann gern die Mitwirkenden zum „nächtlichen Morgenschoppen" ein, bei dem sie sich dann, getreu ihrer Rolle, wirklich so kannibalisch wohl fühlten, als wie fünfhundert Säue.

Ärgerlich wurde freilich der Kronenwirt, als sein nachbarlicher Konkurrent Bremer auch einmal ein Ständchen bekam. Als Zugabe wurde ein Weinlied gewünscht. Nachdem dieses gesungen war, erfolgte eine Einla-

Professor Henle
(Zeichnung von E. Honig)

dung zur Weinprobe. Bettmanns höhnischer Zwischenruf: „Essigprobe!" ging völlig in der jubelnden Zustimmung unter. Da die Sänger sehr lange probten, muß der Wein gut gewesen sein, wie der Kronenwirt ärgerlich feststellte. Zwar nahm er sich vor, den Studenten nicht mehr zu borgen, wurde diesem Schwur aber sehr bald untreu.

Ganz das Gegenteil der beiden verfeindeten Wirte war um 1870 der Professor der Medizin Henle, der keinerlei Spaß verstand und sofort nach den Scharwächtern rief. Dies hatte aber nur die Wirkung, daß er sehr häufig Katzenmusiken bekam, was ihn wiederum noch unleidlicher machte.

Henle galt überhaupt als grob, aber dennoch nannten ihn die Studenten „Jaköble", wie man in Süddeutschland seinen Vornamen ausspricht, was ihn furchtbar erboste, wenn es ihm zu Ohren kam.

Eines Tages wurde ihm hinterbracht, daß die Mediziner wieder einmal beabsichtigten, ihm eine Katzenmusik zu bringen. Henle ließ nun den alten Scharwächter Müller holen, der mit einigen Wurstbroten versorgt auf das Erscheinen der Sänger wartete.

Kurz nach Mitternacht ertönte ein Höllenradau. Zum Erstaunen der Studenten öffnete sich Sekunden später die Haustür und der Professor trat mit dem Scharwächter heraus. „Aufhören! Sofort aufhören!" riefen beide.

Eine tiefe Stille trat ein. „Ich fordere Sie auf, sofort auseinanderzugehen, widrigenfalls ich die Polizei einsetzen werde." Einige Augenblicke später schwoll der Lärm zum Orkan an. Dann schwieg man und war gespannt, was nun kommen sollte.

„Diese nächtliche Ruhestörung lasse ich mir nicht bieten!" rief der Professor wütend. „Müller, ziehen Sie den Säbel und hauen Sie dazwischen, wenn man nicht sofort auseinandergeht!" Zum Glück für den erregten Gelehrten war der Scharwächter ein höchst besonnener und dabei pfiffiger Mann, dem es gar nicht einfiel, von seiner Waffe Gebrauch zu machen.

„Zu Befehl, Herr Professor, ich will se schon kriejen! Ausanander oder ich werd' unchemütlich." „Hussa, das muß gefeiert werden, wenn Papa Müller ungemütlich wird. Einjährig-Freiwillige nach vorn, gleich fließt Blut in Strömen!" „Jungens, ich werd' böse!" „Jetzt geht's los, Köpfe weg!" „Ich zieh blank!"

Müller griff zu seinem Säbel und zog und zog aus Leibeskräften. „Ei, verdammt nochma', ich kriech doch den Säbel nich' aus de Schaade. Der muß festcherostet ßaan. Nu leuchte mich doch ma' aan bißchen, Bengel!" fuhr er einen Fackelträger an.

Gehorsam hielt der Student die qualmende Leuchte schräg. Müller erwärmte ein wenig die Scheide, aber der Säbel fuhr nicht heraus. „Na, nu kommt schon, Jungens, helft mal ziehn." Mit Donnerhallo packten die Studenten zu, die selbstverständlich sofort gemerkt hatten, daß der Schar-

Stadtkämmerer W. Neise
(Zeichnung von Neise)

wächter schauspielerte. Aber sie mühten sich umsonst, obwohl mindestens zehn Arme die Scheide gepackt hatten. Ein weiteres halbes Dutzend umschlangen Müller und unterstützten so seinen Versuch den Säbel zu ziehen. Aber ungeachtet aller anfeuernden Rufe der Umstehenden, die sich köstlich amüsierten, gelang es nicht. Der Säbel saß fest.

Der Jubel schwoll wirklich zum ruhestörenden Lärm an, als ein Student rief: „Es geht doch nicht, laßt doch endlich. Müller muß uns mit der Faust erschlagen!" Aber Henle war längst in seinem Hause verschwunden. Lachend entfernten sich die Studenten, blieben aber an der nächsten Ecke stehen, um für den braven Scharwächter zu sammeln, der wohl nie im Leben ein so reiches Trinkgeld bekam, wie in jener Nacht.

Völlig zwecklos verlief der Versuch, dem alten Senator Eberwein eine Katzenmusik zu bringen, weil er, nur von seinem Diener „Ludchen" Hampe unterstützt, den ganzen „Ratskeller" von Studenten leergeprügelt hatte. Der fast taube Kommunalpolitiker hörte nichts und sein Ludchen merkte sich hinter einer Gardine genau, wer mitgewirkt hatte, um diese bei nächster Gelegenheit zu verdreschen.

Als „Ersatzmann" kam jetzt der Stadtkämmerer Neise an die Reihe, der den Studenten nie etwas getan hatte, aber für Eberwein büßen sollte. Leider war es den Musensöhnen völlig unbekannt, daß der Kämmerer unerhört zielsicher werfen konnte. Einige Tage früher hatte Neise eine mehrere Jahre alte steinharte Mettwurst im Winkel seiner Räucherkammer entdeckt, die er schnell in einige handliche Stücke schnitt und unter die Studenten warf.

Nicht eins der seltsamen Geschosse verfehlte das Ziel. Die am Kopf getroffenen stürzten fast besinnungslos aufs Pflaster, andere krümmten sich vor Schmerzen. Im Nu war die Straße leer.

In einer Gastwirtschaft wurden die riesigen Beulen gekühlt und verbunden. „Mir brummt vielleicht der Schädel! Behandelt man so künftige Steuerzahler?" „Das muß in die Zeitung!" „Bewahre, damit alles über uns lacht!" so schwirrte es durcheinander. „Das ärgerlichste ist doch, das wir bei der nächtlichen Ruhestörung nicht alle Wurstenden aufsammeln konnten. Die hätten noch etliche Frühstücke gegeben! Bei dem singen wir nur noch am Tage!"

Der schlagfertige Pfarrer

Zu Anfang der dreißiger Jahre des vorigen Jahrhunderts war das kirchliche Leben in Göttingen sehr still. Als aber Superintendent Seidel den Dienst antrat, änderte sich das sehr bald. Der noch junge und immer fröhliche Pfarrer brachte ein neues Leben in die Gemeinde. Die Albanikirche wurde sehr bald allsonntäglich auch von zahlreichen Studenten besucht und nicht nur von Theologen.

Seidel predigte sehr bildhaft und leicht verständlich, nahm aber auch kein Blatt vor den Mund. In Diskussionen stellte er jederzeit seinen Mann. Daß ihm, wie man so sagt, die Sprache wegblieb, soll in seiner Laufbahn nur einmal passiert sein. Da hielt er einen Vortrag über die Baugeschichte der Göttinger Kirchen und sprach dabei auch von der massiven Albanikirche. In der Diskussion meldete sich der Seilermeister Lehmann und sagte vorwurfsvoll: „Nänä, aan Pastor darf aber nie schwindeln. Szie reden immer vonne massive Albanikirche un' dabaa is' die man bloß von lauter Staane, von wäjen massiv." Da soll Seidel sprachlos gewesen sein.

Mit Studenten diskutierte er sehr gern. Es war ja die Zeit, in der die Mission einen neuen gewaltigen Auftrieb erhielt und in China, Amerika und Südafrika deutsche Missionare ihre entsagungsvolle Arbeit begannen. Seidel nahm ein sehr reges Interesse an jenen Werken und berichtete oft darüber in seinen Predigten. Auch die Studenten wurden von jener Welle ergriffen, was freilich zum Teil andere als religiöse Beweggründe hatte. So war einer der Reiterführer des südamerikanischen Freiheitshelden Simon Bolivar ein ehemaliger Göttinger Student. Ein Privatdozent namens Bialoblotzki ging von Göttingen als Missionar in die Südsee und es bestanden Verbindungen zur Grönland- und Indianermission der Herrenhuter.

Themen gab es also mehr als genug, über die missionsbegeisterte junge Menschen sprechen konnten. Leider mischten sich damals häufig schwarze Schafe unter diese Kreise, deren Einwürfe sehr schnell pariert werden mußten. Da war Seidel, wie seine Gemeinde immer wieder bewundernd feststellte, der rechte Mann. Mit einer kurzen, treffenden, oft heiteren Bemerkung fertigte er die Störenfriede ab.

1839 predigte er sehr häufig über den Ruf zur Heidenmission. Ein Stu-

Superintendent Seidel (Zeichnung von Neise)

dent nahm sich vor, den Superintendenten in einer Diskussion auf dieses Thema anzusprechen. Tatsächlich gelang es ihm leicht, den Pfarrer auf dieses Gebiet zu lenken. Arglos berichtete Seidel, wie einige der bekannten Missionare auf die Idee gekommen waren, gerade ihr Wirkungsfeld aufzusuchen.

„Vielleicht ist das bei mir auch so", meinte der Student. „Ich höre so manches Mal Stimmen aus der Höhe, oder die Bäume rauschen mir etwas zu, ja, selbst die Tiere wollen mir etwas sagen. Ich glaube, das ist auch so ein Ruf, Herr Superintendent."

Seidel sah ihn an. Dann zuckte ein Lächeln um seinen Mund und er klopfte dem Musensohn auf die Schulter: „Nein, mein lieber junger Freund, das ist leider kein Ruf ‚von oben'. Das ist ganz einfach die natürliche Folge Ihrer entsetzlichen Sauferei."

So schnell wie hier ist der Student noch nie gegangen.

„Nur immer diplomatisch"

Zu den am meisten besuchten Lokalen gehörte um 1890 die „Landwehrschenke". Dort wurde manche blutige Mensur ausgefochten, aber man kam auch aus anderen Gründen. Die Schinken- und Mettwurstbrote lockten, das Bier war gut und außerdem gab es eine Kegelbahn, auf der man sich Appetit auf diese Genüsse verschaffen konnte. Da war es kein Wunder, wenn Gastwirt Aschoff kommandierte: „Es haben sich draa Burschenschaften anchemeldet. Flink, Kejelbahn sauber chemacht, alle Saadel chespült un' fünf Faß Bier beraatchestellt. Sorgt für Brot, ich schnaade aanen Schinken auf un' erst ma' aan halbes Dutzend Mettwürste."

„Nicht so viel Brot, das ist gut für die Pferde, macht aber Menschen dick und träge, Mettwurst nährt und Schinken regt den Geist an", lautete die Devise bei den Studentenschnitten, wonach sich Aschoff zu richten hatte. „Schönes heißes Wetter und der Garten voller Studenten", war wohl der Wunsch eines jeden Inhabers der in der näheren Umgebung Göttingens liegenden Ausflugslokale. Ging diese Hoffnung oft in Erfüllung, konnte der Wirt am Ende der Saison sagen, daß es ein gutes Jahr gewesen sei.

Wir können uns heute kaum noch vorstellen, wie berechtigt diese Auffassung der Gastronomen gewesen ist, denn die Akten des Stadtarchivs weisen aus, daß zwischen 1880 und 1900 auf die rund 25 000 Einwohner Göttingens nicht weniger als 160 Gastwirtschaften und Bierverlage kamen. Alkoholfreie Getränke gab es noch sehr wenige. Ihre starke Verbreitung setzte erst im 20. Jahrhundert ein.

Wehe dem Ausflugslokal, das bei den Studenten in Verruf kam! Es ist mehr als einmal vorgekommen, daß der Inhaber es abgeben mußte. Die Studenten waren für die Gastronomen ein äußerst wichtiger Faktor. Diesen höchst nüchternen Hintergrund muß man im Auge behalten, wenn man die Studentenanekdoten verstehen will, die um die Ausflugslokale kreisen.

An einem glutheißen Sonntagnachmittag stand Gastwirt Aschoff im Garten der „Landwehrschänke" und überschlug sein Geschäft. Der Umsatz beim Mittagessen war gut gewesen. Eine Reihe von Bürgerfamilien hatten nach dem morgendlichen Spaziergang gegessen, etliche Kaffeegäste waren auch da, aber der Bierkonsum war noch recht gering gewesen. Tröstlich klang das Rollen der Kegelkugel. Einige Familienväter standen hemdsärmelig auf der Bahn und versuchten ihr Glück im Spiel, „denn inne Liebe ham wer doch nischt mehr ze bestellen", meinte resignierend ein behäbiger Sattlermeister.

Aschoff konnte nur hoffen, daß die Spieler Durst bekommen würden. Nachdem er nochmals die Straße entlang gespäht hatte, ging er seiner Arbeit nach. Dabei kam er langsam ins Schwitzen, denn es wurde glühend heiß. Die meisten Gäste blieben länger als geplant, um die abendliche Kühle abzuwarten. Nur sechs Kegler harrten aus, treulich von Aschoff mit den nötigen Flüssigkeiten versorgt. Gerade stand er wieder am Faß, als Stimmengewirr laut wurde. Der Kellner rief in die Gaststube: „Studenten!" und widmete sich den Gästen, die sich mit den bunten Mützen Kühlung zufächelten und behaupteten, auf der Stelle verdursten zu müssen, wenn man sie nicht sofort mit Bier labe! Wirt und Kellner rannten um die Wette, wobei der Ober halblaut sagte, während er das nächste Dutzend Seidel ergriff: „Aan Chlück, daß die kamen, maane Frau spart doch aufs Büffet." „Erst lauf man, daß de Stedenten was zu trinken kriejen", erwiderte der Wirt. „58 Schinken- und 30 Mettbrote", rief er in die Küche und

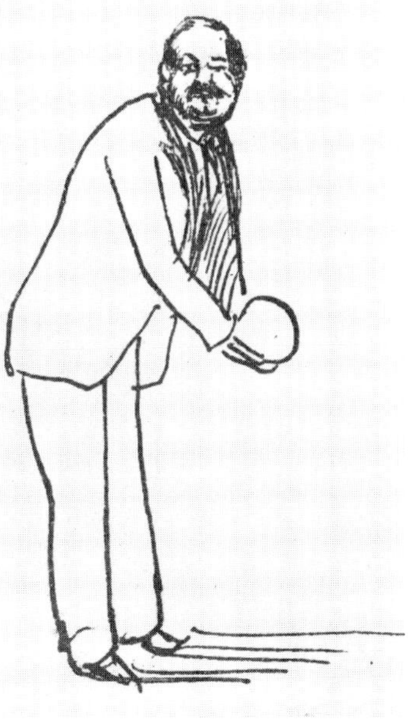

Gastwirt Aschoff

wischte den Schweiß ab. Der Sonntag versprach doch noch schön zu werden.

Nach einer Viertelstunde dachte keiner der Musensöhne mehr ans Sterben, nur Durst hatten sie noch schrecklich, aber dagegen gibt es in der Gastwirtschaft Mittel. Nachdem die Lebensgeister wieder erwacht waren, stiegen einige fröhliche Lieder, aber dann begannen die Sportler wieder auf neue Taten zu sinnen. Still wie die Philister hinter dem Bier sitzen, gelang den jungen Leuten noch nicht. Dazu blieb später Zeit.

Selbstverständlich lenkten sie die Schritte zur Kegelbahn und fanden hier einige Herren vor. Sofort machten die Musensöhne kehrt, denn die strengen Standesunterschiede der damaligen Zeit machten es völlig unmöglich, daß junge Akademiker mit ihnen gänzlich unbekannten „Philistern" zusammen kegelten. Man fühlte sich keineswegs als Sportsfreund unter gleichgesinnten Anhängern der rollenden Kugel.

Die Studenten gingen zu Aschoff, und ein Chargierter fragte: „Können wir nicht für einige Stunden die Kegelbahn bekommen, wenn die Herren ihr Spiel beendet haben?" „Aber selbstverständlich, ich werde de Bahn chlaach fraamachen." „Wir möchten aber auf keinen Fall die Spieler vertreiben. Es genügt uns völlig, wenn wir die Bahn mieten können, wenn sie frei wird." „Ja, ja, ich mache das chanz diplomatisch, kaane Sorje."

Der Wirt ging. Er mußte auf jeden Fall die Bahn haben, denn die Studenten wollte er zufriedenstellen. Es durfte auf keinen Fall das Gerücht aufkommen, daß bei ihm nicht jederzeit die Musensöhne die Kegelbahn bekommen könnten. Das würde sich unter Umständen böse auf sein Geschäft auswirken.

Nach kurzer Zeit kam er wieder und sagte mit pfiffigem Gesicht: "Szo, maane Herren Stedenten, de Käjelbahn steht ßu Ihre Verfüjung." „Aber wieso denn so schnell?" „Sie haben doch hoffentlich nicht die Philister verjagt?" „Das wäre nicht in unserem Sinne!" riefen die Musensöhne durcheinander. „Nä, nä, nä", wehrte der Wirt lächend ab. „Szo cheht es ja nu' nich'. Ich verjage kaanen von de Käjelbahn, denn das ßinn schließlich auch ßehr chern chesehene Chäste. Solche Probleme kann ich nur immer diplomatisch lösen." „Nur immer diplomatisch", staunten die Studenten, „in der kurzen Zeit! Das schafft ja Bismarck nicht mal!"

„Der is' nich' Wirt, der kann sich Zaat lassen", wehrte Aschoff ab, „maane Diplomatie muß schnell un' überßeujend ßaan." „Und wo haben Sie denn so schnell die Argumente her?" fragten die jungen Leute. „Verraten Sie es uns doch bitte, vielleicht können wir davon lernen", schmeichelte ein Fuchs. Er bekam zwar einige mißbilligende Püffe, aber diese Worte waren das rechte Mittel, die Zunge des Wirtes zu lösen.

„Da is' nischt ßu verraten. Ich ching ßur Kejelbahn un' dann war's aus." „Nanu, Sie müssen doch die Herren überzeugt haben." „Habe ich doch auch." „Na, was sagten Sie da zu ihnen?" „Kaan Wort." „Aber das ist doch ganz unmöglich!" riefen die Studenten.

„Immer nur diplomatisch! Ich ching hin un' nahm dem, der chrade dran war, de Kugel wech. Da wußten alle was los war. Sehn Se, maane Herren Stedenten, nu' is' de Bahn fraa."

Die Landwehrschänke im Jahre 1850

Der Akademische Radfahr-Club

1870 erschienen in Göttingen die ersten Fahrräder, die ein ungeheures Aufsehen erregten. Das war zweifellos völlig berechtigt, denn die Ungetüme sahen wirklich gefährlich aus, und wir können nur den Mut und die Geschicklichkeit der Sportler bewundern, die diese ratternden Gefährte, Gummireifen kannte man ja noch nicht, über das Kopfsteinpflaster lenkten. „Natürlich wieder die Stedentens, was die Bengels anstellen, is' Unsinn. Nu fahren se noch auf zwaa Räder rum. Das muß verboten werden, die Kerle fahren uns womöglich noch dot. Wer soll denn da auswaachen?" ärgerten sich die Bürger.

Dabei war auf dem Kopfsteinpflaster ein schnelles Fahren ohnehin völlig unmöglich und wer das Geratter nicht hören konnte, gehörte schleunigst in die Behandlung eines Ohrenarztes.

Aber dennoch zogen ergrimmte Bürger 1871 zu dem gefürchteten Senator Eberwein, der für solche Dinge zuständig war. Der schwerhörige Alte

Rückkehr des Clubs von einer Ausfahrt

ließ sich die Neuigkeit in die Ohren schreien und versprach Abhilfe. Zufällig war er ein großer Freund des Sportes und Ehrenmitglied aller in Göttingen existierenden Turn-, Sport- und Schützenvereine. Die Radsportler hatten von ihm gewiß nichts zu fürchten. Dennoch fällte er die Entscheidung, daß nur der sich mit seinem Rad auf der Straße zeigen dürfe, der es auch sicher beherrsche. Wenn auch der Verkehr damals denkbar gering war und nur aus Pferdefuhrwerken und Handwagen bestand, konnten ungeübte Fahrer dennoch allerlei Unheil anrichten. Da müssen wir dem Senator beipflichten, die Studenten taten es übrigens auch.

Eberwein bestimmte, daß die Radsportler ein Vierteljahr lang nur im Saale oder auf dem Hofe fahren durften, bis sie sich auf den Straßen zeigen konnten. Es entstanden nun einige Radfahr-Clubs, die in dem damals schon stehenden Saal des „Deutschen Gartens" ihre Übungsrunden drehten. Auch ein akademischer Club war darunter. Ein gern gesehener Gast war der Senator Eberwein, der sich meist still in eine Ecke setzte und aufmerksam den Übenden zuschaute.

Nach einigen Wochen sagte er plötzlich: „Szo, nu' will ich mich von Euren Künsten überßeujen. Ich chebe aan klaanes Frühstücke aus. Das eßt Ihr nach maanem Kommando. Aanverstanden?" Lachend erklärten die Studenten sich dazu bereit.

Eberwein ging hinaus und kam mit einem Kellner wieder, der eine Platte mit sehr gut belegten Sülzebroten trug. Sülze war das Lieblingsessen des Senators, der deswegen von seinen Mitbürgern den Beinamen „Szültenschnute" bekommen hatte. Gern spendierte er auch seinen Freunden und Schützlingen eine Portion seiner Leibspeise.

Erwartungsvoll sahen deshalb die Sportler dem Kommunalpolitiker entgegen. Aber der stellte sich mitten in den Saal und kommandierte: „Alles hört auf maan Kommando! Jeder nimmt sich aan Szülzebrot. Szo, hat alles? Chut! An de Räder! Aufchesessen! Da baaßt mich doch aaner schon in ßaan Brot! Bist woll des Deubels, Junge! Erst auf maan Kommando! Szo, maane Herren vom Akademischen Club! Nu zaacht ma' Eure Künste im Radfahren! Strampeln un' chlaachzaatich Szülze essen, ohne das was davon runterfällt, das is' der wahre Chaast der Fahrkunst!"

Ein tosendes Gelächter antwortete: „Dunnerlittchen. Diese wabbelnde Szülze, die schon jetzt auf dem Butterbrot herumschlittert, im Fahren zu essen, ist freilich eine artistische Leistung! Macht Platz den Akrobaten des Zirkus Renz!" „Wer chlitscht un' schlittert wo rum?" fragte der Senator zurück und besah sich das Butterbrot. „Stimmt, da könnte noch viel mehr drauf ßaan. Nänä, hungern ßollt ihr baam Fahren nich!" Gutmütig legte er dem Studenten noch eine zweite Scheibe Sülze auf die angeblich zu kleine.

„Nu Achtung! Aufchesessen! Strampeln! Essen!"

Etwas mühsam setzte sich die Kolonne in Bewegung. Die noch recht ungefügen Räder mußten dirigiert werden und gleichzeitig das Sülzebrot zu balancieren, von dem dauernd der mehr als reichliche Belag zu gleiten drohte, war wirklich nicht so einfach.

Die Kommentare lauteten auch dementsprechend: „Hilfe, ich komm in die Bedrouille! Rad oder Sülze, eins muß ich opfern! Jaja, wenn die Hausmacherart nur nicht so bebbern und wackeln würde! Mensch paß doch auf, Du rammst ja mein Rad! Je mehr im Munde, desto deutlicher die Aussprache! Kaut, Kameraden, fahrt langsam und eßt erst einmal!" „Hast gut reden, die Portion muß erst mal bezwungen sein!" „Was machst Du denn an meinem Hinterrad, spring schnell ab, ach . . .!" (Zwei Räder, zwei Musensöhne und zwei angebissene Sülzebrote bildeten ein sportliches Stilleben!) „Nu zieh Du man erst mal Dein Bein zwischen meinen vor, ich schiebe mein Rad von Deinem Bauch und dann wisch Dir die Sülze aus den Augen. Wo ist denn mein Brot?" „Da sitzt Du drauf!" „Dann gehts ja noch, ich dachte schon, ich wäre hintenherum verletzt, weil es so kühl wurde!" „Erßählt kaane Romane", mahnte Eberwein, „Bahn fraa!" „Brrrr, halt ma', hier wird nich chemogelt, wo is' denn de Szülze?" „Die habe ich leider verloren, Herr Kampfrichter!" „Dann mußte ausschaaden! Un' Du, maan Junge, hast ßoeben das chanze Brot fallen lassen, du kommst chlaach ma' mit."

Die Zahl der Studenten, die den Kampf zwischen Fahrrad, Sülze und Kauwerkzeugen verlorengeben mußten, wuchs schnell an. Schließlich stellte es sich heraus, daß kein einziger die Aufgabe erfüllen konnte.

Eberwein nickte seufzend und sagte: „Naja, da ßieht man mal wieder aane böse Sache! Da behaupten diese jungen Bengels, se wären ihrer Räder chanz sicher! Un' nu' können se nich' mal baas Fahren frühstücken. Bevor ihr das nich' könnt, kommt mich kaaner auf de Straße!" Sprach's und ging.

Die Studenten übten weiter. Wochen- und monatelang. Als der Frühling nahte, aßen sie mit artistischer Geschicklichkeit ihr Sülzebrot während der Fahrt. Einige fuhren sogar am Tisch vorbei und nahmen im Vorbeiradeln ein zweites Brot von der Platte, was der Senator mit beifälligem Kopfnikken quittierte. „Es cheht alles! Man muß bloß üben!"

Im Frühsommer fuhr der Akademische Radfahr-Club stolz über Land. Gut und sicher saß jedes Mitglied im Sattel, die Abstände vom Vorder-

und Hintermann konnten richtig eingehalten werden, kleinen Hindernissen wußte man geschickt auszuweichen.

Bei der ersten Rast lobten alle einstimmig den Senator: „Der schrullige Alte hat uns doch recht gut gedrillt.“ „Aber eins muß man sagen, so originell wie wir hat wohl kein Club das Fahren erlernt. Aber schön wars doch!“ „Und großzügig war der Senator auch. Wir müssen nur mal bedenken, was ihn die vielen Sülzebrote gekostet haben.“ „Wirklich! Ich habe trotz des Trainings zugenommen!“ „Ich ebenfalls.“

Der Akademische Radfahr-Club war bis zum Ersten Weltkrieg eine gern gesehene Erscheinung im Göttinger Straßenbild. Wer dort Mitglied war und mit seinen Gefährten sich die schöne Umgebung Göttingens als Radsportler erschloß, nahm bleibende Erinnerungen für sein ganzes Leben mit.

Teilnahme des Radfahrvereins am Schützenausmarsch um 1875

Der gebratene Student

In der ersten Hälfte des vorigen Jahrhunderts wurde sehr viel gefochten. Die Regierung schritt wiederholt dagegen ein, so daß die Mensuren vor die Göttinger Wälle verlegt werden mußten, weil Scharwächter und Pedelle ihre Tätigkeit auf die innere Stadt beschränkten.

Der „Deutsche Garten" wurde zum beliebtesten Pauklokal. Hier war man derart ungeniert, daß der Wirt es wagen konnte, im Saal Tische aufzustellen, damit seine Gäste während des Essens den Mensuren zusehen konnten. Rinnendes Blut störte absolut nicht den Genuß, die Zeiten der zarten Nerven waren noch nicht gekommen. Allmählich artete dies aber aus und die Studenten hatten nicht die Absicht, ihre Mensuren zu Gladiatorengängen herabzuwürdigen.

Auch die Universitätsbehörden gedachten, diesen Zuständen ein Ende zu machen und stellten zwei ehemalige Jägerunteroffiziere als Pedelle ein, Huch und Gaßmann, die bald gefürchtete Persönlichkeiten waren und als „Mensurenjäger" der Schrecken der Studenten wurden. Beide arbeiteten gern zusammen. Wenn der eine auf eine Gastwirtschaft zueilte, in der angeblich gefochten werden sollte, legte sich der andere in den Hinterhalt. Selbstverständlich warnten die ausgestellten Wachen die Musensöhne, die nun in hellen Haufen zur Hintertür hinauseilten und dort dem zweiten Pedell, der sich herangeschlichen hatte, in die Arme liefen. Dann hieß es den Weg zum Karzer antreten, da half kein Flehen und Betteln.

Für gewöhnlich antworteten die Pedelle nur: „Die jungen Herren wissen nich, wie chut se's haben. Szie kommen nu in den schönen kühlen Karzer un' ruhen sich von dem Spazierchang baa aanem erquickenden Schläfchen aus, essen dann aan faanes Mittachbrot und dann hauen se sich wieder aufs Ohr, un wir? Wir rennen durch die Bullenhitze und müssen de nächsten Stedentens fängen." Eifrig versicherten die Musensöhne, sie wüßten durchaus, wie hart der Dienst der nach ihrer Meinung viel zu knapp bezahlten Pedelle sei, ob sie ihnen nicht eine kleine Erfrischung anbieten dürften, etwa ein Bier und eine Bratwurst?

Immer wieder gab es junge Semester, die glaubten, gewonnenes Spiel zu haben, wenn die beiden Pedelle solche Einladung annahmen. Huch und Gaßmann ließen sich Bier und Wurst schmecken, bedankten sich höflich,

Pedell Gaßmann
(Zeichnung von E. Honig)

indem sie an ihren Mützen rückten und dann meinte einer von ihnen: „Das war mal aan Chenuß!" „Die müden Chaaster ßinn erwacht", echote der andere. „Wir ßinn erfrischt", freute sich der erste. „Nu können wer wedder laachten Herzens hart ßaan, also ab in den Karzer!" schloß der zweite.

Bestechlich waren also beide nicht, jedes Glas Bier war umsonst gespendet. Es gab kein Mittel, sie zu erweichen, auch die teilnehmendste Frage nach dem Befinden der werten Angehörigen verlockte sie nicht zur Milde.

Einmal schien es freilich so, als zeige sich ein Hoffnungsschimmer am dunklen Horizont. Huch und Gaßmann hatten in der Landwehrschänke zehn Studenten abgefaßt und wanderten mit ihnen nach Göttingen. Die Pedelle machten ausgesprochen fröhliche Gesichter, pfiffen vergnügt vor sich hin und meinten freundlich: „Na, maane Herren, nu mal haatere Chesichter, die paar Monate Festung wäjen de Mensur ßinn schnell abcherissen", tröstete Huch. „Un da kommen Se auch in Ruhe ßum Studieren. Ich habe ma als Soldat Stedenten bewacht. Die saßen morjens und nachmittags über den Büchern, und abens durften se ßum Spazierjang raus. Staanekarren brauchen Se nich'", stimmte Gaßmann zu.

„Ich freu mich ja so sehr", fing Huch wieder an. „Und ich erst", lachte Gaßmann, „naan, ßo aan Chlücke aber auch, die Stedenten ßinn doch ßu was chut." „Ach ja, wenn wer die nich' hätten", erwiderte sein Kollege und zählte liebevoll zum -zigsten Male die Häupter der stumm und ärgerlich dahintrottenden Studenten. „Zähne, alles da", meldete er fröhlich. „Ich höre es förmlich klingeln", freute sich Gaßmann, „zähne chlaach baam ersten Male."

Die Studenten wurden aufmerksam. „Was meinen Sie denn immer mit der Zahl zehn?" erkundigten sie sich. „Chanz aanfach", verriet Huch, „der Herr Rektor magnificus (er grüßte achtungsvoll militärisch) is' ßo ärjerlich auf de Mensurstedenten, daß er uns for jeden Abcheklappten (mundartlich = Abgefaßten) aanen Daler Prämie chibt. Un chlaach baam ersten Male fängen wir zähne, for jeden fünf blanke Daler Courant, wenn das nich' schön is', dann waaß ich nich'!" Die Studenten warfen ihm einen bitterbösen Blick zu. „Dafür würden wir keine Studenten jagen, das ist außerdem viel zu wenig, so furchtbar gering sind wir ja nun nicht einzuschätzen. Wir werden uns beim Rektor beschweren und verlangen, daß die Prämie auf zehn Taler erhöht wird." „Das wäre ßu nett", bedankte sich Gaßmann, „ich sach ja immer, de Stedenten ßinn doch ßu was chut."

Zum großen Kummer der beiden Pedelle wurden die Fangprämien aber nicht erhöht. Sie mußten also weiter die Beine rühren, wenn sie den Taler verdienen wollten. Dabei kam es zu dem berühmtesten Streich, den Huch in seiner Laufbahn ausgeführt hat. Er hat nämlich im „Deutschen Garten" einen Studenten gebraten. Einer der besten Fechter Göttingens war den Pedellen immer wieder entwischt, der stud. jur. Vogel. „Dieser draamal verdammte Vogel muß fliejen können", meinte einmal grimmig Gaßmann. „Der Kerl muß im ‚Deutschen Charten' aan chanz vortreffliches Versteck haben", erwiderte der bedächtige Huch. „Das müssen wir finden, dann kriejen wir ihn."

Bei der nächsten Razzia verkleideten sich beide Pedelle. Der stämmige Huch lenkte als Bierkutscher sein Gespann auf den Hof, während vorn Gaßmann als Briefträger das Lokal betrat. Im Nu war er im Saal, während ein gellender Pfiff Huch benachrichtigte, daß Vogel unter den Fechtern war. Drei Studenten ergaben sich dem herbeieilenden Gaßmann, während Huch hinter Vogel herlief, der versucht hatte, über den Hof zu eilen, den Garten zu erreichen und über den Zaun zu klettern. Huch jagte ihn ins Haus zurück, den Weg zum Vorderausgang versperrte Gaßmann, ins Obergeschoß kam er nicht mehr, doch plötzlich war er weg! Wo war Vogel geblieben? Huch überlegte kurz, es blieb eigentlich nur ein Weg übrig, der in die Küche! Also ihm nach!!

Koch und Küchenmädchen waren sichtlich verlegen, als der Pedell hereinstürzte: „Habt ihr ihne Vogel verstecket, raus mit ihm!" sprudelte er hervor. „Szieh Dich doch in Ruhe um", erwiderte der Koch und öffnete ihm alle Schränke. Huch schaute in jeden Winkel. Dabei fiel es ihm auf, daß die Küchenmädchen sich sichtlich bemühten, ihn vom Herde entfernt zu halten. Zwischen dem großen Herd und der Wand befand sich ein freier Raum, der für gewöhnlich zur Trocknung des nassen Holzes diente, denn um 1860 wurde nur mit Holz geheizt.

Huch blickte unauffällig zur Nische und sah einen bunten Fleck, der wohl nur von einer Studentenmütze herrühren konnte. „Nischt chefunden", sagte er enttäuscht. „Nu kann ich wieder waaterlaufen, aber erst trinke ich mal was." „Gern, setz Dich man hier annen Tisch, ich laß aan schönes Bier vom Faß holen", sagte freundlich der Koch. „Nä, kaltes Bier baa die Temperatur, wir haben draußen fast draaßich Chrad im Schatten, aane rechte Julihitze, da nähme ich lieber Warmbier. Nu haazt man tüchtich aan."

Pedell Huch
(Zeichnung von E. Honig)

Verlegen sahen sich die Küchenmädchen an. Der Koch zuckte die Achseln, wie durfte er sich weigern? Er setzte ein Töpfchen mit Bier ans Feuer, auf dem ganz langsam das Fleisch für den Mittagstisch anbriet. „Nu man nich ßo wenich", begutachtete Huch, „nimm aanen ordentlichen Topp un' dann rin in den Herd, was er an Holz fassen kann." Höchst ungern vollzog man seine Anweisung.

„Noch mehr Holz, das muß nur so bullern." „Aber das Bier brodelt ja man bloß so", wandte eine Küchenhilfe ein. „Macht nischt, noch mehr Holz raan, das Bier muß außem Toppe hüppen!" befahl Huch. „Noch mehr Holz!" Eine Gluthitze verbreitete sich in der Küche. Vor Huch setzte ein Mädchen einen Tonkrug nieder, aus dem es dampfend aufstieg. „Wohl bekomm's", wünschte sie. „Könnte haaßer ßaan", maulte der Pedell, obwohl ihm das glühende Getränk die Zunge verbrannte. „Noch mehr Holz ins Feuer!"

Da regte es sich hinter dem Herde. Der Student sprang hervor. „Das halte der Deubel aus. Ich werde ja gebraten," Schleunigst hockte er sich auf einen Wassertrog, um seinen Allerwertesten zu kühlen. „Da liege ich gekrümmt mit dem Rücken gegen den Herd und es wird heißer und immer heißer, ich zerfließe fast vor Schweiß und Huch läßt ununterbrochen einheizen. Ich mußte raus, ich habe keinen trockenen Faden mehr am Leibe." „Trinken Se nur das Warmbier, das hilf chejen Erkältungen", bot Huch an. Vogel nahm mit Dank das Bier an und seufzte: „Das habe ich wirklich im Schweiße des Angesichtes verdient. Aber das sage ich Euch, in das Loch kriegen mich keine zehn Pferde mehr."

Widerspruchslos ließ er sich in den Karzer abführen.

Etwa zwanzig Jahre später klopfte ein fein gekleideter Herr dem alten Huch auf die Schulter: „Na, wie geht es Ihnen, immer noch auf Mensurenjagd?" „Mit wem habe ich denn das Verchnüjen un' de Ehre, Herr je, das is' ja er Vogel!" „Sehr richtig, mein lieber Huch. Oberstaatsanwalt Dr. jur. Vogel. Und nun gehen wir beide erst mal schön essen und erzählen von den alten Zeiten, Sie, Sie Studentenbrater!"

Der lebende Wecker

Um 1840 hatten Göttinger Studenten eine heitere Gewohnheit, sich pünktlich zur frühen Morgenstunde wecken zu lassen. Weckeruhren waren bereits erfunden, aber kaum im Gebrauch. In Göttingen wurden auch keine benötigt, wozu gab es denn Nachtwächter? Der Student band einen langen Bindfaden an seinen Fuß, ließ die Schnur zum Fenster hinaushängen und konnte sicher sein, daß der Wächter pünktlich zur gewünschten Stunde kam und mehrmals kräftig am Faden zog, bis ihn ein kräftiges „Jaa" belehrte, daß der Musensohn erwacht war. Am folgenden Abend kassierte der Nachtwächter sein kleines Trinkgeld, für gewöhnlich einen halben Groschen, ein.

Hierbei hat sich manche heitere Szene ereignet. Der Philologe Bressel, der aber gewohnt war, auf den Namen Kanapee zu hören, weil er mehrfach erklärt hatte, dieses Möbel sei die genialste Erfindung der letzten tausend Jahre, war ein schlanker leichter Jüngling, der aber mit einem erstaunlich festen Schlaf gesegnet war. „Bei mir müssen Sie aber wirklich mit aller Kraft ziehen, ich wache sonst nicht auf", bat er den seiner Bärenkräfte wegen bekannten Nachtwächter Fischer. Der nickte nur: „Wenn ich Szie nich wach krieje, dann chäbe ich Szie 'nen chanzen Chroschen, Herr Stedente."

Am nächsten Morgen kam Fischer Punkt vier Uhr in die Neustadt und blies die Stunde aus. Dann ging er zu dem kleinen Häuschen, in dessen Oberstube Kanapee wohnte. Dieser hatte sich gründlich vorbereitet. Nach seiner lieben Gewohnheit schlief er nachts auf dem Möbel, daß ihm seinen Spitznamen gegeben hatte. Nach Biedermeiersitte war es mit Wachstuch bezogen, das mit weißen Nägeln angeheftet war. Ein kräftiger Strick umschlang seinen rechten Fuß und hing durch das geöffnete Fenster fast bis zum Bürgersteig nieder. Obendrein stand die Schlafstätte in Fensternähe. Der Ruck mußte also zu spüren sein.

Fischer lehnte den Spieß an die Wand, spuckte in die Hände und zog kräftig an dem Strick. Oben rührte sich nichts. Jetzt zog er noch stärker. Immer noch kein Lebenszeichen. „Dunnerlittchen, hat der Kerl aanen Schlaf. Aber wach krieje ich ihn", brummte der Nachtwächter. Noch einmal spuckte er gründlich in die Hände, lehnte sich mit dem Rücken gegen die Hauswand, schwang den Strick über die Schulter und beugte sich langsam vor, um den starken Zug noch zu steigern.

Das Schnarchkonzert verstummte. Fischer krümmte sich zusammen, aber der Student schien immer noch nicht wach zu sein, denn er rief noch nichts. Da ertönte ein gellender Schrei, es fiel etwas auf den Nachtwächter und riß ihn zu Boden. Als er sich aufgerappelt hatte, sah er die Bescherung: Er hatte den fest schlafenden Studenten von seinem Kanapee, dessen Wachstuchdecke die Rutschpartie nur noch beschleunigte, heruntergezogen und da das Möbel in gleicher Höhe mit der Fensterbrüstung war, aus dem Fenster gerissen!! Der Musensohn konnte von Glück sagen, daß er auf Fischers breiten Rücken und nicht auf das Straßenpflaster gefallen war.

Der Nachtwächter verlor aber die Ruhe nicht. Er half dem immer noch etwas schlaftrunkenen Kanapee auf die Beine und klopfte ihm auf die Schulter: „Na, heute ßinn Se aber chanz bestimmt wach cheworden!" „Das kann man wohl behaupten", versetzte er und sah zu, daß er wieder ins Haus kam, denn die Luftreise im Nachthemd war doch recht kühl gewesen.

Am selben Tage, als der Professor in seiner Vorlesung auf den Fenstersturz von Prag 1618 zu sprechen kam, wandten sich unwillkürlich alle Blicke Kanapee zu.

Barthold von Quistorp beim Naturzeichnen (Zeichnung von Neise)

Ein künstlerisch begabter Student hat Kanapee gerächt. Barthold v. Quistorp war sein Name. Auch dieser ließ sich öfter von Fischer wecken, um die ersten Morgenstunden zum Naturzeichnen zu benutzen. Eines Tages bat er darum, recht kräftig geweckt zu werden, weil er am Abend vorher in einer Gesellschaft noch Wein trinken müsse, nach dem er immer so tief schliefe. Fischer meinte grinsend: „Binden Szie sich bloß im Bette feste, sonst raaße ich Szie außen Fenster wie ihne Kanapee."

Quistorp modellierte ein Bein und band die Schnur am Bettpfosten fest. Zum Glück hatte er einen sehr leisen Schlaf und hörte den Nachtwächter kommen. Schnell traf er seine Vorbereitungen. Während Fischer aus Leibeskräften am Bindfaden zog, goß Quistorp auf das Modellbein Himbeersaft, band es an die Schnur und schnitt diese durch. Das Bein flog durchs Fenster, während der Wächter niederstürzte, als das Gegengewicht des Bettpfostens seinem Zug keinen Widerstand mehr leistete.

Diesesmal war das Erschrecken auf Seiten des Weckenden groß. „Du lieber Himmel, jetzt habe ich ihne Quistorp aan Baan auscherissen." Kurz darauf tönte es aber schon: „Das is' ja aan Baan aus Lumpen. Nänä, ßo aan Szejeläär (mundartlich für Heimtücker). Mit de Stedenten is' doch immer was los. Was mach ich nu'? Die Lumpen werde ich verkaufen, das chipt noch aan paar Fennje Trinkcheld. Ach ja, Stedentens wecken, is' aan hartes Brot."

Blick in die Neustadt um 1900

Verkanntes Genie

Was wäre eine Universitätsstadt ohne ihre verkannten Genies? Neben die vielen fleißigen Studenten gehören diese Ausnahmen, die freilich im vorigen Jahrhundert dichter gesät waren als heute. Nur eine geruhsame Zeit mit festen gesellschaftlichen Standesunterschieden kann solche Originale formen.

Ein Wahrzeichen Göttingens wurde der Dichter Krebs. Böse Zungen behaupteten ja, er hieße Fritze, er selbst nannte sich Balduin, ein herrlicher Name, der poetisch auf der Zunge zerging, wie er behauptete.

Balduin war ein Schüler der Brüder Grimm gewesen, wurde nur leider nicht so berühmt wie sie, weil er sich nicht entschließen konnte, seine Studien zu beenden. Gedichtet hatte er bereits als junger Student. Die bereits genannten bösen Zungen erkühnten sich sogar, ihm die Schuld am Tode Goethes in die Schuhe zu schieben, der vor Schreck auf sein Krankenlager geworfen worden sei, nachdem er ein Gedicht des Kollegen Krebs gelesen habe.

Einige der Werke unseres Universitätsdichters sind erhalten geblieben, denn ein ungeschickter Poet war Krebs nicht, wenn er sich Mühe gab. So hat er eine ganze Reihe von Festgedichten verfaßt, die von Ehrenjungfrauen aufgesagt wurden. Wenn ein Potentat nach Göttingen kam, wurde dem ewigen Studenten der Auftrag erteilt, ein Begrüßungscarmen zu verfassen, eine Aufgabe, die er unleugbar mit Geschick zu lösen verstand.

Diese kleinen Erfolge stiegen ihm zu Kopf. Er hing das Studium völlig an den Nagel und versuchte, sich als Poet durchzuschlagen, denn er fühlte immer stärker, daß er dazu berufen war. Tatsächlich bekam er auch einige kleine Aufträge, denn in der Biedermeierzeit waren Hochzeits- oder Geburtstagsgedichte eine Selbstverständlichkeit, aber die Bezahlung war zum Leben zu wenig und zum Sterben zu viel. Mit Krebs ging es schnell bergab, zumal seine Familie die Hand von ihm zog. Zäh verfolgte er sein Ziel weiter, ein berühmter Dichter zu werden.

Im Jahre 1848 verfaßte er eine Reihe von Gedichten, die in den kurzlebigen revolutionären Zeitungen erschienen, die es damals in Göttingen gab. Er dichtete für alle Parteirichtungen, wenn es gewünscht wurde. Seine wirtschaftliche Lage ließ etwas anderes nicht mehr zu. Krebs war der erste, der für Kaufleute Reklameverse dichtete. Viel belacht wurde sein Gedicht, das er für den Zigarrenhändler Morck schrieb:

Alles muß auf dieser Erden
doch zu Staub und Asche werden
drum Raucher willst Du besser leben
laß Dir bei Morck Zigarren geben.

Auf ähnlich einsamen Höhen bewegten sich auch seine übrigen Dichtungen, die er nach 1850 verfertigte. Aber alle diese Reime konnten ihm nicht den knurrenden Magen füllen. So entschloß er sich, Trittvogel zu werden. Ein Trittvogel war ein Mann, der säumigen Schuldnern auf die „Bude" rückte, denn es handelte sich meist um Studenten. Aus den Musensöhnen Geld herauszuholen, war gar nicht so leicht. Die Trittvögel lauerten ihnen auf Schritt und Tritt auf, um die Schuldsumme talerweise zusammenzuholen. Die Geschäftsleute gaben ihnen zehn Prozent der wiedererlangten Summen.

Der Dichter Krebs wurde bald der gefürchteteste Trittvogel Göttingens. Er drängte niemanden zur Zahlung, fiel ihm gar nicht ein, im Gegenteil, er bedauerte das Mißgeschick des Schuldners und sagte tröstend: „Ach, lieber Kommilitone, ich kann Sie nur zu gut verstehen. Es ist bitter, wenn man

Krebs als Trittvogel

immer tiefer in die Geheimnisse der Wissenschaft eindringt. Neue Welten öffnen sich, das heilige Feuer brennt in der Brust, die Brust schwillt vor Jubel, neue niegehörte Worte wollen hinaus, die Menschheit aufrütteln und auf eine neue Stufe der Vergeistigung, des Erkennens neuer Werte heben und was ist der Dank? In bitterer Armut lebt man verkannt, verhöhnt, verlacht dahin und muß pumpen."

„Genauso ergeht es mir auch", fiel der Student ein, froh eine so gutmütige und verständnisvolle Seele von Trittvogel gefunden zu haben. „Na, sehen Sie wohl, ich kenne das, oh, ich kenne das!" Krebs seufzte. „Die Professoren wissen gar nicht, wie es in einem armen Studenten aussieht, der einen geistigen Höhenflug antreten will. Sie halten ein wohlweises Kolleg, ob dieses oder jenes Gedicht wirklich dem Horaz zuzuschreiben ist, warum Schiller seinen ‚Demetrius' nicht vollendete, apropos, kennen Sie Schiller?" „Aber natürlich." „Und auch Goethe?" „Das ist doch klar!" „Ich sehe, wir sind Geistesverwandte. Kennen Sie Krebs?" „Esse ich für mein Leben gern." „Ach, nicht doch die Tiere, den Dichter?"

„Ist mir unbekannt", bedauerte der Student. Schnell nahm der Trittvogel eine grämliche Miene an: „Ach ja, das ist auch so eins der verkannten Genies, der arme Kerl. Nun, mein Herr, Sie haben Glück, er steht vor Ihnen." „Was denn, Sie sind der Dichter?"

Krebs nahm eine theatralische Haltung an. „Ich bin es, wagst Du zu zweifeln, Bube?" „Ich werde mich hüten", erwiderte eifrig der Student, der nun glaubte, gewonnen zu haben. „Nur kenne ich wirklich keins Ihrer Gedichte." „Oh, mein lieber junger Kommilitone, die werden Sie gleich kennenlernen, Sie gehören zu den Menschen, die es verdienen, veredelt und erhoben zu werden."

„Ja, bitte", erwiderte der Musensohn schleunigst, der sich freute, seinem Trittvogel so billigen Kaufes entgehen zu können. Seine letzten Taler waren gerettet!

Krebs zog aus der zerfetzten Tasche seines Biedermeierfracks ein umfangreiches Manuskript und begann die Dichterlesung. Einige Minuten hörte der Student andächtig zu, dann wurde sein Gesicht immer länger, ängstlich rutschte er auf dem Stuhl hin und her, schielte zur Tür und wäre nur zu gern dem Genuß entronnen. Aber Krebs ließ ihn nicht los. Ein Gedicht nach dem anderen prasselte auf ihn nieder, Hochzeitscarmina, Revolutionslieder, Werbeverse, Geburtstagsgedichte, was dem Dichter gerade vor die Augen kam.

Endlich konnte der Musensohn nicht mehr. Jeder Versuch, Krebs zu unterbrechen, mußte scheitern, denn Einwände und Ermüdungserscheinungen ließ der große Dichter nicht gelten. Seufzend zog der Student den

Beutel, nahm einen Taler heraus und sagte: „Nehmen Sie, aber gehen Sie." „Dafür nicht, hören Sie erst noch mein Festgedicht zur Eröffnung der Rindviehausstellung, es sind nur zwanzig Verse." „Bitte, nehmen Sie drei Taler, aber hören Sie auf!" „Gleich, nur noch die Gedichte auf die wohlgelungenen Schinken der Frau Stadtrat Berg. Hören Sie nur ‚Lange hingen sie im Rauche, vier recht dicke Stück vom Bein', ich wurde sehr belobt dafür." „Nein, nein, nein, bitte, hier ist auch mein letzter Taler, ich flehe Sie an, gehen Sie, ich kann nicht mehr."

Beleidigt stand Krebs auf. „Her mit dem schnöden Mammon, ich gehe, schüttle den Staub Deiner Dielen von den Füßen, denn hier verweilen ist sinnlos. Leb wohl, armseliger Banause."

Über vierzig Jahre lang kassierte Krebs die Außenstände der Kaufleute ein. Meist genügte ein Griff zu seinem Manuskript, um den verstocktesten Schuldner zur Zahlung zu zwingen. Sein Genie war und blieb verkannt.

Der Kampf auf der Groner Straße

Zwischen Juristen und Theologen bestand zwischen 1850 und 1870 ein sehr gespanntes Verhältnis, das manche Keilerei zur Folge hatte, denn Mensuren fochten die Theologiestudenten ja nicht aus. Alles Einschreiten der Universitätsbehörden nützte nichts, Karzerstrafen trennten die Kampfhähne nur für kurze Zeit.

Die Streitigkeiten wurden erst beigelegt, als 1868 der große Kampf auf der Groner Straße stattgefunden hatte. Das Verhältnis blieb noch für einige Jahre unfreundlich, führte aber nicht mehr zu so schweren Zusammenstößen.

Der Entscheidungskampf hatte verhältnismäßig harmlos begonnen. Die Theologen hatten am Sonnabendvormittag ein Seminar, in dem sie Entwürfe von Predigten vorlegten oder auch selbst die Kanzel der Universitätskirche bestiegen. Beliebt waren die Predigtseminare nicht, aber schließlich mußte ja auch dieser wichtige Teil der Seelsorge erlernt werden.

Nach Schluß der Übung verließ ein großer Teil der Seminarteilnehmer „die Stätte des Zitterns", wie es einer poetisch nannte, über die Groner Straße, auf der gerade Markt stattfand. Hierauf bauten die Juristen ihren Plan. Sie wollten schlagartig mit einem Hagel von Eiern ihre Gegner überfallen.

Das Wurfmaterial bot sich in der Zindelstraße an, auf der dicht bei dicht die Kiepenfrauen aus den umliegenden Dörfern mit ihren Eiern saßen. Wenn man deren Eiervorräte aufkaufte, konnte man die Theologen beim Verlassen der Nikolaistraße unter ein schweres Bombardement nehmen.

Der Plan fand Beifall und wurde bald ausgeführt. An einem trüben Novembermorgen versammelte sich eine ziemlich große Schar angehender Predigtamtskandidaten in der Universitätskirche, weil ein sehr beliebter Kommilitone seine erste Probepredigt halten sollte. Vor vollen Bänken predigt es sich ja sehr viel leichter als vor leeren. Hiermit hatten die Juristen freilich nicht rechnen können, aber alles läuft ja etwas anders als man vorgeplant hat.

Die Juristen kauften inzwischen auf, was sie nur an Eiern bekommen konnten. Die Kiepenfrauen witterten eine Chance und forderten höhere Preise, die ihnen auch anstandslos bewilligt wurden. Am Ausgang der Zindelstraße standen in Körben und Kiepen sehr bald hunderte und aberhunderte von Eiern bereit. Die Göttinger Hausfrauen waren freilich ärger-

Markttag auf der Groner Straße

lich, wer einen Eierkuchen backen wollte, mußte schleunigst umdisponieren. „Bloß wejen ßo 'ne dumme Eulenspiejelaa der Stedentens kriecht kaan Mensch aan Aa auf dem Marchte. Un' die machen doch bloß Hoppedei damit." Solche und ähnliche Ansichten hörte ein Philologe, der seinen Bundesbruder von der Probepredigt abholen wollte. Die Göttinger Universität war noch klein, jeder Student wußte ungefähr, welcher Musensohn welches Fach studierte.

Der aufmerksam gewordene Philologe musterte die jungen Leute auf dem Markt und in der Zindelstraße und stellte erstaunlich viele Juristen fest, die zufällig in der Nähe der Eierkörbe diskutierten. „Donnerschlach, dat war aan Verdienst", hörte er eine Marktfrau sagen, „die armen Theologen können mich ja laad tun, aber Cheschäft is nu' ma' Cheschäft."

Jetzt ging dem lauschenden Studenten nicht nur ein Licht sondern ein Kronleuchter auf. Schnell drängte er sich durch das Marktgewühl und stand bald vor der Universitätskirche, aus der gerade die jungen Theologen strömten. Der Freund war bald entdeckt. Strahlend nahm er die Glückwünsche seiner Kommilitonen entgegen, denn seine Probepredigt war vortrefflich gewesen, was man daran erkannt hatte, daß ihm der Küster auf die Schulter geklopft hatte.

Der Philologe brachte nun schnell seine Neuigkeit an. Einige der Theologen waren sehr besorgt, aber ein riesiger Mecklenburger, ein Landpastorensohn des alten Schlages, der jede Feldarbeit verrichten konnte und allein ein großes Fuder Mist abzuladen und auszustreuen wußte, ließ sich nicht aus der Ruhe bringen: „Na, nu' man keine Bange. Wieviel Mann sind wir denn? Na, so Stücker vierzig. Damit hauen wir die ganze Juristische Fakultät zusammen, also los!" Ohne sich umzudrehen, ging er die Nikolaistraße entlang. Die anderen folgten.

Da sahen sie ihren Kommilitonen stehen und mit mehreren Marktfrauen verhandeln. Fröhlich winkte er seine Begleiter heran. „Los, Jungens, kauft die Kohlköpfe auf. Eier lassen sich ertragen, aber Kohl gibt verdammte Beulen." Lachend befolgte man seinen Rat. Glücklicherweise war Kohl billig und da schlagartig große Mengen gefordert wurden, waren die Bäuerinnen und Gärtner froh, ihre Kohlernte restlos verkaufen zu können. „Was wollen Se bloß mit dem vielen Waaßkohl, Herr Stedente?", fragte ein Gärtnergehilfe. „Kaninchen füttern", erwiderte ihm freundlich ein höflicher Student. „Karnickel futtern? Na, Szie wollen doch Pastor werden." „Natürlich, aber heute haben wir Futtertag, da üben wir Kaninchenfüttern." „Nänä, aber auch?" staunte der Gehilfe. „Ein Landpfarrer muß auch das können", versetzte der Musensohn. „Un' ob, un' ob. Szu jede Kirche chehört ja Pasteracker. Aber daß Pastoren auch Kaninchenfutter studieren, habe ich noch nie chehört. Schöne Rüben habe ich noch, Herr Stedente, die fressen de Karnickel auch sehr cherne." „Nur her damit", riefen ein Dutzend Stimmen. Als die Groner Straße erreicht war, konnte selbst der riesige Mecklenburger unter der Last seiner Wurfgeschosse kaum noch gehen.

Die Juristen lagen auf der Lauer. Kaum steckten die ersten Theologen ihre Nasen auf die „Chroner", da hagelten ihnen schon die Eier entgegen. „Feuer frei!" schrie der Mecklenburger und eröffnete ein Bombardement mit Kohlköpfen. Er traf nicht schlecht. Die Juristen verdoppelten ihre Feuergeschwindigkeit, während kreischend die Marktfrauen und ihre Kunden Reißaus nahmen, aber immer weitere theologische Kohl- und Rübenwerfer griffen in den Kampf ein. Die angehenden Landpastoren schlugen sich mit größter Tapferkeit. Nur wenn Eidotter in die Augen lief, wurde die gelbe Soße entfernt, die übrigen Treffer wurden nicht geachtet. Das Gefecht stand. Der Überfall der Juristen konnte als gescheitert gelten, aber noch räumten die Jünger Justitias nicht das Feld.

Da brachte der Philologe die Wendung. Selbstverständlich hatte er sich seinem Bundesbruder angeschlossen um mitzukämpfen, als sein Blick auf drei riesige Kürbisse fiel. Schnell erstand er sie und schleppte sie einen nach dem anderen auf das Kampffeld. Den größten, der nach der Versicherung des Gärtners einen Zentner wog, rollte er zu dem Mecklenburger. Der spuckte in die Hände und knurrte: „Dat is' der richtije Momang for

Onkel Bräsigen sienen Newö (Neffen). Den schallen de Juristikusse spüren. Schnippele mich nich den Kürbis kaputt, ich schmeiß ihm ßo!" Mit seinen Bärenkräften wuchtete er den zentnerschweren Kürbis hoch, wobei seine Adern wie Stricke hervortraten und schleuderte ihn in das dickste feindliche Getümmel. Die Wirkung war eine völlig unerwartete. Der Kürbis fiel mitten in den größten Eierhaufen. Dotterfontänen spritzten nach allen Seiten! Eine Reihe von Juristen sahen weit schlimmer aus als die Theologen, die nun einen Hagel von Kohlköpfen und Rüben auf die halbgeblendeten Gegner niederprasseln ließen. Der Mecklenburger ließ die beiden anderen Kürbisse folgen, die zwei Eierwerfer zusammenbrechen ließen. Die anderen wandten sich zur Flucht, verfolgt von den Theologen, die den Rest ihrer Wurfgeschosse in der Zindelstraße aus nächster Nähe auf ihre Gegner niederprasseln ließen.

Wieder war der Philologe der Held des Sturmangriffs. Es gelang ihm nämlich, zwei noch halbgefüllte Eierkiepen zu erbeuten. „Daraus lassen wir uns in der ‚Alten Fink' das große Siegesrührei machen", bestimmte sein Bundesbruder. „Ich hole noch Speck und Mettwurst dazu", sagte der Mecklenburger, der schweißtriefend von der Verfolgung zurückkehrte. Am Rathaus war man auf den gefürchteten Senator Eberwein und die Scharwächter gestoßen, die die mit Beulen übersäten Juristen in Empfang nahmen und den inzwischen herbeigeeilten Pedellen übergaben, die sie in

Markttag auf der Zindelstraße

den Karzer führten. Die Theologen durften gehen, weil sie sich nur verteidigt hatten.

Einige der Theologiestudenten griffen einige herumlungernde Buttcherkinder auf, die an Markttagen hofften, einige Pfennige für kleine Hilfen verdienen zu können und befahlen ihnen, den Kampfplatz von Rüben-, Kürbis- und Kohlresten zu säubern. Einige Groschen beflügelten den Eifer. „Junge, Junge, da hat unsere Zieje aber tarelang ßu fressen!" rief einer der Hosenmätze aus.

Der Mecklenburger traf, als er nach Erledigung seiner Einkäufe zur „Alten Fink" ging, auf ein kleines unsagbar schmutziges Mädchen, das sich bemühte, mit einem Blechlöffel Eidotter von der Erde aufzunehmen und in ein verbeultes Gefäß zu füllen. „Wollt Ihr das denn noch essen?" fragte er teilnahmsvoll. „Natürlich, Onkel Stedente, die Mama hat mich chlaach loscheschickt, alles aufsuchen. Ich habe schon ßo viel, kucke ma', das chipt faanes Rühraa!" Dem guten Kerl traten die Tränen in die Augen als er die gelbbraune Brühe in dem schmierigen Gefäß sah. Schweigend legte er seine dicke Wurst und eine Speckseite hin und sagte: „So, Kleines, das bringst Du Deiner Mutter mit einem schönen Gruß vom Onkel Bräsig." Schnell ging er fort, ohne den Dank abzuwarten.

Marktgewühl auf der Groner Straße um 1900

Die Ehrenkompanie

Ein Kommandeur der Göttinger Bürgerwehr soll 1848 einmal gesagt haben: „Wenn de Stedenten nich wären, hätte de Chöttinger Bürjerwehr char kaane Bewäjung!" So unrecht hatte er nicht. Wenn die Bürgerpatrouillen kurz nach neun Uhr abends durch die Straßen zogen und Studenten „aufgriffen", hieß es kurz und bündig: „Szo, nu habt Ihr lange chenuch Revolutsjon chemacht, nu aber hops ins Bette, morjen is auch noch aan Tach!" Gehorchten die Studenten nicht sofort, kam das Kommando: „Fällts Chewehr! Nu' macht uns hier kaane Wippchen vor! Ab cheht de Post ins Bette oder auf Wache, chanz wie Ihr wollt."

Eine Reihe von Studenten traten aber selbst in die Bürgerwehr ein, die „Konservativen" wie sie sich im Gegensatz zu den „Liberalen" nannten. Die jungen Akademiker nahmen besonders gern an den Schießübungen der Bürgerwehr teil, die vom sportlichen Standpunkt aus betrachtet, auf einem außergewöhnlich hohen Niveau stattfanden. So wurde das Scheibenschießen vom galoppierenden Pferd aus geübt, was bei den Vorderladergewehren eine beachtliche Geschicklichkeit erforderte, denn das Pferd mußte während des Zielens und Schießens mit den Füßen gelenkt werden. Solche Übungen machten natürlich jungen Leuten Freude. Daß sie sich Namen damals berühmter Indianerhäuptlinge oder amerikanischer Kundschafter zulegten, war nur zu verständlich. „Man könnte chlauben, ich hätte 'ne Indianerschwadron", seufzte manchmal der aufsichtführende Bürgerwehroffizier, wenn der „Gefleckte Büffel" vorbeigeschossen hatte oder „Donnerrohr" und „Kleine Schildkröte" bessere Trefferresultate als der „Kreisende Geier der Apachen" erzielt hatten. Das Geheul hätte eine amerikanische Reiterschwadron zum sofortigen Absitzen und Ausschwärmen zum Gefecht veranlaßt. „Stedenten haben eben nischt als Unsinn im Koppe", seufzte der Bürgerwehroffizier nochmals und beschloß, nach dem Schießen noch Griffe klopfen zu lassen.

Letztere Maßnahme wurde aus erzieherischen Gründen bei den Indianern der Bürgerwehr so häufig vorgenommen, daß die Studenten sehr bald am besten von der ganzen Bürgerwehr die Gewehrgriffe beherrschten. Freilich muß hierbei betont werden, daß unter ihnen zahlreiche gebürtige Preußen waren, die bereits einjährig-freiwillig gedient hatten und zum Teil Reserveoffizieranwärter waren.

Als die Kunde nach Göttingen kam, König Friedrich Wilhelm IV. würde durch die alte Universitätsstadt kommen, herrschte bei der Bevölkerung und der Bürgerwehr große Freude. Man schrieb bereits das Jahr 1853, die Wogen der Revolution hatten sich geglättet, aber in Hannover bestand immer noch die Bürgerwehr. „Wie chut, daß wer se noch haben, nu können wer doch 'ne Ehrenkompanie stellen, wenn Majestät kommt." Unter den Kompanieführern entstand ein grimmiger Streit um diese Ehre, da sie mal gehört hatten, daß der führende Offizier dafür einen Orden bekäme und einen preußischen Orden hätte doch mancher gern gehabt. Der Kommandeur bestimmte die Kompanie, die am besten präsentieren könne, also die dritte, in der viele Studenten standen und die von dem Hauptmann und Bäckermeister May kommandiert wurde. May sah sich schon im Geiste mit einem preußischen Orden und übte noch eifrig Griffe klopfen.

Der große Tag nahte. Die Kompanie marschierte vor das Albanitor und wartete, was auch in der Göttinger Bürgerwehr die Hauptbeschäftigung des Soldaten war. Selbstverständlich hatten sich zahlreiche Zivilpersonen eingefunden. Ein Student, der Reserveunteroffizier der preußischen Garde-Ulanen war, hatte seine Uniform angelegt und stellte sich in die Nähe des rechten Flügels der Kompanie. Es war ein besonders verwegener Reiter, der auf den Spitznamen „Alamo" hörte.

Hauptmann May belehrte seine Kompanie, wie so ein König eigentlich aussähe: „Also, nu paßt mal auf, Ihr Schafsnasen und Ihr Stedenten. Szo aan Könich raaßt ja nich' allaane durch die Chejend wie unseraans. Zuerst kommt aan Laabhusar oder ßowas als Vorraater, daß ihr Hammelköppe da bloß nich' Hurra ruft! Dann kommen Offeziere, daß ich da kaanen sich kratzen sehe! Den Könich erkenne ich an ßaane raache Uneform mit vielen Stickeraaen, Choldschnüre und viele Ordens. Dann kommandiere ich ‚Präsentierts Chewehr! Szaane Majestät Hurra!' Und dann brüllt Ihr Hurra was Ihr nur bölken könnt. Habt Ihr verstanden?" „Jawohl, Herr Hauptmann!" tönte es zurück. Die im Glied stehenden preußischen Studenten binzelten sich zu. Das würde einen Hauptspaß geben. Die preußischen Könige waren gar nicht so leicht zu erkennen, da sie meist eine einfache Uniform trugen.

Alamo, der den König oft gesehen hatte, dachte sich sein Teil und schmunzelte vor sich hin. Als er zum Hainberg blickte, sah er uniformierte Reiter und Wagen. Sie näherten sich verhältnismäßig langsam, weil es heiß war und man die ermüdeten Pferde schonen wollte. „Sie kommen, Herr Hauptmann!" meldete er.

„Keiner präsentiert ohne meinen Befehl", rief May und stützte sich gewichtig auf seinen Spazierstock. Die anwesenden Preußen grinsten. „Dies

Der König blieb unerkannt (Zeichnung von H. Lüders)

dürfte wohl der erste Fall sein, daß sich der Führer einer Ehrenkompanie, die vor einem König von Preußen in Parade steht, eines Spazierstockes bedient", flüsterte einer. „Er bildet sich ein, so dem Alten Fritzen ähnlich zu sehen", kam es zurück. „Ach nee, wog der auch zweieinhalb Zentner?" Der erste Reiter war heran. „Nicht Hurra rufen, es ist nur ein Leibhusar!" rief May. „Denkste, die haben schwarze Uniformen, das ist ein Leibgendarm!" flüsterte es im Gliede. Zwei berittene Offiziere ritten mit höflichem Gruß vorbei, denen ein dritter folgte, der mehrere reichgeflochtene Schnüre trug. Das mußte er sein! „Präsentierts Chewehr! Saane Majestät der Könich Hurra! Hurra!" brüllte May, und die Kompanie tat es ihm pflichtschuldig nach. Der entsetzte Ausruf der gedienten Studenten: „Nicht präsentieren! ! !" ging völlig im Getöse unter. Der so freundlich Begrüßte hob ganz erstaunt die Hand an den Helm und trabte, ohne sich aufzuhalten weiter. Hauptmann May konnte seine kleine Ansprache, die er sich zurechtgelegt hatte, nicht an den Mann bringen.

„Na, baa dem lauten Hurra hätte der Könich aber halten müssen!" ärgerte sich May und sah dem Reiter nach. „Gewehr baa Fuß!" kommandierte er dann. Er wollte nur noch die Wagen des Gefolges vorbeilassen und dann mit der Kompanie abrücken.

Der erste Wagen hielt. Ein Offizier im bestaubten Reisemantel und einer gleichfalls sehr bestaubten Mütze saß darin. „Wohl der Zahlmaaster", vermutete May und wunderte sich nur, weshalb die gebürtigen Preußen in strammster Haltung dastanden. Der Offizier sah May wartend an und ließ seinen Blick über die Bürgerwehrleute gleiten. Schließlich winkte er den Garde-Ulanen heran. Alamo marschierte im Stechschritt zum Wagen und knallte die Hacken zusammen. Der Offizier stellte einige Fragen, lächelte immer vergnügter, lachte schließlich laut auf und schlug sich auf die Schenkel. Die Pferde zogen an, und der Wagen mit dem immer noch lachenden Offizier rollte weiter. Als die kleine Kolonne vorbei war, winkte May Alamo heran und fragte: „Was lachte der Zahlmops denn so?" „Melde Herrn Hauptmann, Gruß von Seiner Majestät, die Kompanie hat vor dem Flügeladjutanten präsentiert, der voranritt. Der bestaubte Offizier in der Kutsche, auch Zahlmops tituliert und verächtlich gemustert, war Seine Majestät der König."

May sank fast in die Erde und nur das beherzte Eingreifen der Studenten hinderte die erbosten Bürgerwehrmänner, ihren Hauptmann „chründlich ßu verkloppen, der de chanze Bürjerwehr un' chanz Cöttingen blamiert hat". Alamo rettete die Situation, indem er vorschlug, als Ersatz vor der „Krone", in der der König abstieg, schneidig vorbeizumarschieren.

Begeistert stimmten die Bürgerwehrmänner zu und waren hochbefriedigt, als sich der König am Fenster zeigte und die Kompanie grüßte. „Szo, nu' haste Dich allaane blamiert", bekam May zu hören. „Mit dem preußischen Orden wird's woll nischt werden!"

Der Bäckermeister bekam sein Lebtag diesen Reinfall vorgehalten. Alamo war obendrein so unfreundlich, den Zeichner Lüders zu beauftragen, die Szene in einem Bilde festzuhalten. Um es mit seiner Kundschaft nicht zu verderben, änderte der Zeichner freilich die Uniformen und auch ein wenig die Umgebung. Deutlich traten aber die Türme der Johanniskirche hervor, so daß Eingeweihte wußten, um welches Ereignis es sich handelte.

Professorenspitznamen

Die Gelehrten haben oft sehr seltsame Spitznamen, die sie in vielen Fällen ihren kleinen Eigenheiten zuzuschreiben haben. So hieß der berühmte Historiker Dahlmann mit Namen „Inzwischen", denn er brachte dieses Wort fast in jedem Satz an, natürlich ohne sich dessen bewußt zu sein. Schlimm wurde es aber, als er heiratete und mit einem Sohn beschenkt wurde. Jetzt hieß er „der alte Inzwischen", seine Frau ungalanterweise „die alte Inzwischen" und der Junge „der kleine Inzwischen".

Ähnlich erging es dem Physiker Woldemar Vogt. Dieser hatte den Krieg von 1870/71 in einem sächsischen Infanterie-Regiment mitgemacht und war vor Paris verwundet wurden. Oft erzählte er von den Kämpfen um die französische Hauptstadt, weshalb ihn seine Studenten gern „den Belagerer" nannten. Diesen für einen alten Soldaten schmeichelhaften Spitznamen mußte er mit einem anderen vertauschen. Vogt hielt einmal um 1890 vor dem Akademischen Turnverein eine Rede. Da er in seiner Ansprache gern hervorheben wollte, wie sehr er sich selbst mit dem Turnen verbunden fühlte, verriet er, daß er als Junge den Spitznamen „der Frosch" getragen habe, weil er so weit hätte springen können. Später merkte er, daß er dies besser nicht gesagt hätte, denn nun hieß er natürlich wieder „der Frosch", seine Frau, die gern im Garten arbeitete, bekam den Namen „Laubfrosch" und seine Kinder waren „der Froschlaich".

Mit großem Geschick meisterte der Mediziner Kußmaul die Bürde seines Namens. Als er aus Heidelberg nach Göttingen kam, sagte er gleich in seiner ersten Vorlesung: „Meine Herren, es ist nur zu verständlich, daß mein Vatersname zur Heiterkeit reizt. Aber geben Sie sich bitte keine Mühe, neue Witze darüber zu ersinnen. Alle, die man zu diesem Thema machen kann, habe ich bereits gesammelt und im Selbstverlag herausgegeben. Sie können das Büchlein für fünfzig Pfennige über jede Buchhandlung beziehen." Ein donnernder Applaus lohnte sein Geschick, bald war die kleine Schrift vergriffen, und Kußmaul hatte seine Ruhe.

Ähnlich schlagfertig war der Kirchenrechtler Professor Dove, der nach 1870 die Göttinger Universität im Herrenhause vertrat. Er war sehr beliebt und sehr beleibt und wie viele rundliche Leute mit einem köstlichen Humor begabt. Einmal kicherten hinter dem Rücken des behäbigen Herrn einige junge Mädchen über seine Figur. Mit gespieltem Ernst drehte er sich um und sagte mit strafend erhobenem Zeigefinger: „Meine sehr verehrten jungen Damen. Ich bin in Ehren dick geworden und wünsche Ihnen das gleiche." Auch er hatte künftig seine Ruhe.

Gänzlich falsch verhielt sich ein Professor, dem man den Spitznamen „der Topf" angehängt hatte. Wütend erklärte er seinen Hörern, er bäte sich doch einen Namen mit mehr Inhalt aus, wenn man ihm schon einen Spitznamen geben wollte. Bereitwillig erfüllten ihm die Musensöhne den Wunsch und nannten ihn den „Nachttopf". Nun war es natürlich erst recht verkehrt, aber eine nochmalige Umbenennung wurde abgelehnt.

Selbst erzieherisch können Spitznamen wirken. Der Geheime Hofrat Sauppe, ein hervorragender Altphilologe, trank lange Jahre so gern einen oder auch zwei über den Durst, daß er nur noch „Saufrat Hoppe" genannt wurde. Diesen abwertenden Namen nahm er sich so zu Herzen, daß er sich völlig das Trinken abgewöhnte. Mitfühlend teilten ihm die Studen-

Der Geheime Hofrat Professor Hugo

ten mit, so böse hätten sie es nun wirklich nicht gemeint, aber der alte Herr ließ sich nie wieder zu einer Bierreise verleiten.

Den kürzesten Spitznamen trug der Geheimrat Hugo, einer der bedeutendsten Juristen, die in Göttingen gewirkt haben. Er hatte von 1788–1844 seinen Lehrstuhl inne und gehört damit zu den wenigen akademischen Lehrern, die nicht nur über ein halbes Jahrhundert auf dem Katheder standen, sondern auch der gleichen Universität treu blieben. Die Juristen nannten ihn ehrfürchtig „er". Wenn jemand sagte: „Ich muß zu ‚ihm' in die Prüfung", war völlig klar, daß er den Geheimrat Hugo meinte. Der Professor war auf diesen Spitznamen verständlicherweise stolz und sagte gern wohlwollend zu einem Kandidaten nach der Prüfung: „Ich gratuliere zum bestandenen Examen. ‚Er' war mit Ihren Kenntnissen zufrieden."

Die 82er

Die Göttinger Garnison bestand vor 1914 aus dem 82. Infanterie-Regiment, das ursprünglich auf die Städte Einbeck, Northeim und Göttingen verteilt lag, aber allmählich in der alten Universitätsstadt konzentriert werden konnte. In Göttingen dienten viele Studenten ihr Einjährig-Freiwilligen-Jahr ab, weshalb zwischen den Soldaten und der Universität ein sehr gutes Einvernehmen herrschte.

Stolz präsentierten sich die im Wehrdienst befindlichen Studenten in ihren schwarzweißen Schnüren den Professoren und nahmen am Sonntag am Bummel auf der Weender Straße teil. Freundlich grüßten die Studenten auch die vorbeimarschierenden Kompanien, wobei ihnen ihre alten Kommilitonen nur ein wenig zublinzeln durften.

Selbstverständlich hatten die Musensöhne bei den Soldaten so manchen Spott zu ertragen. Marschierte die Truppe an einem Wirtshaus vorbei, meinte der Unteroffizier wohl: „Na, hier möchtet ihr Studenten wohl lieber Sturmangriff üben als auf dem Exerzierplatz." Bei Gefechtsübungen ertönte es wohl auch einmal: „He, Sie da, der Student, nehmen Sie gefälligst vorschriftsmäßig Deckung und liegen Sie nicht da wie eine Bierleiche!"

Gern zogen die Einjährigen ins Manöver, denn da wurden die Studenten als Spähtrupp- und Postenführer eingesetzt, mußten sie doch ihren Vorgesetzten beweisen, daß sie sich zu Reserveoffiziersanwärtern eigneten. Und so lief man geduldig schweißtriefend mit schwerem Gepäck durch die Gegend.

Einmal rasteten einige Einjährig-Freiwillige an einem Dorfbrunnen, aus dem gerade ein bildhübsches schwarzlockiges Mädel Wasser schöpfte. Begeistert rief ein Theologe: „Seht doch nur das Bild. Ist das nicht Rebekka am Brunnen?" Lächelnd erwiderte das sehr bibelfeste Mädel einladend: „Na, wie is' es denn, ßoll ich die Kamele der 82er auch mal dränken?" Die Dorfschöne hatte die Lacher auf ihrer Seite.

Mittags wurde natürlich auch gekocht, aber vor jedem Genuß steht das Kartoffelschälen. So hockten auch eine Reihe von Einjährigen im Straßengraben und übten sich in dieser ihnen noch ziemlich unbekannten Kunst. Es war noch ein Wunder, daß sich nicht jeder mindestens einen Finger da-

Die Reservisten beim Manöverball

bei abschnitt. Eine alte Bauersfrau; die auf dem Nachbaracker arbeitete, konnte das schließlich nicht mehr mit ansehen und nahm einem der jungen Soldaten das Messer aus der Hand: „Nu laß mich das ma' machen, maan Junge, sonst bringste Dich noch dabaa um. Was biste aajentlich im Zivil?" „Wir sind alle Göttinger Studenten." Die Bäuerin riß den Mund auf und staunte: „Stedenten? Nänä, und Ihr stellt Euch baas Kartoffelschälen ßo unjeschickt an, als wäret Ihr von der Dummenschule! !"

Bei einem Bauern wurde ein höheres Semester einquartiert, der sich als Kandidat der Jurisprudenz vorstellte. Der Bauer wußte nicht so recht etwas mit diesem Titel anzufangen und erkundigte sich bei einem Nachbarn, der in Göttingen gedient hatte. Der Weitgereiste erklärte ihm diese akademische Würde so: „Also paß ma' auf Schorse, ßuerst müssen de Stedenten ein paar Semesterjahre stedeeren un' lernen, un kanne nu' dat alles, dann is' er aan Kannedat, verstehste?" Nun wußte der Quartierwirt, was sein Gast darstellte.

Dem gleichen Einjährigen erging es am nächsten Tage übel. Er war der letzte des Manövers gewesen und im Quartierdorf gab es den traditionellen Manöverball, bei dem namentlich die demnächst zur Entlassung kommenden Reservisten den Ton angaben. Unser Kandidat hatte flott bei der großen Polonäse mitgewirkt und tanzte jetzt mit einem bildhübschen Mädel, das, wie sie bald verriet, die Tochter eines großen Bauern war. Ein fröhliches Wortgefecht flog hin und her und beide fanden, daß sie sehr gut zueinander paßten. Da fragte das Mädel den Einjährigen plötzlich nach seinem Beruf. „Ich bin Kandidat der Jurisprudenz", erwiderte er stolz. „Was is' denn das?" erkundigte sich die Dorfschöne. Mühsam erklärte er ihr seine akademische Würde. „Ach, ßoooo wat", kam es gedehnt und enttäuscht. Nach einigen Augenblicken meinte sie schmollend: „Schade, un' ich dachte schon, Du wärst was ßum Haaraten." Sprachs und ließ den verdutzten Studenten stehen.

Rudolf von Ihering

Der Jurist Rudolf von Ihering hatte wie viele Menschen Eigenheiten, die ihm selbst nicht bewußt waren, ihn aber in den Augen anderer zu einem Original machten.

Stadtbekannt war sein Haß gegen Vertreter. Er kaufte prinzipiell nichts an der Wohnungstür und dachte nicht daran, zwischen dem Vertreter einer seriösen Firma und einem Hausierer zu unterscheiden.

Gelang es einmal einem Reisenden, bis zu dem Geheimrat vorzudringen, kam er in den seltensten Fällen zu Wort, da Ihering über ein sehr gutes Mundwerk verfügte. Für gewöhnlich führte er den Vertreter zu seinem Schreibtisch und sagte: „Sie wollen gewiß noch an meinem Seminar teilnehmen. Einige Plätze sind zwar noch frei, bevor ich Ihnen aber einen gebe", (der Vertreter wollte etwas sagen) „nein, danken Sie noch nicht, soweit ist es noch nicht, muß ich erst einmal Ihre Kenntnisse prüfen. Nein, sagen Sie nichts, ich frage prinzipiell alle Fachgebiete, wobei ich natürlich bei Ihrem Lieblingsproblem besonders verweile. Ein Jurist muß ja in allen Sätteln reiten. Nein, sagen Sie nichts, ich werde Ihr Spezialgebiet schon finden." In dieser Weise ging es ohne Punkt und Komma weiter, bis endlich der gequälte Vertreter das Feld räumte.

Wollte Ihering es kürzer abmachen, sagte er wohlwollend zu dem Reisenden: „Vertreten Sie auch wirklich gute Weinsorten, bei denen Sie sich nicht schämen müssen, wenn Sie diese den nichtsahnenden Kunden anbieten?" „Selbstverständlich, Herr Geheimrat, bei der heutigen Konkurrenz lohnt es sich überhaupt nicht, für ein Haus zu reisen, das minderwertige Sorten führt." „So, dann haben Sie also nur gute unverfälschte Ware?" „Ausschließlich, Herr Geheimrat." „Das ist sehr schön, aber da sind Sie in Göttingen am falschen Platze. Leute, die wirklich etwas vom Wein verstehen, sind hier außerordentlich selten und es wäre, selbst wenn man Kollegen zu Gast hat, schade um das Geld, wenn man feine edle Sorten vorsetzen wollte. Die werden doch bloß heruntergegossen und man ärgert sich, daß man sich nicht damit begnügt hat, einen gutschmeckenden Verschnitt auf den Tisch zu bringen. Traurig, aber es ist so!"

„Nun, wenn Sie das meinen, Herr Geheimrat, so kann ich Ihnen auch damit dienen. Ich verfüge über vorzügliche Verschnitte, die selbst der Kenner nicht von den besten Sorten unterscheiden kann." Nun hatte Ihering den Reisenden dort, wo er ihn haben wollte, und brüllte los: „Soso, nun geben Sie also doch zu, daß Sie statt echter guter Sorten Verschnitte führen. Hinaus mit Ihnen!"

Wenn er auch hier stets der Sieger blieb, so war er auf einem anderen Gebiete, wie der Göttinger Journalist Robert Geisler gern sagte, stets vor sich selber auf der Flucht. Er hatte eine Broschüre über das Thema „die Unsitte des Trinkgeldgebens" veröffentlicht, die viele Auflagen erlebte, ihn aber zum gehaßtetsten Mann des Bedienungspersonals machte, das ja damals sehr viel mehr als heute auf Trinkgelder angewiesen war. Der Name Iherings war bei allen Kellnern Deutschlands so bekannt, daß sein Träger es niemals wagen konnte, unter ihm in einem Hotel abzusteigen. Zunächst nannte er sich I. Hering, was natürlich sehr bald entdeckt wurde. Dann hieß es aber, sehr schnell abzureisen, weil es wie ein Lauffeuer durch den Kongreß- oder Erholungsort ging, daß der „Geizkragen", anders hieß er in Kellnerkreisen nicht, da sei. Nun konnte Ihering sicher sein, daß ihn weder ein Ober noch ein Pikkolo bedienen würde und er auf im Schlachter- oder Bäckerladen eingekaufte Kaltverpflegung für die Dauer seines Aufenthaltes angewiesen war. Genauso wäre es keinem Zimmermädchen noch eingefallen, sein Bett zu machen.

Schließlich reiste Ihering unter dem Mädchennamen seiner Frau. Da dieser aber in Göttingen bekannt war, half dies auch nichts. Sobald die Gepäckträger den Namen auf dem Kofferschild lasen, stellten sie das Traggut nieder und suchten sich andere Kundschaft. Die Träger verständigten sofort die wartenden Hoteldiener und dann waren grundsätzlich alle Gasthöfe besetzt. Es hätte auch wenig Sinn gehabt, wenn er sich ein Zimmer gesucht haben würde, bedient wurde er ja doch nicht. Meist blieb bei Ferienreisen nichts weiter übrig, als sofort den Ort zu wechseln und irgendwo eine Erholungsmöglichkeit zu suchen. Manchmal wurde sie gefunden und wenn ein Kellner, Hausknecht oder Stubenmädchen hinter das Geheimnis seines Namens kam, begann die Flucht zum nächsten Kurort. Erfuhr ein Mitglied des Hotelpersonals zufällig sein Reiseziel, kam es häufig vor, daß seine Ankunft telegraphisch angemeldet wurde, so daß es von vornherein zwecklos war, hier eine neue Bleibe zu suchen.

Schließlich reiste Ihering unter irgendwelchen Pseudonymen, wurde aber dennoch durch seine unverkennbare Erscheinung oft genug entlarvt, so daß die Flucht von neuem beginnen mußte.

Am schlimmsten erging es dem Geheimrat natürlich in Göttingen. Es war für ihn völlig ausgeschlossen, irgendwo ein Glas Wein oder Bier zu trinken. Seine Bestellung wurde überhaupt nicht beachtet, weder im

Professor v. Ihering

größten Hotel, noch in dem einfachsten Ausschank. Kein Dienstmann stellte sich ihm zur Verfügung. „Nä, Herr Chehaamrat, ich bin aufs Trinkcheld anchewiesen." Da blieb nichts anderes übrig, als irgendeinen Eckensteher oder Arbeiter zu engagieren, der gegen Stundenlohn eine kleine Aufgabe übernahm. Aber auch hier war nur selten jemand zu finden, da die Eckensteher es nicht mit den Kellnern verderben durften. Die Gelegenheitsarbeiter nutzten die Verlegenheit des Juristen nach besten Kräften aus und forderten einen überhöhten Stundenlohn, den Ihering zahlen mußte, weil er niemanden bekam.

Auch die Handwerkszweige, bei denen ein kleines Trinkgeld allgemein üblich war, wie z. B. bei den Friseuren, waren nur selten bereit, wenn ein Auftrag für Ihering auszuführen war. Im Friseursalon mußte er immer so lange warten, bis der Meister, der ja kein Trinkgeld nahm, für ihn zur

Verfügung stand. Diese Abneigung wurde übrigens auf die ganze Familie ausgedehnt.

Daher fanden sich nur selten Dienstboten, die in Iherings Haushalt dienen wollten. Auf der Vermittlung sagten die Mädchen nur achselzuckend: „Zu ihne Ihering? Nä, da steht man sich ja nich' chut, da hat man baa alle Abendchesellschaften viele Arbaat un' dann nich' ma Trinkcheld. Nää, da stehe ich mich baa andere, wo kaane Chehaamräte ßinn', aber viel besser. Was nützt es, for zähn Chehaamräte Kaffeekochen, wenn for mich kaan Chroschen Trinkcheld blaabt." Ihering versuchte, dieses von seiten der Dienstmädchen durchaus berechtigte Manko durch höhere Löhne auszugleichen, aber trotzdem war es sehr schwierig, Personal zu finden. Die Boykottierung Iherings hat den Göttingern viel Spaß bereitet, denn wo sah man wohl vor 1890 einen leibhaftigen Geheimrat mit einer Haarmähne, die nur selten ein Friseur bearbeitete. Wo gab es einen weithin bekannten Universitätslehrer, der seine Koffer selbst auf dem Handwagen zum Bahnhof fuhr, weil kein Dienstmann für ihn arbeiten wollte. Wo mußte ein Herr in seinem Range alle Einkäufe selbst nach Hause schleppen, weil kein Hausknecht ihm eine Kommission gebracht hätte. Und dies alles konnte man in Göttingen sehen, das auf seine Universität und ihre Professoren so sehr stolz war. Rudolf von Ihering ist durch seinen Kampf gegen das Trinkgeld ungewollt zu der eigenartigsten Gestalt der Göttinger Universität geworden.

Das verhexte Manuskript

Nach dem Urteil der Göttinger Studenten gehörte der Jurist Professor Dr. Julius Ribbentrop zu den zerstreutesten Menschen unter der Sonne und das schlimmste war . . . er merkte nichts davon. Der Gelehrte war Junggeselle und ließ sich von einer Haushälterin betreuen, die ihren Herrn sehr sorgsam pflegte, aber es manchmal nicht leicht hatte, weil er in seiner Zerstreutheit die unmöglichsten Sachen anstellte.

Wie viele Geistesarbeiter trank er gern einen guten Kaffee und gebrauchte auch Schnupftabak. Es soll aber wiederholt vorgekommen sein, daß er in den späten Abendstunden sich Schnupftabak aufbrühte und eine Prise Kaffee in das Nasenloch schob.

Aber trotz seiner Zerstreutheit konnte Ribbentrop am Kaffeetisch ein glänzender Unterhalter sein. So hat er einmal, als er in einem Bad zur Kur weilte, eine Tischrunde den ganzen Nachmittag geistsprühend und witzig unterhalten, nur schauten die Damen und Herren vergnügt zu, wie sich der Gelehrte eine Tasse Kaffee nach der anderen heranzog und austrank, bis die gesamte Gesellschaft vor leeren Tassen saß. Ribbentrop hatte von seinem Versehen nichts gemerkt und war höchst erstaunt, weshalb die Tischgenossen so fidel waren, als er die letzte vorhandene Tasse geleert hatte.

Auch in seinen Vorlesungen war er so zerstreut. So las er einmal in einem sehr kalten Winter in einem ungenügend geheizten Raume. Der Ofen brannte wohl, aber es war offensichtlich nicht genügend Holz aufgeworfen worden. (Vor hundert Jahren wurden alle Universitätsgebäude ausschließlich mit Holz geheizt.) Ribbentrop schlug sein Vorlesungsmanuskript zu, klemmte es unter den Arm, stieg vom Katheder und schritt zum Ofen. „Wie ich dachte, nicht genug aufgeworfen", brummte er, schleuderte sein Manuskript ins Feuer, nahm ein großes Scheit Holz und ging ruhig zum Katheder, um die Vorlesung fortzusetzen. Erst als er das Manuskript aufschlagen wollte, bemerkte er seinen Irrtum. Die Studenten, die ihn schweigend hatten gewähren lassen, brachen in ein schallendes Gelächter aus. Sie hatten ihren verehrten Lehrer stets für sehr zerstreut gehalten, daß er aber so etwas fertig bringen würde, hätten sie für undenkbar angesehen.

Und doch! Selbst diesen Beweis seiner Zerstreutheit sollte der Gelehrte noch weit übertreffen! Wieder einmal stand er auf dem Katheder und wollte sein Vorlesungsmanuskript hervorholen, als er merkte, daß er es vergessen hatte. Wie konnte das nur passieren? Die Professoren lasen damals selbstverständlich noch im langen schwarzen Gehrock, und Ribbentrop hatte wie alle seine Kollegen das Vorlesungsmanuskript in einer großen Innentasche, die der Schneider besonders für diesen Zweck einnähte, stecken. Diesen Platz hatte das Manuskript während des ganzen Semesters inne, und es wurde selbst beim Kirchgang nicht entfernt. So mancher Professor hat während des Gottesdienstes statt des Gesangbuches sein Vorlesungsmanuskript hervorgezogen.

Professor Ribbentrop war es daher völlig unerklärlich, wo das Manuskript geblieben sein könnte. Es steckte doch immer wohlverwahrt in der bewußten Innentasche, wo konnte es nur sein? Er griff in alle anderen Taschen, aber es war nicht zu finden. Wo mochte das verhexte Manuskript nur stecken? Da merkte er endlich, daß er in seiner Zerstreutheit gar nicht den guten Gehrock angezogen hatte, sondern einen alten trug, den er am häuslichen Schreibtisch als Überrock aufbrauchte.

Schnell eilte er in seine Wohnung, die glücklicherweise im gleichen Hause war, und holte schleunigst das Manuskript aus dem guten Rock. An der Korridortür fiel ihm ein, daß er ja noch den Rock wechseln müsse, schnell war das getan und schon stand der Gelehrte wieder auf dem Katheder. So, jetzt konnte er . . . immer noch nicht lesen, denn das Manuskript steckte ja jetzt in dem alten Rocke, der zu Hause am Haken hing.

Ribbentrop sauste wieder davon. Da war die Tür, hier war der Haken, heraus mit dem Manuskript. So, nun wieder fort. Halt, Du hattest ja den verkehrten Rock an, schnell gewechselt und wieder im Laufschritt aufs Katheder. Jetzt konnte er endlich . . . immer noch nicht lesen, denn jetzt steckte das Manuskript im richtigen Gehrock, aber den hatte er ja gewechselt.

Und wieder fegte Ribbentrop von dannen. Schnell durch die Tür, da schaukelte noch der Rock am Haken und jetzt aber heraus mit dem verhexten Manuskript. So, nun den Rock gewechselt und in den Hörsaal. Tosender Beifall empfing den Professor, der nun endlich beginnen wollte, wenn er . . . bloß das Manuskript gehabt hätte, denn jetzt hatte er wohl den richtigen Vorlesungsgehrock an, das Manuskript steckte aber im Hausrock. Also wieder zurück.

So ging es nun weiter. Jedesmal zog Ribbentrop das verhexte Manuskript aus der Rocktasche, steckte es in den Rock, den er trug und wechselte diesen dann gegen den anderen aus und erschien wieder ohne

Manuskript. Siebzehnmal zählten die Studenten vergebliche Versuche, in den Besitz des Vorlesungsmanuskriptes zu gelangen, bis sie sich seiner annahmen und den richtigen Wechsel vornahmen, der dann das Manuskript an die ihm gebührende Stelle und den Gelehrten wieder in seinen Vorlesungsrock brachte. Nie wieder ist eine Vorlesung in Göttingen unter so heiteren Begleitumständen vorbeigegangen.

In diesem Haus las Professor Ribbentrop seine Kollegs. Hier ereignete sich die Anekdote vom verhexten Manuskript (Zeichnung von Neise)

In der alten Universitätsbadeanstalt

Die Badefreuden waren in Alt-Göttingen sehr bescheiden und überaus gemütlich. Mancher hat sich später, als das heutige Freibad das Gelände der Universitätsbadeanstalt an sich zog, nach den alten Zeiten zurückgesehnt. Es war nunmehr alles schön und weiträumig, aber so nett wie damals, als Bademeister „Fritze" Klie regierte, konnte es nie mehr werden.

Die Universitätsbadeanstalt war denkbar primitiv eingerichtet. Sie bestand aus vier Plankenwänden, die das Gelände umzäunten und einigen Bänken, auf denen man seine Sachen ablegen konnte. Fritze Klie, der beim alten Schoppe seit 1871 Badewärter war und später die Universitätsbadeanstalt übernahm, zimmerte sich eine große Kiste, in der er Flaschenbier und Zigarren verwahrte, und band einen kleinen Rettungskahn an den Steg. Wenn man dann noch ein Floß mitrechnet, das zur Belustigung der Gäste diente und ein Sprungbrett, ist die ganze Einrichtung aufgezählt.

Hier trafen sich auch immer wieder dieselben Leute. An heißen Tagen wurde das Floß im Nichtschwimmerbassin verankert und diente dann als Ablage für Bier und Zigarren. Je wärmer es wurde desto mehr zog man es in tieferes Wasser. Dann saß man um das Floß herum, spielte Skat und trank dazu Bier. Kopf und Schulter schauten noch aus dem Wasser, alles andere verbargen die kühlen Fluten. So verbrachte man höchst angenehm die heißen Tage. Da sich alle kannten, verzichtete man auch meist auf die Badehose.

Klie saß dann gern in seinem Kahn und versorgte die schwitzende Gesellschaft mit Bier und Zigarren. Wenn es dunkel wurde, und man noch länger im warmen Wasser sitzen bleiben wollte, gab es ein anderes Mittel, Nachschub anzufordern. Man nahm einige kleine Raketen mit. Eine gelbe bedeutete Bier, eine rote Zigarren. Man hätte ja auch rufen können, aber der feine Mann macht keinen Lärm und Klie kam so auf diese Weise in den Genuß eines Feuerwerkes, das nach heißen Tagen manchmal sehr lebhaft war. Im Wasser verschwanden auch alle Standesunterschiede. Dieser Brauch wurde nicht abgeschafft, solange die Universitätsbadeanstalt nur den Angehörigen der Georgia-Augusta zugänglich war. Klie dutzte deshalb unterschiedslos alle die nackten Gestalten, gleichgültig, ob der Adonis ein Student oder ein Geheimrat war.

Es gab aber auch Gäste, das muß ausdrücklich betont werden, die zum Schwimmen kamen und Fritze Klie in Atem hielten. Da er nämlich im Kopfe hatte, welcher Fakultät der Gast angehörte, konnte der Bademeister stets mit der richtigen Strafpredigt aufwarten, wofür er für jede Fakulät eine besaß.

Zum Juristen sagte er: „Nu' kuck Dich ma' de Badeordnung an! Draa Saaten is' se lang und mit allen Parachrafen kommste ins Cheheje, wenn de ersoffen bist. Dann is' es aus mittem Richterwerden!" Der Theologe bekam zu hören: „Du chibst Daanem Schutzengel aber chanz schön Arbaat. Aan Theologe soll weder saufen noch ersaufen." Der Mediziner wurde besonders streng behandelt: „Nu kucke, ßaat ihr aan blutdürstijes Volk. Nänä, nich' chenuch, daß ihr andere umbringt, nu' fangt Ihr noch an, Euch ßelber abßumurksen. Nu' bilde Dich bloß nich' aan, daß ich Dich wiederbelebe, das haste ja selber stediert." Die Philologen bekamen zu hören: „Naja, de Philosofische Fakultät, woßu dürft Ihr hier bloß raan. Nu' denkt man, Ihr nehmt Euch an ihne Barbarossa aan warnendes Baaspiel, de Professoren trichtern Euch aan, daß der von wäjen ßaane Unvorsichtichkaat vom Bademaaster nich' mehr cherettet werden konnte un' was tut Ihr? Ihr aafert ihne Rotbart nach!"

Professor Klinkerfues ließ sich sogar mehrmals retten, um in den Genuß der Strafpredigt zu kommen. Schließlich riß Fritze Klie der Geduldsfaden und er schrie den berühmten Astronomen an: „Wie schwer der Mond is', waaste, wie waat der Polarstern vonne Erde is' waaste auch, aber wie tief es Bassin is', waast Du Dämlack nich' un' ßo aaner is' nu' berühmt."

Dieses Idyll wurde einmal von einem sehr beliebten und beleibten Geheimrat empfindlich gestört, der es im glutheißen Sommer von 1886 wagte, vom Steg ins Wasser zu springen, um die Skatrunde schnell erreichen zu können. Der Wellenschlag, den er verursachte, genügte, um sämtliche Biergläser zu verwässern, alle Zigarren zu löschen und die Skatkarten zu durchnässen. Selbstverständlich ersetzte der Geheimrat den Schaden, was ihn aber nicht vor der Strafpredigt des schnell heranrudernden Fritze rettete. „Wasser is' chut inne Badeanstalt, aber vonwäjen es mutwillich ins Bier kippen, is' nich'. Woßu is' woll Wasser da? Szum Schwimmen, aber Bier is' ßum Schwimmen viel zu schade un' wenn es ßehnmal von aanem Chehaamrat verplanscht wird!" Die lustige Floßrunde stimmte Fritze völlig zu, worauf der Geheimrat zur allgemeinen Besänftigung eine zweite Runde spendierte.

Als Klie die Anweisung bekam, den Wasserkorso vorzubereiten, hieß dies lediglich, Feuerwerkskörper und Lampions zu bringen. Letztere dien-

Badefreuden um 1898

ten zur Beleuchtung des Floßes beim Skatspiel, erstere zur Anforderung des Nachschubs. Fritze führte alle Aufträge aus, holte aber auch am späten Abend die Gäste energisch aus dem Wasser. „Szo, nu' habt Ihr chenuch Raketen cheballert, nu' aber raus, oder chlaubt Ihr, ich habe Lust am späten Abend schwere Bierlaachen außem Wasser ßu wuchten?"

Als das Bad in ein Familienbad umgewandelt wurde, bedauerten dies alle sehr, denn so gemütlich wie es gewesen war, als hier die Männer unter sich waren, konnte es nicht mehr bleiben. Fritze Klie hat noch lange Jahre als Bademeister Dienst getan, nur durfte er jetzt die Gäste nicht mehr duzen, auch wenn sie in der Badehose waren. Er hat sich auch erst schwer in die neuen Verhältnisse finden können.

August Wetzel als Oboist

Im Januar begannen im alten Göttingen die Bälle, von denen jeder, der sich zu den Honoratioren zählte, einen gab. Große Ansprüche stellte freilich niemand, die Jugend wollte tanzen, denn die höheren Töchter, aber auch die der besser gestellten Rentiers, hätten vor hundert Jahren unmöglich in einem Tanzlokal verkehren können. Für die Jugend der einfachen Kreise waren der Feuerwehrball und das Winterfest des Kriegervereins „Invalida", der vor 1866 die hannoverschen Soldaten umfaßte, das große Ereignis der Saison. Es gab freilich böse Zungen, die behaupteten, das wichtigste an der Revolution von 1848 sei der große Ball der Göttinger Bürgerwehr gewesen, denn die Verfassungsfragen hätten die Göttinger weniger interessiert als dieses gesellschaftliche Ereignis.

Wir müssen uns überhaupt unsere Heimatstadt in dieser Beziehung etwas anders vorstellen, als es oft geschieht. Wenn auch alles sehr schlicht zuging, der gesellschaftliche Verkehr der Familien untereinander wurde außerordentlich stark gepflegt. Man lud gern ein und zahlreiche „Cercles", wie man damals sagte, trafen sich regelmäßig im Heime eines ihrer Mitglieder. Der Platzmangel spielte in den meisten Fällen keine so große Rolle wie heute, wir dürfen aber auch nicht glauben, daß den Göttingern Wohnungen mit weiten Räumen zur Verfügung gestanden hätten, das gab es, aber es blieben Ausnahmen und obendrein stellten viele Damen empört fest: „Hat ma' aaner aan schönes Haus mit 'nem chroßen Zimmer, wo man bequem danzen kann, is' der Kerl Jungcheselle un' lädt nie aan."

Der wohl schönste und kultivierteste Ball fand auf Einladung des Bankiers Reibstein statt, in dessen Hause sich Bankherr und Kunden, Freunde der Familie und Persönlichkeiten der Universität trafen. Das wichtigste gesellschaftliche Ereignis war ein Ball, den die Bürgervorsteher in der „Krone" gaben. Hier regierte bis 1888 Senator Eberwein, der die bekannten Handwerksmeister, Kaufleute und Lehrer einlud. Nach dem Tode des schrulligen Kommunalpolitikers schliefen diese Bälle ein, lebten aber in veränderter Form in den Wintertreffen der Turn- und Schützenvereine wieder auf, wo sich die gleichen Kreise trafen. Den fröhlichsten Ball gestaltete Professor Klinkerfues in der Sternwarte oder im „Deutschen Garten". Hier wurden grundsätzlich nur arme Studenten eingeladen, die auf Kosten ungenannter Gönner fröhlich sein durften.

Neben diesen drei großen Privatbällen stiegen natürlich zahlreiche kleine und die offiziellen der Saison, nicht zuletzt die zu Kaisers Geburtstag und die der Burschenschaften und Verbindungen. Tanzlustige junge Damen kamen also auf ihre Kosten, wenn ihr Vater auch nur einigermaßen bekannt war.

Diese Zeit brachte natürlich auch die Hochkonjunktur der Musiker. Die Kapellen hatten oft große Mühe, die Termine aufeinander abzustimmen, manchmal mußte man mit Ersatzleuten antreten, um noch einen zweiten gleichzeitig stattfindenden Ball musikalisch durch einige der Stammitglieder betreuen zu können.

Meist ging dies auch ganz glatt, da ja jeder Kapellmeister einige Ersatzleute zur Hand hatte, die einspringen konnten. Es konnte aber auch gelegentlich zu herrlichen Verwechslungen kommen. Die schönste gab es im Winter 1882. Professor Klinkerfues hatte unklugerweise darauf verzich-

August Wetzel als Oboist (Selbstkarikatur)

tet, eine Kapelle zu engagieren, weil er sich auf einige Studenten verlassen hatte, die, was damals ganz ungewöhnlich war, als Amateure, Liebhaber sagte man damals, zum Tanz aufspielen wollten, aber leider nicht kamen. Nun stand der Professor ohne Musiker da! Wo sollte er so schnell einige herbekommen? Da sich der berühmte Astronom mit der Garnison sehr schlecht stand, kamen Militärmusiker nicht in Frage. Die Kapelle Kohrßen war verpflichtet und konnte keinen ihrer Musiker entbehren.

Klinkerfues verzagte nicht. Schnell wurde der greise Senator Eberwein geholt, der trotz seiner an Taubheit grenzenden Schwerhörigkeit den Geigenbogen noch einmal in die Hand nahm. Leider achtete der arglose Professor nicht auf das Lächeln, das in den Mundwinkeln seines Freundes saß. Mit flatternden Rockschößen eilte der Maler August Wetzel herbei und übernahm die Oboe, der Pedell Rakebrand die Trompete und ein Student fand sich mit einem Baß ein. Während Klinkerfues seinen Gästen die freudige Mitteilung machte, daß der Ball gerettet sei, flüsterte Senator Eberwein August Wetzel einige Worte zu. Grinsend nickte der Maler und steckte einige Taler in die Hosentasche.

Der Professor eröffnete den Ball mit einer Gönnerin der Studentenschaft und holte aus einem Nebenraum Bine Gaßmann herbei, die er zu den Klängen eines Walzers herumschwenkte. Da sich das Orchester darauf geeinigt hatte, daß Senator Eberwein mit dem Fuß den Takt schlagen sollte, denn der schwerhörige alte Herr verstand noch am ehesten etwas von der Leitung einer Kapelle, hatte er doch in jüngeren Jahren oft als Geigenspieler im Göttinger Theater mitgewirkt, klappte es recht gut. Klinkerfues amete auf. Zu früh! Schon beim nächsten Musikstück kam es zur Katastrophe. Es wurde ein Galopp gespielt. Senator Eberwein trampelte auf dem Boden herum als sei Lützows wilde verwegene Jagd im Anmarsch, August Wetzel blies aus Leibeskräften entsetzlich falsch, Rakebrand trompetete, was seine Backen hergaben und der unglückliche Student, der nichts von dem Geheimabkommen gehört hatte, schrie dem Senator ins Ohr: „Viel zu schnell, langsamer, viel langsamer!" Vergnügt antwortete der Stadtvater: „Junger Mann, Szie haben kaane Ahnung von Färdezucht, unsere hannoverschen Färde chaloppieren raumchraafend."

Klinkerfues eilte herbei: „Das war Deine Idee! Kannst Du nicht mal vernünftig bleiben!" Eberwein hatte nichts gehört und brüllte nur fröhlich zurück: „Schön, was, heute machen wer ma' Musike, aber feste." Als der Galopp beendet war, erhob sich der Senator in seiner stattlichen Länge und meinte schmunzelnd: „Szo, maan Rachewerk is' chetan. Tach un' Nacht haltet ihr Stedentens de Stadt un' den hohen Marestrat in Bewäjung. Nu' habe ich euch ma' in Bewäjung chehalten. In aaner halben Stunde trifft er Kohrßen mit ßaane Kapelle aan. Dann tanzt ihr eben de Nacht durch. Bis dahin chäbe ich aanen aus."

Da faßte sich August Wetzel ein Herz: „Herr Szenator, darf ich aan Solo spielen." „Chut, ze Ehren Hannovers ‚De lustigen Hannoveraner' un' dann noch was." „Bravo, bravo", klatschten die Studenten, die sich auf ihr Freibier freuten. August verbeugte sich geschmeichelt und gab sein Bestes. Dann verkündete er stolz: „Un' nu ze Ehren von Herrn Professer Klinkerfues ‚Chuter Mond, du chehst ßo stille', wenn's chefällich is." Der Astronom bedankte sich bei dem Künstler, der nur ungern das Podium räumte, um Kohrßen Platz zu machen. Als ihm der Senator gratulierte, sagte August nur: „Danke, die Anerkennung maaner Kunst ehrt mich, aber Ihr Chalopp nää, Kunst war's nich', aber chesund, ßo cheschwitzt hab' ich noch nie."

Die Rache der Bienen

Nach 1815 war die Universität Göttingen wie alle deutschen Hochschulen überfüllt. Zahlreiche Freiwillige der Befreiungskriege holten nun die versäumten Studienjahre nach, und in Hannover war der Andrang der alten Soldaten besonders stark, weil zahlreiche Studenten in der englisch-deutschen Legion in Spanien, Italien und auf anderen Kriegsschauplätzen gefochten hatten und dadurch lange Jahre der Wissenschaft entfremdet waren. Es herrschten also die gleichen Zustände an den Universitäten wie nach 1945. Der arme Student in der alten, fadenscheinigen, oft geflickten Uniform beherrschte 1816 wie 1946 das Straßenbild Göttingens.

Die Professorenschaft war teilweise sehr überaltert. In der napoleonischen Zeit hatte das Berufungsverfahren völlig darniedergelegen, weshalb Lehrkräfte, die achtzig Jahre und noch älter waren, versuchen mußten, mit der herangewachsenen studentischen Generation fertig zu werden.

Besonders ärgerlich waren die Musensöhne auf den neunzigjährigen Professor Mitscherlich, der einst eine hervorragende Kraft gewesen war, jetzt aber kaum noch verständlich reden konnte, so daß seine Vorlesungen ihnen fast keinen Vorteil brachten. Mitscherlich verstand die Jugend nicht mehr. Die alten Studenten waren wenigstens noch an Gehorsam gewöhnt, kaum ein Professor klagte über sie, aber die Nachkriegsgeneration war in einer gärenden Bewegung.

Den Studenten waren verschiedene unfreundliche Bemerkungen Mitscherlichs zu Ohren gekommen, die sie nicht stillschweigend hinzunehmen bereit waren. Schnell wurde beschlossen, ihm eine Katzenmusik zu bringen, deren Leitung der immer zu tollen Streichen aufgelegte Student Henze übernahm, und anschließend seine Fenster einzuwerfen.

An einem warmen Sommerabend des Jahres 1818 sammelten sich etwa hundert Studenten vor dem Hause des Professors. Dann begann ein schauerliches Konzert, das mit Hilfe aller nur denkbaren Instrumente ausgeführt wurde. Besonders beliebt war das Trommeln auf leeren Fässern, das Zusammenschlagen von Topfdeckeln oder die Bearbeitung alter Kochtöpfe mit Blechlöffeln und Quirlen. Die Hunde der Umgebung fielen kräftig in das Konzert ein. Die Studenten konnten unbesorgt Radau machen, denn das Haus lag in einer der dunkelsten Straßen Göttingens, der

Student Henze,
der Bienen-Attentäter
(Zeichnung von Neise)

Petrosilienstraße. Mitscherlich konnte sie also nicht erkennen und der Universität zur Anzeige bringen. Das wurde natürlich weidlich ausgenutzt. Als man genügend „musiziert" hatte, wurden drei schallende Pereat ausgebracht und dann ertönte das Kommando: „Steine her!" Das Einwerfen der Fensterscheiben konnte beginnen.

Während einige Studenten die Fenster der Vorderfront des Hauses zerklirren ließen, warfen andere die nach dem Garten gehenden ein. Hierbei zeigte es sich sehr schnell, daß die Dunkelheit der Petrosilienstraße auch eine unangenehme Seite hatte. Viele der jungen Studenten wußten nicht, daß der alte Mitscherlich ein begeisterter Bienenzüchter war und in seinem Garten über fünfzig Bienenkörbe aufgestellt hatte. Die Musensöhne warfen in der Finsternis größtenteils viel zu kurz, und ein Hagel von Steinen prasselte auf den Bienenstand nieder.

Die erschreckten Insekten hatten natürlich keine Ahnung von den Gepflogenheiten einer Katzenmusik, sie folgten ihrem Naturtrieb und fielen zu Tausenden und Abertausenden über die entsetzen Studenten her, die im Nu jämmerlich zerstochen wurden und schreiend vor Schmerzen das

Weite suchten. Viele sprangen in den Leinekanal, um in dessen trüben Fluten Sicherheit vor den erbosten Tierchen zu finden.

Am nächsten Morgen hatten die Pedelle leichte Mühe, die an der Katzenmusik beteiligten Studenten festzustellen. Sie schauten jeden Musensohn nur prüfend an und wenn sein Gesicht und die Hände von Bienenstichen übersät waren, hieß es, den Marsch in den Karzer anzutreten, wo schon der Pedell Brühbach mit grimmigem Lächeln wartete.

„Na, Herr Stedente Henze, auch mal wedder innen Bau? Was haben wer denn auschefressen?" „Nichts, Herr Brühbach, das muß ein Irrtum sein, ich soll mich an der Katzenmusik bei Mitscherlich beteiligt haben, dabei habe ich den ganzen Abend zu Hause gesessen und gearbeitet." „Von wäjen", höhnte der Pedell, „nu' man kaane Ausflüchte, Herr Stedente, wir waren dabaa" (Brühbach identifizierte sich stets mit seinem unfreiwilligen Gast). „Dat chanze Chesichte voll Bienenquaddeln, das ßacht doch chenuch. Jaja, das is' der Bienen Rache." Der Student Henze hieß, solange er in Göttingen studierte, nur noch der „Bienenattentäter".

Der Silvesterpunsch des Professors Klinkerfues

Der große Astronom Klinkerfues war leider dem Trunke ergeben. Er glaubte, der Aufgabe nicht gewachsen zu sein, den Lehrstuhl des weltberühmten Mathematikers und Astronomen Gauß zu verwalten und bildete sich ein, die Welt erwarte ebensolche wissenschaftlichen Entdeckungen von ihm wie von seinem Vorgänger. Dabei hätten sich die Leistungen, die Klinkerfues vorzuweisen hatte, durchaus sehen lassen können. Er war nicht nur ein hervorragender Astronom und Entdecker mehrerer Sterne, sondern, was viel wichtiger für seine Wissenschaft war, ein ausgezeichneter Techniker. So erfand er die schwingungsfreie Aufhängung der riesigen astronomischen Fernrohre, ein Problem, das man schon oft zu lösen versucht hatte. Seine Minderwertigkeitskomplexe waren also gänzlich unbegründet.

Berühmt war er für seine Liebenswürdigkeit und nimmermüde Hilfsbereitschaft. Für jeden Studenten hatte er einen Rat, aber auch viele Bürger wandten sich an ihn. Die Stadtverwaltung holte in allen technischen Fragen sein Gutachten ein, gehörte doch zu seinen Erfindungen auch die der automatischen Einschaltung und Auslöschung der Gasbeleuchtung der Straßen.

Seine besondere Liebe galt aber einigen armen Studenten, die in der Sternwarte wohnten. „Wozu brauche ich einsamer Junggeselle meine große Dienstwohnung. Die ist doch nur öde und leer. Die Studenten erfüllen sie mit Leben, ich bin nicht so einsam, und die armen Jungen sparen das Geld für eine Bude. So ist allen geholfen", pflegte er seinem Freunde, dem ersten Senator der Stadt Göttingen, Heinrich Eberwein, zu sagen. Der alte Senator klopfte ihm dann tröstend auf die Schulter. „Laß man, Wilhelm, ßu Silvester wollen wer mit Daane Stedentens ßo recht fröhlich ßaan."

Mit diesen Festen hatte es seine Bewandtnis. Senator Eberwein hatte einen treuen Diener, Ludchen (Ludwig) Hampe, der einer blutarmen kinderreichen Familie entstammte und für seinen „Herrn Szenator" alles tat. Da er jeden Befehl blindlings ausführte, kam es manchmal zu drolligen Mißverständnissen.

An einem Silvesterabend, der im Hause Eberwein gefeiert werden sollte, brachte Professor Klinkerfues ein Rezept für Schwedenpunsch mit und

Ludchen Hampe
(Zeichnung von Neise)

überließ Hampe die Zubereitung. Nun war Lesen nicht die stärkste Fähigkeit des Wackeren, wozu brauchte er denn das Geschreibsel, das lernte doch jedes Kind im Geschichtsunterricht. Aber daß wer ausgerechnet so etwas zu Silvester freiwillig trinken wollte, na, da konnte ein braver Diener nur mit dem Kopf schütteln. Sein Herr und die Gäste verließen auch fluchtartig das Zimmer, als Hampe sein Gebräu hereintrug. In seinem Übereifer hatte er natürlich den Schwedenpunsch mit dem gefürchteten Schwedentrunk des Dreißigjährigen Krieges verwechselt. Professor Klinkerfues rettete die Situation, indem er spontan Ludchen umarmte und ausrief: „Ich danke vielmals, es gibt also doch noch Leute, die sich einbilden, mit Hilfe des Schwedentrunkes aus mir Schätze herauspressen zu können." Alles lachte, denn der Gelehrte war dafür bekannt, daß er das Geld nicht halten konnte und stets in Schulden steckte.

Die Situation war gerettet, aber man beschloß nun doch, künftige Silvesterfeiern in die Sternwarte zu verlegen. Klinkerfues meinte großartig: „Ich führe zwar nur eine Junggesellenwirtschaft, meine Kücheneinrichtung ist dementsprechend, aber Punsch kann ich für eine ganze Kompanie brauen."

Mißverständnisse gab es freilich auch hier einmal. Senator Eberwein schickte seinen getreuen Ludchen zum Schlachtermeister Holborn, er solle den bestellten gekochten Schinken am Silvestermorgen zur Sternwarte schicken, ebenso sollte er beim Bäcker vorbeigehen und fünfzig Brötchen bestellen. Der Diener führte die Aufträge aus und überlegte dabei, weshalb sein Herr ihn nicht auch zum Weinhändler Bremer geschickt hatte, der doch immer die Weine lieferte. Er ging dort vorbei und erfuhr, daß der Senator noch nicht bestellt hatte. Nun, das mochte der vielbeschäftigte Kommunalpolitiker vergessen haben. Hampe bestellte das übliche Quantum. Bremer versprach sofortige Sendung nach der Sternwarte.

Der Weinhändler hatte selbstverständlich nicht ahnen können, daß ein Student, der mit einem Dienstmann frühmorgens erschienen war und sich einen großen Korb mit Weinflaschen füllen ließ, im Auftrag des Professors Klinkerfues, der dieses Mal den Punsch spendieren wollte, gekommen war.

In der Sternwarte überprüfte der Astronom noch einmal die Küchenvorräte, ob auch alles zum Silvesterpunsch vorhanden sei, als seine Putzfrau Pauline, die auch für ihn kochte, den Boten der Weinhandlung Bremer meldete. Erstaunt sah der Professor zu, wie Flasche auf Flasche vorgezählt wurde. „Hat der Herr Senator denn diesen Wein bei Ihnen bestellt?" „Jawoll, Ludchen Hampe war da, bestellte un' chab Anwaasung, alles in de Sternwarte ßu schicken. Herr Professor wüßten schon woßu. Is' was nich' richtich?" „Doch, doch, schon, ich staune nur über die Menge." Der Bote ging und ließ einen Schlachtergesellen zur Tür hinein, der einen mächtigen gekochten Schinken trug. „Du, meine Güte!", lachte der Gelehrte, „hat der Herr Senator diesen ganzen Riesenschinken kochen lassen?" „Jawoll, Herr Professor, er hat ihn persönlich auschesucht un' dem Maaster befohlen, den chroßen ßu nehmen, damit alle ßatt werden un' Herr Professor noch aan Neujahrsfrühstücke hat." Klinkerfues lachte ein wenig gezwungen, denn sein ungeheurer Appetit war stadtbekannt.

Pauline stieß ihn an. „Nischt ßaren, Herr Professor, das Fett schaffe ich notfalls allaane." Die alte Putzfrau hatte sich nämlich als Lieblingsgericht das fette Randstück des gekochten Schinken ausgesucht. Da sie dieses selten genug zu kosten bekam, ist es schon verständlich, daß sie bereit war, es mit mehreren Pfunden davon aufzunehmen.

Kaum war eine Stunde vergangen, als Pauline das Arbeitszimmer des Astronomen öffnete und hineinrief: „Ach Du Chrundchütijer. Da is' schon wieder aan Bote des Herrn Szenaters mit einem Korb voll Waanflaschen."

„Das ist doch ganz unmöglich!" rief der Gelehrte und folgte ihr in die Küche. Dort zog der Hausknecht des Ratskellers seine Mütze: „Mit aaner schönen Empfehlung des Herrn Szenators Eberwaan ßoll ich den Waan abchäben." „War der Herr Senator bei Ihnen?" „Ja, fraalich. Er maante, es wäre nich' chenuch Waan auf de Sternwarte." „Nich' chenuch??!!" kreischte Pauline und sank vernichtet auf einen Küchenstuhl. „Un' da bin ich nu' mit die Pullen." „Merkwürdig, höchst merkwürdig", schüttelte Klinkerfues den Kopf. „Stimmt was nich'?" erkundigte sich der Hausknecht. „Wenn der Herr Senator diese Sendung persönlich aussuchte, muß es seine Richtigkeit haben." Auch dieser Bote steckte sein Trinkgeld ein und ging.

Klinkerfues überlegte eine Weile und meinte dann zu seiner getreuen Pauline: „Ich kann mir das nur so erklären, daß Eberwein mit einigen Herren mehr kommt, als ursprünglich verabredet war." „Dann kann ich woll nich' das Fette vom chekochten Schinken kriejen", erkundigte sich Pauline ängstlich. „Du sollst Dein Teil haben", beruhigte sie der Astronom und kehrte an seinen Schreibtisch zurück.

Einige Zeit war er ungestört, dann stürzte erneut die Putzfrau ins Zimmer. „Herr Professor, da is' wedder 'ne Waansendung." „Ja, zum Kuckuck, das ist doch nicht möglich!" lachte Klinkerfues und lief in die Küche. Dort stand ein junger Kellner der „Krone". „Der Stammtisch unseres Hauses erlaubt sich, seinem verehrten Mitglied die Bestandteile eines guten Punsches zu senden", sagte er mit formvollendeter Verbeugung. „Aha, die Herren vom Stammtisch, naja, dann kann es stimmen", erwiderte zerstreut der Gelehrte. Der Kellner zog sich nach Empfang seines Trinkgeldes zurück.

„Ich waaß nich' mehr, wohin mit die Flaschens, Herr Professor", klagte Pauline. „Ach was, laß das dumme Gejammer, alle kriege ich sie schon." „Das chlaube ich unbesehen", erwiderte die Alte respektlos. Gleich darauf kreischte sie. „Es klingelt, aane neue Waanßendung, passen Se auf!" „Nun werde nicht albern. Los, öffne!"

Es war ein Markthelfer, der ein Fäßchen mit Heringen im Auftrage des Senators abgab. „Das war cheschaat", lobte Pauline, „ich mariniere se chlaach, dann essen mich nich die Kerls den chanzen fetten Schinken wech." „Ja, der Gedanke ist gut", meinte auch Klinkerfues und faßte an seinen Hinterkopf, „besonders im Hinblick auf den nächsten Morgen."

Dann wurde die Klingel nicht mehr in Tätigkeit gesetzt, was Pauline sichtlich beruhigte.

Am Silvesterabend kam nichtsahnend der Senator in die Küche, in der gerade Pauline und Ludchen Hampe die Brötchen mit gekochtem Schinken belegten, wobei freilich nur die mageren Stücke verwendet wurden. Er nickte ihnen freundlich zu und sagte: „Raacht der Waan? Szonst cheht Ludchen schnell noch mal los!“ Da riß Pauline die Türen ihres Küchenschrankes auf und rief: „Da schlach doch aaner lang hin, wenn das nich' raachen ßoll, was dann!!“ „Daß Dich die Motten“, staunte Eberwein, „wie kommt denn die Masse her?“ Pauline berichtete. Ludchen zog immer tiefer den Kopf ein, denn er mußte wieder einmal feststellen, daß er voreilig gehandelt hatte. Der Senator lachte aber schallend und meinte nur: „Der Ruf von ihne Klinkerfues wird durch die Waanmengen nur noch mehr chestaajert, daß er die alle kriecht, is' kaane Frage, aber Pauline bekommt zwaa Flaschen ab, damit se sich nich' den Bauch mit fetten Schinkenstücken verdirbt un' Du, maan lieber Ludchen, mistest morjen de Färdestelle aus, dabaa wird Dich schon der Spaß verchehn, baa ihne Bremer chroßprotzich Waan ßu bestellen.“

Es wurde eine sehr vergnügte Silvesterfeier. Klinkerfues nötigte seine Gäste: „Immer nehmen Sie nur, Punsch ist dank der weisen Voraussicht des Herrn Hampe und der Großzügigkeit unseres lieben Senators überreich da. Die Vorbereitungen waren mit netten Überraschungen verbunden.“

Jedesmal, wenn im Wohnzimmer Gelächter ertönte, stichelte Pauline in der Küche: „Nu bist Du wedder dran, Ludchen!“ und schob ein neues Stück fettes Schinkenfleisch in den Mund. Hampe erwiderte gleichmütig: „Besser die Lacher ertragen als den Waan bezahlen müssen. Ja, maan Szenater, das is' aan Mann.“

„Er Blumenbach waaß aanfach alles!“

Auf der Landstraße von Groß-Lengden nach Göttingen rumpelte um 1830 ein Bauernfuhrwerk. Es war schwer mit gehacktem Buchenbrennholz beladen, und die beiden kräftigen Pferde hatten gehörig zu ziehen. Zum Glück trieb sie ihr Herr nicht an, so daß sie gemütlich den Weg verfolgen konnten.

Kaum achtete der Landwirt auf die Straße. Er saß in seiner Schoßkelle und zergrübelte sich den Kopf. Vor acht Tagen hatte er auf dem Göttinger Wochenmarkt gestanden und Einkellerungskartoffeln angeboten. Da war ein sehr gut gekleideter Herr an seinen Stand getreten und hatte gefragt, ob er einen Bauern kenne, der ihm sechs Klafter gehacktes Buchenbrennholz liefern könne. Gern hatte er sich bereit erklärt, der Herr nannte ihm seinen Namen und die Adresse und ging. Heute wollte er ihm die ersten beiden Klafter bringen. Fleißig hatte er mit seinen beiden Söhnen das Holz gesägt und zerhackt, aber leider dabei den Namen und die Adresse des Kunden völlig vergessen!

Wie hatte er bloß geheißen? Es war ein Universitätsprofessor mit einem komischen Namen, das hatte er noch behalten, aber wie lautete der nur. Er hätte um ein Haar gelacht, als er ihn hörte. Während des Holzhackens hatte er schon gegrübelt, aber der Name fiel ihm nicht mehr ein. Natürlich hatte er seiner Frau und den Söhnen nichts davon erzählt. In vorgespielter guter Laune hatte er mit ihrer Hilfe den Wagen beladen und sich mit ihnen über den schönen Nebenverdienst gefreut, denn Brennholz wuchs genug in der Waldparzelle. Die Söhne warteten schon sehnsüchtig auf ihr Trinkgeld. Und nun? Wie sollte er das Holz abliefern, ohne den Namen des Kunden zu kennen? Wie ihn auffinden? Sollte er herumlaufen, bis er den Professor zufällig auf der Straße sah? Göttingen hatte schließlich 12 000 Einwohner. Wie leicht konnte er den Gelehrten übersehen. Höchstwahrscheinlich wartete aber der Professor daheim, um die Holzfuhre in Empfang zu nehmen. Und wenn er den Kunden nun nicht fand? Sollte er dann das Holz wegwerfen und so tun, als ob er es richtig abliefern konnte? Sobald seine Frau merkte, daß er kein Geld mitgebracht hatte, kam der Schwindel heraus. Zwei Klafter konnte er auch nicht so schnell anderweit verkaufen, denn der sparsame Bürger kaufte Wellen und zersägte und hackte sie selbst.

Professor Blumenbach

(Welle hieß das dicke Knüppelholz, ein hannoverscher Klafter war 180 cm lang, umfaßte als Kubikmaß rund eindreiviertel Raummeter.) In solche Gedanken versunken, kam er am Geismartor an.

Als er den Torwärter Hämerling erblickte, durchzuckte ihn ein Gedanke. Vielleicht konnte der ihm helfen, er kannte doch so viele Leute. Vielleicht hatte der Professor schon nach ihm gefragt. Hämerling wurde zwar oft um Auskünfte gebeten, aber so etwas war ihm doch noch nicht vorgekommen. Wie konnte er da helfen? Wie konnte aber auch der Unglücksrabe den Namen seines Kunden vergessen! Er kratzte sich am Kopf und sagte achselzuckend „Da hilft nischt. Du mußt von Haus ßu Haus nach Daanem Professor fraren." „Ach du Chrundchütijer", jammerte der Bauer, „Chöttingen hat rund dausend Häuser!" „Och wo, bloß neunhundertdraaund-draaßich", verharmloste Hämerling. „Das is' immer noch ßu viel zum rum-laufen un' fraren. Un' alle erßählen, daß ich Döskopp den Namen des Professors verchessen habe, nänä!"

Da kam Hämerling der rettende Einfall! „Waaste was, wir chehn ßu ihne Professer Blumenbach. Das is' der berühmteste Professer der chanzen Uneversetät. Der hat chanz bestimmt chehört, an wen Du Holz verkauft hast. Er Blumenbach waaß aanfach alles!"

Die beiden traten den Weg in die Neustadt an, wo der Gelehrte in einem bescheidenen Hause wohnte. Freundlich empfing er den ihm wohlbekannten Torwächter. Hämerling erzählte ihm umständlich das Mißgeschick des Bauern. Blumenbachs Gesicht wurde immer ratloser und schließlich fragte er: „Lieber Hämerling, was soll ich denn dabei tun, ich habe jedenfalls das Holz nicht gekauft. Da müßt Ihr in der Stadt herumgehen und meine Kollegen fragen."

Hämerling und der Bauer drehten ihre Mützen in den Händen. „Das habe ich auch schon chesacht", meinte der Torwächter, „aber wir dachten nu', da Sie doch alles wissen, hätten Szie sicher schon chehört, an wen der Bauer das Holz verkauft hat." Verständnislos starrte der Gelehrte Hämerling an, dem der Landwirt zur Hilfe kam: „Also, wir dachten, daß baa de Professorens aaner ßum anderen ßacht: ‚Fritze, ich hab da aanen Bauern anne Hand, der sächt un' hackt chlaach das Holz, un' da . . .' "

„Und da glaubt Ihr, ich hätte auf diese Weise erfahren, welcher Kollege auf eine Ladung Brennholz wartet. Das ist doch wunderlich." Laut lachte er los. Er hieß nämlich Johann Friedrich mit Vornamen, die Abkürzung Fritze war also berechtigt, aber die Vorstellung, daß die Professoren sich duzten und die Adressen von Holzlieferanten untereinander tauschten, hatte für jene Zeit etwas Erheiterndes.

Der Bauer stand wie erstarrt. Endlich rief er erstaunt: „Recht haben Se. Wunderlich hat maan Professer chehaaßen. Nänä, es is' wirklich ßo, er Blumenbach waaß aanfach alles! Vielen Dank auch!" Fröhlich rannte er davon.

Alte Fink Europa

Die Anekdote von Professor Blumenbach und dem vergeßlichen Bauern wurde in Göttingen lange belacht, sie sollte aber ein halbes Jahrhundert später weit übertroffen werden.

Im Jahre 1874 fand ein großes astronomisches Ereignis statt, am 9. Dezember konnte ein Venusdurchgang beobachtet werden. Alle Kulturnationen entsandten Expeditionen, um sorgfältige Beobachtungsdaten zu gewinnen. Der nächste Venusdurchgang würde 1882 stattfinden. Dann konnte man die erhaltenen Ergebnisse überprüfen. Das nächste Ereignis dieser Art war dann erst im Jahre 2001 zu erwarten. Es läßt sich denken, daß die Teilnehmer dieser Expeditionen sorgfältig ausgewählt wurden und durchweg Männer waren, die an mehreren Sternwarten des In- und Auslandes gearbeitet hatten.

Eine Reihe von Beobachtungsstationen wurden in der Südsee errichtet. So konnte es nicht ausbleiben, daß gelegentlich Schiffe verschiedener Nationen gleichzeitig in einem der palmenumrauschten Häfen lagen und die an Bord befindlichen Astronomen Bekanntschaft schlossen.

Im Sommer liefen kurz hintereinander ein englisches, ein französisches und ein nordamerikanisches Expeditionsschiff in den Hafen von Honolulu ein. Hawaii war damals noch ein selbständiges Königreich mit allen Hoheitsrechten, zu denen auch die Post gehörte. Die an Bord befindlichen Wissenschaftler erwarben die üblichen Andenken, nicht zuletzt auch Briefmarken, schlenderten durch die noch sehr bescheidene Stadt und machten sich dabei miteinander bekannt. Bald hatten sich die Astronomen zusammengefunden und beschlossen, den Nachmittag gemeinsam zu verbringen.

In einem von Europäern geleiteten Gasthause kam das Gespräch allmählich von wissenschaftlichen Problemen zu Erinnerungen an die Studienzeit und bald stellte man erfreut fest, daß man gemeinsame Bekannte hatte.

„Kam ich doch als Stipendiat in ein Gasthaus, in dem Studenten nicht geborgt wurde", erzählte ein Engländer. „Das gibt es doch nicht!" riefen die meisten in der Runde. „O doch", widersprachen zwei Herren. Der eine war ein Amerikaner: „Ich muß dem Kollegen zustimmen. Well, ich war in der ‚Alten Fink'. Dort wird keinem Studenten geborgt." „Ich meine wahrscheinlich das gleiche Lokal", sagte erstaunt der Franzose. „Es war ein

Die „Alte Fink" in der Groner Straße kurz vor dem Abbruch

Fachwerkbau mit einer schönen Fassade und besaß einen riesigen Kneipsaal mit unzähligen Erinnerungsstücken." „Stimmt genau", erwiderte der Engländer. „Das meine ich", rief der Amerikaner.

„Drei weitgereiste Studenten und Gäste der ‚Alten Fink' treffen sich in Honolulu. Das ist noch nicht dagewesen!" sagte der Amerikaner. „Alle drei sind Astronomen im Marinedienst", ergänzte der Engländer. „Aber jeder gehört einer anderen Nation an", stellte der Franzose fest und fuhr fort: „Ich habe mir bereits Postkarten besorgt. Wollen wir dem Wirt der ‚Alten Fink' von hier aus einen Gruß senden?" „Aber gern", stimmte der Amerikaner zu. „Vorher trinken wir noch auf ihr Wohl", schlug der Engländer vor. Angenommen und ausgeführt! Dann schrieb der Franzose eine Karte, die von den beiden anderen mitunterzeichnet werden sollte.

Noch schnell die Adresse. Da stockte die Hand. „Mich läßt mein Gedächtnis im Stich. In welcher Stadt steht die ‚Alte Fink' eigentlich?" „Nanu, haben Sie das vergessen? Sie ist in, in, in, na, wie heißt doch gleich . . ." Engländer und Amerikaner sahen sich an. Dann brachen alle drei in schallendes Gelächter aus. Jeder erinnerte sich genau an die „Alte Fink", aber jedem war entfallen, in welcher Stadt sie stand.

Die anderen Teilnehmer der fröhlichen Runde witzelten: „Nun, das Land, in dem sich die ‚Alte Fink' befindet, wird ihnen doch noch gegenwärtig sein?“ Wieder versanken drei Köpfe in tiefes Nachsinnen. Dann wurden sie erst langsam und nachdenklich, schließlich energisch geschüttelt. „Auch das habe ich vergessen“, gab der Franzose zu. „Mir geht es genauso“, sagte der Engländer. „Auch ich weiß es nicht mehr“, seufzte der Amerikaner.

„Aber der Kontinent wird Ihnen doch noch bekannt sein“, rief ein Kapitän. Wieder versanken drei Köpfe im Nachdenken. „Afrika und Asien scheiden aus“, sagte bestimmt der Franzose. „Australien ebenfalls“, stimmte der Engländer bei. „Die ‚Alte Fink‘ muß in Europa liegen“, rief der Amerikaner. „Ich erinnere mich genau, es war meine erste Seereise, die mich nach Europa führte. Dort muß die ‚Alte Fink‘ sein.“ Dann adressiere ich eben ‚An die Alte Fink Europa‘. Das Lokal ist so berühmt, daß die Post es finden wird“, entschied sich der Franzose.

Alle stimmten ihm zu, die Karte wurde zur Post gegeben. Der hawaiische Beamte las nur „Europa“ und warf sie in den zu jenem Kontinent bestimmten Postsack. Tatsächlich hat die Karte nach jahrelangen Irrfahrten die „Alte Fink“, damals noch in der Groner Straße, erreicht. Sie zog mit der Fassade des Hauses zum Neubau in der Nikolaistraße und ist dort bis zum Jahre 1945 aufbewahrt worden. Das Lokal änderte nach dem Eintreffen des Kartengrußes seinen Namen in „Alte Fink Europa“.

„Ist das etwa Kreiensen?"

Der Göttinger Strafrechtler Prof. Eduard John war ein vielseitig begabter Gelehrter. Er wurde 1827 in Marienwerder in Westpreußen geboren und bekam bereits 1859 eine ordentliche Professur in Königsberg. Von 1862 – 67 war er liberaler Abgeordneter im Preußischen Landtag, wo er eine Freundschaft mit dem Lehrmeister der deutschen Parlamentspräsidenten Eduard (später von) Simson schloß, die ein Leben hielt.

Er ging 1868 als Professor nach Kiel, 1869 nach Göttingen und gehörte von 1870 – 76 dem Hanseatischen Oberappellationsgericht in Lübeck an, mußte sich dann aber entschließen, sich auf seine Lehrtätigkeit in Göttingen zu konzentrieren, wo er noch bis 1889 wirkte. Am Zustandekommen des Strafgesetzbuches des Norddeutschen Bundes hatte er einen hervorragenden Anteil und erarbeitete später einen mehrbändigen Kommentar der deutschen Strafprozeßordnung.

John verstand es wie kein anderer, die gewiß trockene Materie des Strafrechtes lebendig darzustellen und sogar mit Humor zu würzen. Zu seiner Zeit tobte ein erbitterter theologischer Streit um die Echtheit und das Alter der Bücher Mose. John sagte in einer Vorlesung kopfschüttelnd: „Der Streit ist völlig überflüssig. Die zehn Gebote sind selbstverständlich von Gott persönlich Moses diktiert worden. Kein Jurist der Welt hätte es fertig bekommen, ein Gesetzeswerk von derartigem Umfang und Bedeutung in so wenigen Worten zusammenzufassen."

Er gehörte auch zu denen, die für eine Beschleunigung des Prozesses eintraten und deshalb ein schnelles salomonisches Urteil einem langen Rechtsstreit vorzogen. Gern nahm er mit Studenten an Gerichtsverhandlungen teil und erläuterte anschließend an Hand der gehaltenen Plädoyers den Weg der Rechtsfindung. Besonders beliebt waren bei ihm die beim Amtsgericht Reinhausen anhängig gemachten Fälle, die der alte Amtsrichter Goeben aufgrund seiner langjährigen Erfahrung souverän und manchmal auch originell entschied.

Selbstverständlich wanderte man zu Fuß nach Reinhausen, denn einmal tat den Studenten die Bewegung gut und zum anderen verstärkte diese den Appetit. Der Herr Professor aß nämlich für sein Leben gern, wenn auch die Behauptung, er habe den Ruf nach Göttingen angenommen, um der Produktionsstätte der berühmten Würste nahe zu sein, nicht bewiesen werden

Professor Richard Eduard John

konnte. Auf jeden Fall ist John mit den größten in Reinhausen gemachten Mettwürsten mühelos fertig geworden.

An einem Sommertag stand ein Mann vor den Schranken des Amtsgerichts, der einem Bauern eine beachtliche Menge Heu gestohlen hatte und das auch zugab. Der alte Goeben fragte, ob er etwas zu seiner Entschuldigung vorzubringen habe, worauf der Delinquent erwiderte: „Jawoll, Herr Amtsrichter, chlauben Se mir, ich habe es nur aus Hunger chetan!" – „Was! Wollen Sie mir weismachen, daß Sie Heu fressen?" – „Nä, ich natürlich nich, aber maane Karnickel hatten ßo furchtbaren Hunger!"

Der Richter zog sich mit den Schöffen zur Beratung zurück, während John die Pause nutzte, den Studenten zu erläutern, der Dieb habe in unverschämter Weise versucht, sich mit Mundraub herauszureden und fragte die Musensöhne, wie sie den Fall entscheiden würden. Dem Angeklagten trat der Angstschweiß auf die Stirn als er die Antworten hörte.

Da erlöste ihn der Richter aus der Ungewißheit. Mit flatterndem Talar eilte er strahlend auf ihn zu, schüttelte ihm die Hand und rief: „Ich gratuliere! Ich gratuliere von Herzen!" – „Bin ich denn fraachesprochen?" – „Das natürlich nicht, aber Sie dürfen acht Wochen in einer frisch renovierten Zelle brummen, bevor Sie den Schaden ersetzen." John kommentierte: „Das nenne ich gut zurückgegeben. Merken Sie sich dieses Beispiel."

Einmal hatte der Gelehrte ausführlich über die Aburteilung von Straftaten, die unter Alkoholeinfluß vollführt worden waren, doziert. Nach der Teilnahme an der Gerichtsverhandlung in Reinhausen saß man im schattigen Garten vor einladenden Wurstplatten, als John sich erhob: „Meine Herren, da ich in den letzten Vorlesungen über den größten Feind der Straffälligen, den Alkohol, gesprochen habe, wollen wir heute mit gutem Beispiel vorangehen und statt des gewohnten Seidel Bieres ein schönes Glas Buttermilch trinken." Den Durst löschte das nichtakademische Getränk recht gut, spülte auch die Mettwurst in den Magen, aber das war es dann auch. Die mißmutigen Gesichter wurden erst fröhlich als die Rechnung präsentiert wurde. Der Professor prüfte sie nach und sagte zu dem Wirt: „Sie haben die Buttermilch vergessen." Der wehrte lächelnd ab: „Die kostet nischt, Herr Professor. Met Bottermelk mak wi nicks, die kräjen bi uns de Schwaane." John sah, daß die Studenten sich mit Mühe das Lachen verbissen, erhob sich und sagte ernst: „Meine Herren, den durch die sommerliche Hitze entstandenen Durst haben wir gestillt. Wie viele Leute trinken unbedacht Bier. Ich bewies Ihnen, wie gefährlich der Genuß von Alkohol vor oder während des Begehens von Straftaten ist. Wir sollten alles tun, um zu verhindern, daß dieser Feind der Menschheit in falsche Hände resp. Kehlen kommt und ihn deshalb erbarmungslos vernichten. Herr Wirt, für jeden der Herren ein Seidel Bier!" Die Musensöhne spendeten dem Entschluß Beifall und John hatte die Lacher auf seiner Seite.

Nach geraumer Zeit meinte der Gelehrte: „Zuviel Bier im Magen ist auch nichts. Wir essen erst mal was zwischendurch." Der Wirt machte ein gutes Geschäft, denn nach der Zwischenmahlzeit folgte noch ein Abendessen, das John ebenfalls spendierte. Er handelte nach dem Grundsatz, daß die Studenten, wenn sie erst einmal graubärtige Justizräte wären, ihrerseits arme Musensöhne zum Essen einladen würden. Seine Schüler haben diese stillschweigende Verpflichtung treulich erfüllt.

Professor John konnte einen staunenswerten Appetit entwickeln, weshalb ein Korb mit Göttinger Wurst und ähnlichen Delikatessen stets das richtige Geschenk für ihn war. Als er einmal an einer Juristentagung in Berlin teilnehmen mußte, war es für seine Studenten selbstverständlich, ihm einen Korb mit Reiseproviant mitzugeben, der für alle anderen Kongreßteilnehmer eine

Last dargestellt hätte, aber in Johns Gesellschaft Berlin nur als Leergut erreichen würde.

Der Assistent überreichte auf dem Bahnsteig den Korb mit den besten Wünschen seiner Hörer, bat ihn, mit dem Inhalt die Fahrtstrecke von Kreiensen über Magdeburg bis zur Reichshauptstadt angenehm zu verkürzen, aber den Deckel erst zu öffnen, wenn er die Prozedur des Umsteigens hinter sich gebracht habe. Die Mahnung war gewiß berechtigt, denn damals war Kreiensen ein turbulenter, stets überfüllter Umsteigebahnhof und der mit einem Koffer und einem schweren Korb belastete Reisende war froh, wenn er wieder im Zuge saß.

Es muß betont werden, daß John nicht halbverhungert war, als er in Göttingen abfuhr, aber der geheimnisvolle Inhalt des Korbes lockte. Auf der Haltestelle Bovenden wog er ihn prüfend in der Hand, einige Pfunde waren gewiß drin. Hinter Nörten-Hardenberg verlangte der kontrollierende Zugschaffner die Lösung eines Gepäckscheins für das schwere Ding, was die Stimmung des Gelehrten, allerdings auch seine Neugier, steigen ließ. Nun lief der Zug in Northeim ein und da konnte John nicht mehr an sich halten. Er mußte einfach sehen, was in dem Korbe war. Der Deckel war schnell geöffnet, aber über dem Proviant lag noch eine weiße Pappe, auf der zu lesen war: „Ist das etwa Kreiensen?"

Von Erbprinzen und Bakterien

Professor Eduard Karl Kasper von Siebold, der von 1833–61 in Göttingen lehrte, gehörte zu den Bahnbrechern auf dem Gebiet der Geburtshilfe, dem sich schon sein Vater und Großvater gewidmet hatten.

Als gebürtiger Würzburger liebte er es, mit Freunden bei einem guten Glase Wein zu sitzen, wobei dann sein Humor zum Durchbruch kam und ihn Anekdoten erzählen ließ, die er während seiner Tätigkeit als Geburtshelfer erlebt hatte. Seine fröhliche Art trug viel dazu bei, den werdenden Müttern Mut einzuflößen, Hebammen, die von ihm ausgebildet worden waren, brauchten sich um ihre Anstellung keine Sorgen zu machen. Bei den Studenten war er beliebt und zugleich gefürchtet, denn er stellte hohe Anforderungen. Da in jener Zeit die Hausentbindung noch vorherrschte, mußten Arzt und Hebamme oft unter primitivsten Verhältnissen Hilfe leisten und deshalb die Studenten mit Situationen vertraut gemacht werden, die heute als Katastrophen angesehen würden.

Siebold erzählte als Beispiel: „Da werde ich nachts zu einem Schmiedemeister geholt. Die Entbindung stand kurz bevor. Ich ließ den werdenden Vater das Licht halten und geh ans Werk. Da fällt doch der breitschultrige Mann in Ohnmacht, das ausfließende Öl verursacht einen Zimmerbrand. Die Hebamme mußte schleunigst löschen und ich das Kind in Qualm und Finsternis holen. Als wir wieder Licht hatten, gab die Hebamme dem Jungen ein paar Klapse und ich weckte den Vater mit kräftigen Backpfeifen. Geschrieen haben dann beide gemeinsam. Un das tollste ist, der Kerl hat bei Waterloo das Eiserne Kreuz bekommen!"

Der Ruf Siebolds ging weit über Göttingen hinaus und so bat ein thüringischer Herzog den damaligen Privatdozenten, seiner Frau bei ihrer ersten Entbindung beizustehen. Da Semesterferien waren, konnte der Gelehrte reisen und traf am 31. März in der kleinen Residenz ein. Die Untersuchung ergab, daß die Geburt des Kindes noch auf sich warten ließ. Gewitzigt durch die Erfahrung, die er mit dem Schmiedemeister gemacht hatte, ging er erst einmal daran, den werdenden Vater zu beruhigen. Zunächst ließ er sich die sehenswerte Schloßbibliothek zeigen und danach steuerten sie einträchtig dem ebenfalls sehenswerten Weinkeller zu. Beim Anschauungsunterricht blieb es selbstverständlich nicht. Es mußte unbedingt ein Glas auf das

Wohl der Herzogin, ein zweites auf die glückliche Geburt des Kindes, ein drittes auf den künftigen Vater und auf viele andere Dinge getrunken werden.

Gerade fing der Fürst an, den Ämtern und Städten seines Landes Gläser zu widmen, wobei Siebold heilfroh war, daß das Herzogtum keine Großmachtstellung besaß, als eine Hofdame hereinstürzte, die in der Aufregung ein unverfälschtes Thüringisch sprach, von dem Siebold ohnehin nur die Hälfte verstand. Zu seinem Glück! Die resolute Dame erkannte auf den ersten Blick die Lage und wusch ihrem Landesvater als dem Hauptverantwortlichen gründlich den Kopf. Als sie notgedrungen mal Atem schöpfen mußte, fragte Siebold nach ihrem Begehr. Bei der Herzogin hätten starke Wehen eingesetzt, die Geburt müsse in kürzester Zeit erfolgen. Der junge Arzt verlor keinen Augenblick die Ruhe und erklärte: „Wenn eine alte Regel stimmt, daß Frauen, die während der Schwangerschaft besonders hübsch aussehen, Knaben bekommen, müßte Ihre Hoheit einen Jungen gebären. Es ist aber noch nie ein deutscher König oder Herzog am ersten April geboren worden! Also beruhigen Sie Ihre Hoheit erst einmal, ich folge Ihnen sofort." Siebold ließ sich vom Kellermeister etwas zu essen geben und begab sich dann einigermaßen geraden Ganges zur Herzogin. Seine Diagnose war richtig gewesen, der neue Erdenbürger ließ sich noch Zeit.

Im Vorzimmer erwartete ihn aufgeregt der Herzog: „Sie hatten völlig recht. Kein einziger der regierenden deutschen Fürsten ist am ersten April geboren. Natürlich glaubte ich zuerst, Sie hätten eine Ausrede gebraucht, aber nein, der Hof- und Staatskalender beweist es eindeutig. Ich werde gleich meine Frau beruhigen." Siebold fiel unhörbar ein Stein vom Herzen. Nur die Hofdame traute der Sache noch nicht, ließ sich aber schnell besänftigen, als der Arzt sie bat, ihm ein Lager in möglichster Nähe des Krankenzimmers bereiten zu lassen.

Tatsächlich sollte Siebold recht behalten. Ein kräftiger Erbprinz wurde am 2. April 1826 geboren. Ein Blick auf die Regentenliste beweist, daß es sich nur um den späteren Herzog Georg II. von Sachsen-Meiningen, den berühmten „Theaterherzog", gehandelt haben kann. Siebold war damals Assistent seines Vaters und stand am Anfang seiner Laufbahn. Das dankbare Herzogspaar vertraute ihm künftig blindlings und förderte ihn nach Kräften. Diese Geburtshilfe hatte übrigens auch literarische Folgen. Die Hofdame und spätere Schriftstellerin Eugenie Marlitt, die über die Ereignisse in den thüringischen Residenzen genauestens informiert war, gab in dem vielgelesenen Roman „Im Hause des Kommerzienrates" dem jungen Arzt, der dem alten Hofrat vom Herzog vorgezogen wird, die Züge Siebolds, was man in Göttingen durchaus erkannte.

Wenn auch Siebold künftig mehrere deutsche Fürstenhöfe beriet, blieb er doch bis zuletzt Helfer der kleinen Leute. Er kämpfte darum, daß die armen Göttinger Buttcherfrauen die Hilfe der Klinik in Anspruch nahmen, da in ihren Behausungen die einfachsten hygienischen Voraussetzungen fehlten, was eine hohe Säuglingssterblichkeit zur Folge hatte.

Siebold machte das den Studenten mit Hilfe eines Erlebnisses deutlich. Eine Buttcherfrau hatte ohne Komplikationen entbunden, kränkelte aber, was eine längere Nachbehandlung erforderlich machte. Siebold versuchte, dem Vater zu erklären, daß die Frau vermutlich schon längere Zeit vor der Niederkunft eine bakterielle Infektion erlitten hätte, die sich nun auswirke. Nachdenklich nickte der Buttcher: „Da können Se recht haben mit die Bakteriens, Herr Professor. Solche Viecher ßinn alle Aurenblicke da un' krabbeln in unsere Bettens rum."

Professor Eduard Karl Kaspar von Siebold

Bei Prüfungen nahm es Siebold sehr genau, ließ aber auch eine originelle Antwort gelten. Ein Lehrerssohn, den er für einen tüchtigen Kinderarzt hielt, bekam eine ungewöhnliche Frage: „Sie werden in ein großes Mietshaus zu vier Familien gerufen. Alle haben Jungen, die gleichaltrig sind, in dieselbe Schulklasse gehen und alle haben starken Brechreiz. Was meinen Sie: können die vier sich in der Schule infiziert haben?" – Der Student überlegte nicht lange: „Das ist nicht unmöglich. Als Lehrerssohn würde ich den vier Jungen aber erst einmal einen Eßlöffel eines möglichst schlecht schmeckenden Lebertrans einflößen." – „Aber weshalb denn das, Herr Kandidat?" – „Auf die Weise erkenne ich am schnellsten, ob die Jungen wirklich krank sind oder ob sie sich nur von einer Klassenarbeit drücken wollen." – „Die Diagnose ist richtig und das Medikament dürfte schnell wirken", entschied Siebold lachend.

Einmal saß der Gelehrte mit dem seiner Deutlichkeit wegen berühmten schwäbischen Fabrikanten Nägele diskutierend beim Wein. Schließlich wehrte der Industrielle Siebolds Einwände brüsk ab. „Lassen Se, Herr Professor, vom Fabrikwesen verstehen Se nichts. Geburtshilfe ist nun mal nur ein medizinisches Speditionsgeschäft."

Klavier gegen Dudelsack

Wir können uns heute kaum noch vorstellen, daß vor 1914 an Studentenzimmern nie ein Mangel war. In den meisten Fällen war das Wohnungsangebot erheblich höher als die Nachfrage. Freilich gab es auch damals arme Studenten, die stets auf der Suche nach einer möglichst billigen Bleibe waren.

Solche gab es auch. In vielen Fällen waren sie mit der Verpflichtung verbunden, den Kindern des Wohnungsinhabers bei den Schularbeiten zu helfen. Natürlich kam es auf das Fach an. Mathematiker oder Altphilologen hatten die besten Chancen. Es gab aber auch Vereinbarungen wie etwa: „Also, Herr Stedente, Lataan chejen 'ne billije Bude und Chriechisch chejen aan chutes Abendbrot?" Wer hätte nicht zugegriffen?

Das „musikalische Gewölbe" an der Weender Straße in der Nähe des Walls blieb trotz niedriger Miete unvermietbar, obwohl es sehr gut eingerichtet war. Der Sohn der Vermieterin spielte nämlich mit wahrer Leidenschaft Klavier und wollte unbedingt Konzertpianist werden, wie die Mutter stolz verkündete. Leider war sie völlig unmusikalisch, denn sonst hätte sie merken müssen, daß Eduard trotz aller Mühe keinen Schritt weiterkam und seine Fehler nicht ablegen konnte. Wenn es damals einen Rekord im Klavier-Dauer-Falsch-Spielen gegeben hätte, wäre er Eduard sicher gewesen.

Musikalische Studenten, die sich auf Budensuche befanden, kehrten schon auf der Treppe um, unmusikalische wagten die Mietung und gaben spätestens nach einem Monat auf, weil das Dauergeklimper nicht zu ertragen war.

Die Mutter ging bereitwillig mit der Miete herunter und gestattete dem Musensohn, der das Zimmer nehmen wollte, sehr gern Geige zu spielen. Eduard war sogar bereit, ihn zu begleiten. Das ging nicht mal einen Tag gut, denn der Geigenbogen des Studenten wies sofort auf jede Note, die falsch gespielt wurde. Das ließ sich der angehende Konzertpianist nicht gefallen und der Musensohn erwiderte, daß, wenn er sein Spiel nicht gründlich bessere, die Wohnung eine Strafanstalt für empfindliche Ohren, kurzum ein musikalisches Gewölbe sei. Damit hatte die Studentenbude ihren Spitznamen weg.

Sie blieb lange unvermietbar, bis im Sommersemester 1902 ein schottischer Student, der im Burenkrieg ein Bein verloren hatte und mit jedem Pfennig rechnen mußte, das Zimmer bezog. Höflich fragte er, ob er ein Instrument mitbringen dürfe. Er würde es auch ganz gewiß nur spielen, wenn der Sohn des Hauses – well, wie sagt man deutsch – das Klavier bearbeite. Die Mutter schluckte das letzte Wort und machte in ihrer Freude sogar einen schriftlichen Mietvertrag mit ausdrücklicher Spielerlaubnis.

Die Kommilitonen warnten den Schotten: „McGregor, laß das, kein Mensch hält das musikalische Gewölbe länger als drei Wochen aus!" – „Ich biete Wetten an, ich kann es! Um ein Pfund Sterling, gentlemen. Wer hält gegen mich?" Ein Pfund war damals zwanzig Goldmark wert und für einen als geizig geltenden Schotten ein waghalsiger Einsatz. Zehn Wetten schloß der beliebte McGregor ab und achtete auf keine Warnung. Freilich dachten alle Musensöhne und erst recht die Vermieterin deutsch und nicht schottisch.

Als Eduard wieder mit staunenswerter Gelenkigkeit seine Finger im falschen Takt auf die unrichtigen Tasten fallen ließ, ertönten plötzlich aus dem musikalischen Gewölbe schreckliche Töne. Mutter und Sohn eilten hinüber.

Eduard beim Üben

Da stand McGregor in schottischer Tracht und versuchte, einen Dudelsack in Gang zu bringen. Er verriet natürlich nicht, daß er dieses Nationalinstrument der Hochländer hervorragend spielen konnte, aber auch sämtliche Tricks beherrschte, mit denen man die Ohren von Mensch und Tier mißhandeln kann.

Fröhlich erklärte er: „So, der Dudelsack ist gestimmt, nun kann ich mit Mr. Edward musizieren." Sprachlos sahen sich Mutter und Sohn an. Eine Begleitung durch eine Geige oder eine Flöte hätten sie sich vorstellen können, aber die eines Dudelsacks? Das konnte ja heiter werden!

McGregor erriet ihre Gedanken und beruhigte sie lachend: „No, ich will nicht Mr. Edward begleiten. Ich nur gleichzeitig spielen, denn Dudelsackmusik feuert an! Sie werden sehen!"

So geschah es auch. Wenn Eduard, jedenfalls nach seiner Meinung, brillant spielte, ertönte der Dudelsack. Wenn McGregor gar einen Marsch spielte, marschierte er im strammen Schritt über den Flur, öffnete ungebeten die Tür und umrundete feierlich den Tisch im Salon. Während einer Pause erklärte er: „Das ist der Marsch der Seaford-Highländers, bei dem kann ich unmöglich stillsitzen."

Schlug Eduard die falsche Taste an, so erfolgte umgehend ein furchtbarer Quietschton, wie ihn etwa schmerzgeplagte Ratten ausstoßen und McGregor erläuterte erschrocken: „O, sorry, excuse me, leider hat eine Burenkugel eine Pfeife beschädigt und ich konnte sie noch nicht ersetzen. Deshalb halte ich einen Finger auf die Stelle, aber wenn Mister Edward falsch greift, rutscht der immer weg. Wie sagt man, Reflex, ich kann nichts dazu!"

Unerträglich wurde es, wenn Eduard mit Anspannung aller Kräfte das Klavier bis zur äußersten Leistungsgrenze strapazierte und McGregor im Sturmschritt durch die Zimmer stampfte und den Marsch blies, unter dessen Klängen er mit seinen Kameraden in der Schlacht bei Magersfontein gegen die Stellungen der Buren angestürmt war. Tränen der Rührung oder der Erinnerung liefen über sein Gesicht, aber das hemmte nicht die Reflexbewegung, denn bei jedem falschen Ton Eduards störte ein markdurchdringendes Quietschen die Melodie des Sturmmarsches.

Der Mutter wurde das Doppelkonzert bald zu viel. Inständig bat sie die Mitbewohner und Nachbarn um Hilfe. Die hatten aber längst den Plan des listigen Hochländers begriffen und widersprachen: „Näna, wir beschweren uns doch nich'! Es is' so schön, die fremden Volkslieder un' Märsche ßu hören." – „Maan Chroßvater erßählte immer, wie in Spanien un' baa Waterloo die Dudelsackbläser voranchingen." – „Un' ich, ich werde den Mister fraren, ob er mal in unserem Veteranenveraan spielen will!" – „Das is' doch wat anneres als die Holzeraa von Ihrem Eduard."

Schließlich wurde es dem zukünftigen Künstler auch zu viel. Er konnte spielen, wann er wollte und was er wollte, kurz darauf ertönte der Dudelsack! Die flehentliche Bitte: „Ich möchte Händel proben, lassen Sie wenigstens dann den Dudelsack schweigen!" wurde freundlich abgelehnt: „Händel, o, sehr gut, Mister Händel war lange in London, ich werde Sie mit dem Marsch der schottischen Garde anfeuern, denn den hat Händel oft gehört, wenn die Wache aufzog." Und kurze Zeit darauf, Eduard hatte gerade begonnen, eins der Werke Händels zu mißhandeln, schritt McGregor in dem langsamen britischen Parademarsch durch Flur und Zimmer und ließ den Marsch der schottischen Garde ertönen, falls nicht eine Reflexbewegung dazwischen kam.

Bitten und Flehen halfen nichts, Drohungen mit Kündigung des Gewölbes waren nutzlos, denn der Schotte verwies ruhig auf den Mietvertrag. Allmählich wurde aber Eduard nachdenklich. Die schrillen Quietschtöne bewiesen ihm, daß alle Übungsstunden nichts fruchteten und die Fehler nicht abgestellt werden konnten. Er gab schließlich auf und wandte sich dem Beruf seines Großvaters zu, der Fleischermeister war und tröstend sagte: „Laß man, aane chute Mettwurst zu machen, is' auch Kunst." Eduard sah das bald selbst ein und war schließlich dem Dudelsack dankbar.

McGregor kassierte die Gewinne seiner Wetten ein und blieb als fröhlicher Hausgast bis zu dem glänzend bestandenen Examen im nunmehr herrlich ruhigen musikalischen Gewölbe billig wohnen. Er ließ es sich aber nicht nehmen, zu Eduards Hochzeit alte schottische Weisen aufzuspielen. Schielte künftig der junge Ehemann nach dem Klavier und überlegte, ob er nicht doch noch einmal . . ., unterbrach seine Frau sofort die Gedankengänge mit der Drohung: „Eduard, laß das, oder ich hole Mäc mit ßaanem Dudelsack!"

Der Feind des Frauenstudiums

Professor Gustav Roethe war ein Mann, der weit über seinen Fachbereich der deutschen Literatur hinausgriff und die kirchlichen, juristischen und medizinischen Texte des Mittelalters in seine Untersuchungen zur Entwicklung der deutschen Sprache einbezog. Selbst unermüdlich tätig, verlangte er auch von seinen Doktoranden viel und galt als gefürchteter Prüfer.

Es wurde allgemein bedauert, daß der bienenfleißige Gelehrte nach vierzehnjähriger Tätigkeit in Göttingen 1902 einen Ruf nach Berlin annahm. So

Professor Gustav Roethe

sorgfältig er jede ihm übertragene Aufgabe, wie auch die Ehrenämter des Dekans und Prorektors, erfüllte und jede ihm vorgelegte Examensarbeit oder Dissertation eingehend prüfte, um ein wohlabgewogenes Urteil abgeben zu können, so hatte er doch auch einige Fehler und ging von einmal bezogenen Standpunkten äußerst selten ab. Hinter der vorgehaltenen Hand munkelte man, er habe unvermeidbaren Zusammenstößen ausweichen wollen, als er nach Berlin ging.

Ein Problem holte ihn freilich ein. Roethe blieb zeitlebens ein Gegner des Frauenstudiums, obwohl er, wie es seine Pflicht als preußischer Beamter war, Studentinnen, die ihn um Rat fragten, stets nach besten Kräften beriet. Er hielt nur nichts vom Frauenstudium, denn lernt so ein Mädel einen Mann kennen, wird ihm die Wissenschaft egal und es will nur noch heiraten. Davon ließ er sich nicht abbringen.

Seine Vorlesungen und Seminare eröffnete er mit den Worten: „Meine Herren!" Die Studentinnen sah er einfach nicht. An eine solche Unhöflichkeit waren die ersten studierenden Damen freilich gewöhnt. Roethe stand nicht allein mit seiner Auffassung.

Ein Ausspruch, den er sich in einem Seminar leistete, wurde an allen deutschen Universitäten bekannt. An einem späten Nachmittag begann sein Seminar, und die Studenten merkten, daß Roethe innerlich erregt war und die Angelegenheit sich vom Herzen reden mußte, bevor er zum eigentlichen Thema überging. Er setzte auch sofort an: „Meine Herren! Ich komme gerade aus einer Senatssitzung und muß Ihnen etwas unglaubliches mitteilen. Da hat man nun die Frauen zum Studium zugelassen und die Folge war, sie forderten die gleichen Rechte wie die Männer. Erst wollten sie studieren wie ein Mann und Examen machen wie ein Mann. Dann gingen sie weiter und wollten Diplomarbeiten machen wie ein Mann und Doktor bauen wie ein Mann. Aber damit noch nicht genug! Sie wollten sich habilitieren wie ein Mann und Professor, Schuldirektor, Justiz- oder Medizinalrätin werden wie ein Mann. In allem und allem wollen sie den Männern gleichgestellt sein. Und nun stellen Sie sich mal vor, meine Herren!" (Roethe machte eine Kunstpause und schaute in die erwartungsvollen Gesichter der Studenten.) „Sie werden es nicht für möglich halten. Erst wollen sie mit den Männern in allen Dingen gleich sein und jetzt verlangen sie doch ein Weiberklo für sich allein!" – Das Gelächter, das sich nun erhob, soll das stärkste und anhaltendste der deutschen Universitätsgeschichte gewesen sein.

Die Musensöhne waren den Studentinnen gegenüber auch nicht gerade höflich, mußten aber die Erfahrung machen, daß die jungen Damen sich mit Witz und Schlagfertigkeit zu wehren wußten. Aus Göttingen sind zwei derartige Anekdoten überliefert. Eine der ersten Studentinnen hatte feuerrotes

Haar, weshalb sie auf Neckereien gefaßt war. Als im Hörsaal der Ruf ertönte: „Vorsicht! Brandgefahr!" wehrte sie lachend ab: „Keine Angst! Sie brennen nicht! Dazu sind Sie noch viel zu grün!"

Revolutionär war es geradezu, als Studentinnen es wagten, geschminkt in den Vorlesungen zu erscheinen. Das war für Konservative weit schlimmer als das Frauenstudium überhaupt. Natürlich hatten die wagemutigen Mädchen manche Stichelei zu ertragen. Eine Studentin, die alle Möglichkeiten der Verschönerung angewandt hatte, was um 1930 tatsächlich noch höchst ungewöhnlich war, mußte sich anhören: „Schau doch mal, ein richtiger Tuschkasten!" Freundlich antwortete sie: „Das kann man wohl sagen – sogar ein Pinsel ist vorhanden."

Exkursion im Laufschritt

Wissenschaftliche Exkursionen sind stets sehr lehrreich, können aber auch anstrengend sein. Höchst beliebt waren die des Althistorikers Professor Ulrich Karstedt, der ein geruhsames Spaziergängertempo einschlug, um auf archäologisch interessante Details aufmerksam machen zu können. Deshalb „erschlugen" bei ihm Schwerkriegsversehrte ihren Exkursionsschein, darunter auch der Verfasser dieses Buches.

Wir wanderten gemächlich im Bereich des römischen Limes, als Karstedt plötzlich stehen blieb: „Was sehen Sie hier?" – „Nur ein Loch", antwortete jemand. „Das sagen Sie so, es handelt sich um ein ganz interessantes Problem." Freundlich wandte er sich zu uns Kriegsversehrten: „Nehmt erst mal Platz, Jungens, aber so, daß ihr mit Euren Krückstöcken keine archäologi-

Königin Luise auf der Flucht

schen Flurschäden anrichtet." – „Tun wir nicht!" – „Studenten machen stets Unsinn."

Es war vorausschauend, uns einen Sitzplatz anzubieten, denn nach drei Stunden hatte er durchaus noch nicht alles dargelegt, was über das Loch zu sagen war. Nach einer weiteren Stunde schloß er mit den Worten: „Alles konnte ich in der Eile natürlich nicht sagen, aber wir müssen ja weiter gehen." Höchst erstaunt war er, als ein schallendes Gelächter seine Ausführungen lohnte, er hätte tatsächlich noch viel über das Loch sagen können.

Wer dagegen mit dem Geographieprofessor Hans Mortensen auf Exkursion ging, mußte in den meisten Fällen gut zu Fuß sein, denn der Gelehrte konnte noch in höherem Alter erstaunliche Marschleistungen vollbringen. Wir meinten, er hätte einen hervorragenden Grenadier Napoleons abgegeben, denn von Südspanien nach Moskau zu marschieren, wäre für ihn kein Problem gewesen.

Wenn man auf Fachtagungen bei einem guten Glas Wein zusammensaß, erzählte Mortensen mit Vergnügen eine Anekdote, die er selbst provoziert hatte. Vor dem Zweiten Weltkriege unternahm er mit Göttinger Studenten eine mehrtägige Exkursion nach Ostpreußen, auf der er auch die Bernsteinküste des Samlandes und die Sanddünen der Kurischen Nehrung zeigen wollte. Letztere waren wohlbekannt, dienten sie doch Segelfliegern als Übungsgelände und kürzlich war dort die erste Verfilmung des Karl-May-Buches „Durch die Wüste" abgedreht worden, denn wo sonst sollten die Regisseure arabische Sanddünen herbekommen? Filme mußten damals im Inland hergestellt werden.

Segelflieger und Karl-May-Filme waren natürlich nicht das Thema. Professor Mortensen ging es um den geologischen Aufbau und die Wirtschaftsgeographie des Samlandes und der Kurischen Nehrung. Heiß brannte die Sonne vom Himmel, als er das Dünengelände besprach und dennoch ein beachtliches Marschtempo einhielt.

Plötzlich blieb er stehen, sammelte seine Schar und sagte: „Fast hätte ich es vergessen! Wir gehen eben auf der historischen Poststraße, auf der 1807 Königin Luise vor Napoleons Truppen nach Memel flüchtete" und wandte sich zum Gehen. Da hörte er aus dem Hintergrund den Stoßseufzer. „Dann vorwärts im Laufschritt! Wenn Mortensen so weiter rennt, holen wir die Königin bestimmt noch ein!"

„Wie heißt der Hausmeister?" – „Fütterer!"

Eins der ersten großen Originale der Forstlichen Hochschule Hann.-Münden war der Hausmeister Fütterer, der streng auf Ordnung hielt. Seine mit dröhnender Stimme vorgetragenen Ermahnungen begannen stets mit den Worten: „Szolange Se kaane Examens bestanden haben, chilt für Szie foljendes nach wie vor . . ." Schlimm für die Studenten war, daß kaum einer der Professoren die Gardinenpredigt überhören konnte, was oft ein zweites Donnerwetter auslöste, denn bei den Grünröcken herrschte damals eine strenge Disziplin.

Fütterer stellte auch bei den Lehrtreibjagden einen Teil der Schützen auf und kommandierte die Treiber und zwar als altgedienter Oberjäger sehr militärisch. Als Prinz Albrecht von Preußen einmal in Hann.-Münden an einer Jagd teilnehmen sollte, stellte Fütterer einen Studenten des zweiten Semesters an den Ausgang eines Hohlweges und gab ihm so zahlreiche Rat-

Fütterer ermahnt den Forststudenten

schläge, daß der junge Mann wortlos die Büchse präsentierte und in dieser Haltung die Ermahnungen auf sich niederprasseln ließ. Als der Hausmeister weiterstapfte, meinte er leise zu einem Dozenten: „Auf dem Stand kann der Stedente kaanen Unfug anrichten."

Das sollte sich als Irrtum erweisen. Die Göttin Diana gab nichts auf Rang und Würden. Als die Jagd abgeblasen wurde, lag der stärkste Rehbock vor dem Stand des jungen Studenten. Während der Prinz als rechter Waidmann dem glücklichen Schützen aufrichtig gratulierte, grollte der alte Fütterer: „Da tut man nu' ßaan bestes, dem Rehbock die Ehre ßußuschanzen, von aaner Königlichen Hohaat erlegt ßu werden, aber naan, der olle Dussel schleppt ßaan Chehörn ßu aanem Chrünschnabel!"

Dieser Ausspruch wurde noch lange erzählt und als Prinz Albrecht später den jungen Studenten, der nun ein gestandener Oberforstmeister war, traf, fragte er sofort: „Na, wo hängt denn der olle Dussel?" und betrachtete nochmals die Trophäe.

Im Kriege von 1870/71 kam der alte Fütterer zu unerwarteten Ehren. Die Forststudenten wurden sofort eingezogen und dienten, wie damals für Forstleute üblich, in Jägerbataillonen, die preußischen Landeskinder in preußischen, die braunschweigischen im Leibbataillon in Blankenburg/Harz.

Während der Belagerung von Metz wurde eine zurückkehrende braunschweigische Patrouille, die ihrer schwarzen Uniformen wegen nur schwer erkennbar war, von preußischen Jägern beschossen, bis sie sich endlich als Kameraden bemerkbar machen konnte.

Da nach damaligen Brauch Jäger bevorzugt zu Aufklärungsvorstößen eingesetzt wurden, vereinbarten die Forststudenten ein eigenes Erkennungszeichen, das unabhängig von jeder offiziellen Parole gelten sollte. Der Posten fragte künftig: „Wie heißt der Hausmeister?" worauf der Patrouillenführer zurückrief: „Fütterer!"

Diese Lösung funktionierte ausgezeichnet. Franzosen konnten die Worte Hausmeister und Fütterer nicht richtig aussprechen und hatten erst recht keine Ahnung, wer gemeint war. Wo Hann.-Mündener Forststudenten Posten standen oder Patrouillen gingen, hörte man die Frage nach Fütterer. Da dieses eine absolut sichere Methode darstellte, ließen die Kommandeure die Jäger gewähren.

Nach dem Kriege urteilte Fütterer: „Was habe ich mit die Erßiehung der Stedentens Last un' Ärjer chehabt, aber daß se maanen Namen als Parole chenommen haben, freut mich denn doch." Vergnügt fügte er hinzu: „Berühmte Namens wie etwa Wilhelm, Bismarck, Friedrich Karl oder Moltke hätten die Franzosen fix richtich chedeutet, aber wer Fütterer war, da konnten se nich' hinterkommen."

Lichtenhainer Bier

Zwischen den Studenten der Universitäten Jena und Göttingen bestanden stets gute Beziehungen. So befand sich z. B. seit 1848 das Göttinger Corps „Hannovera", bei dem Bismarck aktiv gewesen war, im Kartellverband mit dem Jenenser Corps „Guestphalia", was natürlich zahlreiche gegenseitige Besuche und gemeinsame Unternehmungen zur Folge hatte.

Für Göttinger Studenten war es völlig selbstverständlich, in Jena die Stätte zu besuchen, an der sich die Mitglieder der Urburschenschaft 1815–19 zu treffen pflegten. Als Weimarer Bürger und Jenenser Studenten gegen die Bebauung des Gartens des Dichters Schiller, der in dessen Laube den „Wallenstein" vollendet hatte, protestierten, stellten sich die Göttinger ohne einen Augenblick zu zaudern auf ihre Seite. Bürgerinitiativen sind, wie dieses Beispiel von 1908 beweist, Erfindungen, die unsere Zeit nicht für sich beanspruchen darf.

Selbstverständlich ging es auch zu den Ausflugsorten in der Umgebung Jenas. Nicht versäumt werden durfte der Besuch der „Fuchsenhöhe", auf der der umgekehrte studentische Komment herrschte. Die Füchse hatten das Sagen und die Burschen mußten gehorchen. Ein Göttinger Fuchs fragte dort ein bemoostes Jenenser Haupt: „Darf ich mir hier eine Tasse Kaffee bestellen." Höflich antwortete der Bursche: „Dürfen darfst Du das selbstverständlich, schließlich sind wir hier auf der Fuchsenhöhe. Uns genügt es aber völlig, wenn Du Dich äußerlich wäschst."

Von dort ging es dann zu einem Studentenwirt namens „Kämmer-Karle", bei dem die Füchse das achte und neunte Weltwunder besichtigen durften. Das achte war ein Kanonenstiefel riesenhaften Ausmaßes, zu dem Karle auch eine passende Geschichte erzählen konnte: „Hier gab es mal eenen Stedenten, der een wahrer Goliath war, aber fix mit dem Jelde fertig wurde. Der ließ sich beem alten Schuster Greiner Kanonenstiebel machen. Die paßten ooch wie äben alte solide Handwerkerarbeet. Nun ging's ans Bezahlen un' der Studente bot aanen Wechsel an. Meester Greiner schüttelte den Kopp, er wußte ja, was im Busche steckte und sagte, er bliebe lieber bei der Schießerei. Der junge Herr krieje seine Kanonen, wenn er seine Pistolen habe (d. h. eine beliebte Goldmünze, die fünf Taler galt). Un' nu' kucke aaner an, der Stedente konnte nur den eenen Stiebel bezahlen. Nu' half kaan Bitten und Flehen, ohne Jeld rückte der Meester den zweeten Stiebel nich' raus. Ihr werdet es kaum jlauben, der Stedente hat den zweeten Stiebel nich' bezahlt! Meester Greiner nutzte ihn zur Werbung un' von dem Enkel kaufte ich ihn. Mir dient er als Warnung, Stedentens nich' zu borjen."

Eine deutliche Lehre. Schlimmer noch war das neunte Weltwunder, ein Fernrohr, mit dem man in die Zukunft blicken konnte! Hob der Student es unvorsichtig zum Himmel, fiel ihm aus dem Rohr Ofenruß ins Gesicht. Beschwerte er sich über den groben Scherz, erklärte Karle ungerührt: „Was willste denn, so rußlich pechschwarz sieht nu' mal Deene Zukunft aus, wenn Du weiter so faul bist un' nich' zum Examen arbeetest." Die Eltern der Musensöhne waren mit dem originellen Wirt stets einer Meinung.

Gern nahmen auch Göttinger Studenten Einladungen zu Ausflügen auf eins der Bierdörfer ein. Besonders geschätzt waren die Ausfahrten mit der „Himmelsziege". Dieses sagenhafte Pferd war dem ganzen Kösener SC bekannt und auf Wochen im voraus bestellt. Es sah erbärmlich aus wie die Rosinante, verfügte über erstaunliche Kräfte, konnte einen Eimer Bier trinken und fraß alles, was die Zähne zermalmen konnten.

Sobald es auf die richtige Straße gebracht war, fand es den Weg zum Bierdorf Lichtenhain allein und blieb auch vor der ersten Schänke stehen.

In Lichtenhain wurde ein besonderes Bier gebraut, das in Birkenholzkrügen zum Ausschank kam. Das Gebräu sah dünn und harmlos aus, stieg aber allmählich und dafür unaufhaltsam zu Kopf. Die freundliche Warnung der

Lichtenhainer Bier wurde aus Birkenholzkrügen getrunken

Einheimischen: „Vorsichtich drinken, de Herren Stedenten! Es köppet!" verhallte leider meist ungehört.

Auch den Göttinger Musensöhnen konnte das Lichtenhainer zunächst nichts anhaben, bis sie doch merkten, daß die Hirne sich umnebelten. Nur die brave „Himmelsziege" war außerordentlich lebhaft geworden und schlug auf dem Heimweg ein flottes Tempo ein.

Es war nicht ganz leicht die Hotelzimmer zu erreichen und am folgenden Morgen forderten einige Musensöhne, die noch nicht ganz klar sehen konnten, das Beschwerdebuch. Erstaunt fragte der Geschäftsführer: „Das ist mir ja furchtbar peinlich, meine Herren, war denn etwas nicht in Ordnung?" – „Und ob. Lassen Sie die Treppen mal anständig putzen. Beim Heimkommen haben wir uns unsere Hemdmanschetten ganz schmutzig gemacht!"

Wettrudern um Ostereier

Für Göttinger Wassersportler war die Lage früher nicht einfach. Schwimmwettkämpfe waren in den Badeanstalten möglich. Die Ruderer standen sich vor 1914 dagegen schlecht. Sie mußten bis zur Weser fahren, denn alle Versuche, die Leine zu nutzen, führten zu keinem annehmbaren Ergebnis und die Talsperren im Harz gab es noch nicht.

Die studentischen Wassersportler suchten und fanden Beziehungen zu den akademischen Sportclubs der Berliner Universität. Die herrlichen Havelseen lockten förmlich, auf ihnen Wettkämpfe auszutragen. Die Teilnahme Göttinger Studenten machten das Bild noch bunter und den Wettstreit spannender. Der Wassersportgedanke wurde in den akademischen Kreisen stark durch die Erfolge des Breslauer Studenten Carl Rausch gefördert, der wäh-

Die ersten Eier sind gewonnen

Beim Lübbenauer Braunbier

rend der Olympischen Spiele in St. Louis 1904 zwei Goldmedaillen im Schwimmen holte.

Berliner Studenten, die aus dem Spreewald stammten, übertrugen einen alten wendischen Brauch ihrer Heimat auf den Sport. In einigen der Dörfer, die nur mit dem Kahn erreichbar waren, pflegte man dem ersten auswärtigen Boot, das am Morgen des Ostersonntags anlegte, einen Korb mit Eiern zu überreichen. Diese hübsche Sitte konnte natürlich auch als Wettkampf organisiert werden. Man brauchte ja nur Start und Ziel festzulegen. Die Spreewäldler machten begeistert mit, brachte doch die Wettfahrt der Studenten eine fröhliche Abwechslung in die dörfliche Stille, ganz davon zu schweigen, daß ein Sorbe, der mit dem Ruder in der Hand aufwuchs, jeder Art von Rudersport Interesse entgegenbrachte. Eier wurden gern und reichlich gespendet. Das Eierrudern wurde binnen weniger Jahre ein beliebtes Ereignis. Jedes teilnehmende Boot durfte, wenn es schon nicht den Hauptpreis errang, doch zumindest mit einem Trostpreis rechnen. Manche Dörfer setzten obendrein Sonderpreise für Ruderer aus, die als erste ihren Landungssteg erreichten, mochten sie auch später von anderen überholt werden.

Als die Göttinger 1906 fragten, ob sie sich auch einmal am Wettkampf um die Ostereier beteiligen dürften, stimmte alles begeistert zu. Da viele Dörfer Preise stifteten, wurde die Strecke ungewöhnlich lang und reichte von Berlin bis Lübbenau. Der erste Preis wurde bereits einige Sekunden nach Mitternacht fällig, Zwischenspurtpreise in fast jedem Dorf und der Hauptpreis in Lübbenau, wo zu den Eiern noch andere Spenden kommen sollten, darunter nicht zuletzt ein Faß des berühmten Braunbieres. Selbst die Illustrierten versprachen Bildreporter zu entsenden, was damals viel heißen wollte.

Leider muß man zugeben, daß die Berliner Studenten einen großen Ulk mit dem Eierrudern verbinden wollten. Scheinheilig redeten sie den Göttingern ein, die Wettfahrt könne von einem Sportkomitee nicht besser abgesteckt sein. Eier für ein fulminantes Rührei kriegten sie bis zum Zielort mit absoluter Sicherheit zusammen, das Lübbenauer Braunbier schmecke ganz vortrefflich dazu und die echten Lübbenauer Gärtnerwürste würden die rechte Würze dazu geben, nach der langen Fahrt gewiß der rechte Morgenschoppen. Obendrein könne man auf dem Lübbenauer Bahnhof die Boote als Expreßgut zurücksenden, also das Ideal einer Rennstrecke.

Alles schien die reine Wahrheit zu sein. Am späten Abend fuhren die Boote ab, die Göttinger lagen gut im Rennen und wurden nach Mitternacht aus Spreewaldkähnen auf deutsch und sorbisch freundlich begrüßt und

Lübbenauer Gurkenhändlerinnen

angefeuert, mit Fackeln wurden sie auf gute Fahrrinnen eingewiesen und vom Morgengrauen an hatten die Steuerleute zu tun, die zugereichten Eierkörbe zu verstauen.

Leider kamen die Göttinger in Lübbenau nicht als erste Mannschaft an, gehörten aber doch zu den ersten sechs und durften deshalb bei der Vertilgung des großen Fasses Braunbier helfen, das jedes Boot zum Sinken gebracht hätte und deshalb zum Riesenrührei spendiert wurde.

Erstaunte Gesichter machten freilich die Unkundigen, als sie feststellten, daß es sich bei den Gärtnerwürsten um eingelegte Gurken handelte, die bis zum Zweiten Weltkrieg auf dem Lübbenauer Bahnhof wie anderswo heiße Würstchen verkauft wurden. Klugerweise lachten sie mit.

Ihre Großväter urteilten ärgerlich: „Das war natürlich eine Berliner Retourkutsche. Wir haben Bismarck angeführt, er solle sich im Gurkenkrug an der Rosdorfer Brücke eine schöne große Gärtnerwurst bestellen. Er lachte hinterher mit und aß die riesige Gurke bis zur letzten Scheibe. 1870 erkundigte er sich bei einem verwundeten Göttinger, ob der Gurkenkrug noch existiere. Und ausgerechnet Ihr müßt auf diesen uralten Witz reinfallen. Da lacht doch Bismarck noch nach seinem Tode drüber! So eine Blamage!"

Schmiß oder Rasierwunde?

Im Jahre 1906 feierte die Universität Greifswald ihr 450jähriges Bestehen. An den Festtagen nahmen Vertreter der Göttinger Korporationen, Verbindungen, Turner- und Sängerschaften in solcher Stärke teil, daß die in Berlin erscheinende Zeitschrift „Die Woche", die wahrlich an Bildmaterial nicht knapp war, das Foto einer Schar Göttinger Gäste während des Jubiläumsbummels durch Greifswald brachte.

Die Turnerschaften traten nur bei großen Feierlichkeiten in Erscheinung, weil sie die Anwesenheit so zahlreicher Gesinnungsfreunde nutzten, im Greifswalder Bodden Schwimm- und Ruderwettkämpfe durchzuführen. Im Schwimmen waren die Vertreter Breslaus unschlagbar, im Rudern konnten die Göttinger gegen die Berliner, Greifswalder und Rostocker Mannschaften, die freilich ganz andere Übungsmöglichkeiten zur Verfügung hatten, keine Erfolge erringen.

Auf einem anderen Gebiet konnten die Göttinger führend auftreten. Es ist heute völlig in Vergessenheit geraten, daß der Ablauf des studentischen Kommerses ganz entscheidend von Göttingen aus geprägt worden ist. Selbstverständlich entstanden mit dem Aufkommen der Landsmannschaften und Burschenschaften sehr unterschiedliche Bräuche, zumal der Nachrichtenaustausch weit schwieriger und vor allem langwieriger war als heute. Es dauerte Jahrzehnte, bis sich bestimmte Bräuche durchsetzten und Allgemeingut wurden, während andererseits Besonderheiten bis heute gepflegt werden und den Reiz der Vielfalt ausmachen.

Sehr früh wurde die Organisation und der Ablauf des Göttinger Kommerses an den anderen Universitäten des damaligen Gebietes des Deutschen Bundes bekannt und als vorbildlich angesehen. Als z. B. Erzherzog Johann von Österreich nach seiner Wahl zum Reichsverweser 1848 seinen feierlichen Einzug in Frankfurt hielt, ehrten ihn die zahlreichen Akademiker unter den Abgeordneten der Deutschen Nationalversammlung mit einem festlichen Kommers nach Göttinger Art, der dank der Bemühungen der alten Studenten der Georgia Augusta auch trefflich gelang.

Nun war der Siegeslauf des Kommerses nicht mehr aufzuhalten und so darf es uns nicht verwundern, daß auch in Greifswald die Göttinger die Organisation des Festkommerses übernahmen. Wie in der heimatlichen Lei-

Göttinger Studenten beim Greifswalder Jubiläum

nestadt sollte er auch auf dem Marktplatz stattfinden, damit auch die Greifswalder Bürger daran teilnehmen konnten.

Das Fest wurde ein voller Erfolg und niemand brauchte zu dursten, da mehrere Greifswalder sich bestimmte Studentenlieder wünschten und ihr Absingen mit Bierspenden honorierten.

Nur an einem Tisch kam er während des harmonisch verlaufenden Kommerses zu einem Mißklang, der in Universitätsstädten so ungewöhnlich war, daß er dem Verfasser unglaubhaft erscheinen würde, wenn nicht sein Vater als hallischer Student Zeuge des Vorfalls gewesen wäre.

Damals mußten sich die Studenten vor dem Gang in die Vorlesung rasieren lassen oder selbst zum Rasiermesser greifen. Abhilfe für Ungeschickte schaffte erst die Erfindung des Rasierapparates, wenngleich die ersten Exemplare und die dazu gehörenden Klingen noch sehr verbesserungsbedürftig waren. Ohne den Einsatz der Vertreter, die mit der neuen Erfindung unermüdlich treppauf und treppab eilten, hätten sich die Rasierapparate der verschiedensten Firmen unmöglich so schnell durchsetzen können.

Ein solcher Vertreter, der zwar auf seine Ware Garantie geben konnte, aber selbst unter Garantie nie in einer Universitätsstadt gelebt und gearbeitet hatte, dachte nicht unrichtig, daß die Hunderte von jungen Männern auf dem Marktplatz eine beachtliche Kundschaft für ihn darstellen könnten, nahm seinen Musterkoffer und ging auf Tour.

Seinen bewährten Werbesprüchen war dieses Mal kein Erfolg beschieden. Als er am ersten Tisch, an dem Göttinger und Hallenser Studenten saßen, seine Waren anbot, erhob sich sofort ein Geschrei, Schimpfworte flogen und ein Schutzmann eilte, gefolgt von einem Magistratsbeamten, den Störenfried zur Rede zu stellen. Schnell hatte die Obrigkeit den erschrockenen Vertreter am Kragen: „Wie kommen Sie dazu, die auswärtigen Studenten, die ja schließlich unsere Gäste sind, zu beleidigen?" – „Das ist mir doch nicht eingefallen, Herr Wachtmeister. Ich sah an dem Tisch einige Herren sitzen, die Verbände und Pflaster auf ihren Wangen hatten, trat hinzu, öffnete meinen Koffer und sagte höflich: ‚Wenn Sie bitte schauen wollen, hätten Sie meine

Der Jubiläumsfrühschoppen auf dem Greifswalder Marktplatz

Rasierapparate benutzt, wären derartige schreckliche Schnitte bei der Rasur unmöglich gewesen.' Da fingen doch die Studenten an, furchtbar mit mir zu schimpfen!" –

Die Musensöhne bestätigten die Wahrheit der Aussage. Ihre schönen streng kommentmäßig erworbenen Schmisse für Rasierverletzungen zu halten, war nun wirklich der Gipfel gewesen. Alle weiteren Ausführungen gingen im Gelächter der umstehenden Greifswalder Bürger unter.

Katerfrühstück und mütterliche Sorgen

Zwischen den Studenten der Universitäten Göttingen und Halle bestanden stets freundschaftliche Beziehungen. Zwar war die Stadt an der Saale nie besonders schön, es stand dort auch eine Lernuniversität in altpreußischer Disziplin und Strenge, aber vergnügt waren die Studenten immer und unternahmen mit ihren Gästen gern einen Ausflug zur Rudelsburg. Die Hinfahrt verlief fröhlich, die Rückfahrt meist still, weil etliche Teilnehmer unfreiwillig an die Übergabe von Festungen erinnert wurden. Der alte Verbindungsdiener Mertens, ein hallisches Original, drückte es deutlich aus: „Es war wie meestens, de Stedenten kotzten sich so allmählich nach Hause."

Am nächsten Morgen war dann ein gemeinsames Katerfrühstück in „Café David" üblich. Es lag am Ende der „Alten Promenade", an der sich die histori-

Ein Riesenkater

schen Universitäts-Buchhandlungen Halles befanden und war für zwei Spezialitäten bekannt. Hier wurde die bestandene Promotion gefeiert und es gab das beste Katerfrühstück der Saalestadt. Musensöhne wandelten den alten Werbespruch „Kaffee und Kuchen gehören zusammen" ab und sagten „Bier und Kuchen schmeckt auch".

Hier war der rechte Ort, den schweren Kopf und die Geräuschempfindlichkeit des Haarwuchses abzustellen. Der erfahrene Ober Heinrich warf nur einen Blick auf die Gesellschaft und befahl dem Pikkolo: „Zwölfmal Katerfrühstück in Quadratur!" Mit seinem Mokka double war da nichts mehr zu machen. Die Zusammensetzung der Quadratur blieb Geschäftsgeheimnis, schmeckte entsetzlich und wirkte hervorragend. Nach hallischer Sitte gab es zu dem sauren noch einen eingesalzenen Hering und dann konnte man sich mit einem normalen Frühstück stärken.

Ungeachtet der rauhen hallischen Sitte der Quadratur waren die Göttinger Studenten von dem Katerfrühstück sehr angetan. Einer schrieb begeistert seinen Eltern: „Das Katerfrühstück in Halle war einzig, wenn man bedenkt, was man sonst so vorgesetzt kriegt. Im nächsten Semester gehe ich nach Halle."

Die Eltern wohnten fern von studentischen Sitten in einer Harzer Kleinstadt. Während der Vater schmunzelnd an seine alte längst vergangene Burschenherrlichkeit dachte, verschwand die Mutter in der Vorratskammer und begann für den Sohn ein Paket mit Dauerwurst und anderen guten Gaben zu packen. Auf dem Postamt erzählte sie dann unter Tränen: „Ach wissen Sie, daß das Frühstück der Zimmervermieterinnen kümmerlich ist, ist ja allgemein bekannt, aber stellen Sie sich vor, in Göttingen gibt es Katzenfleisch zum Frühstück! Und mein armer Junge ist so ausgehungert, daß er hallische Katzen für wohlschmeckender als göttingische hält. Da mußte ich einfach die Speisekammer plündern!" Der Postbeamte wog wohlgefällig das stattliche Paket und flüsterte: „Na, armer Junge, mit der Grundlage schmekt das Bier noch besser, aber daß jemand nicht weiß, was ein Katerfrühstück ist, hätte ich nicht geglaubt."

Der gleiche Student muß aber eine beachtenswerte Fähigkeit gehabt haben, an das „Eingemachte" seiner Anverwandten zu gelangen. Er bekam den Besuch seines Patenonkels, eines strengen und äußerst genauen Kaufmanns aus der Magdeburger Börde, der gewiß in seinem ganzen Leben kein Katerfrühstück benötigt hatte, weshalb dieses auch der Mutter unbekannt blieb.

Dem Onkel imponierten die Universitätsgebäude, vor allem die Bibliothek, deren Wert er blitzschnell im Kopf errechnete, wobei er natürlich auf Millionensummen kam. Vor den Schaufenstern der Buchhandlungen traf

Ein gestrenger Onkel

den Neffen ein strenger Blick: „Hoffentlich bist Du hier ein guter Kunde." – „O ja, wenn Vater mal etwas goldig glänzendes beifügt, gehe ich sehr gern her." Der Onkel verstand nicht.

In der Nähe war ein damals sehr geschätztes Speiserestaurant. „Hier gehst Du wahrscheinlich nur selten hin?" forschte der Onkel. „Natürlich, hier ist es mir zu teuer. Wenn freilich die gute Tante Mathilde ein Schein in den Brief legt, darf ich mir das mal am Sonntag erlauben." Der Onkel verstand immer noch nicht.

Neben der Jakobikirche befand sich damals ein Automaten-Restaurant, in dem man kalte und warme Getränke, Bier und belegte Brötchen aus Automaten ziehen konnte. Vor dem Ersten Weltkrieg war das eine große Neuerung und fand bei der Jugend gebührende Beachtung. „Siehst Du, Onkel, hier gehe ich nach den Vorlesungen oft essen. Zwei belegte Brötchen für zusammen vierzig Pfennige und dazu eine Tasse Kaffee oder Kakao für einen weiteren Groschen, das muß für einen armen Studenten genügen." Der Onkel verstand immer noch nicht.

Fachmännisch prüfend schaute er sich um. „Für den Besitzer mag sich das Lokal rentieren. Ihr jungen Leute seid ja für solche kuriosen Neuerungen: Brötchen aus dem Automaten, statt eine ordentliche Erbsensuppe mit Speck. Und hier haben einige von ihren Getränken etwas verschüttet. Das kann bei solcher Art von Geschäften nicht vermieden werden. Mir jedenfalls ist es widerlich." – Nun riß dem Studenten doch der Geduldsfaden, den man gerade Patenonkeln gegenüber haben sollte und erwiderte spitz: „Ach weißt Du, Onkel. Weit widerlicher sind mir die äußerlich gut gekleideten Leute mit klebrigen Hosentaschen." „Klebrige Hosentaschen?" staunte der Onkel. „Ja doch, denen das Portemonnaie in den Taschen festpappt, wenn sie mit einem Neffen spazieren gehen!" Jetzt verstand der Onkel endlich.

Schlechter erging es einem Kommilitonen, dessen Mutter sehen wollte, was der Sohn so in Göttingen trieb. Die Dame war nicht nur sittenstreng, sondern obendrein in einem Abstinenzlerverein aktiv tätig. Das konnte natürlich brenzlich werden. Der Musensohn hatte Glück während der Stadtbesichtigung. Die Ermahnung der Mama, sie hoffe, er würde zu denen gehören, die nach dem Doktorexamen das Gänseliesel küssen dürften, war durchaus zu verstehen. Aus der Tür der Deuerlich'schen Buchhandlung rief ein junger Mann: „Herr Student, Ihr Buch ist eingetroffen!" Auch das war ein erfreuliches Zeichen, weshalb die Mutter gern bezahlte.

Der weitere Bummel über die Weender machte Kaffeedurst, aber, o Schreck, die Frau Mama steuerte ausgerechnet dem „Café Knutsch" zu. Es befand sich an der Ecke Weender Straße/Untere Karspüle. Es gehörte dem Bäckermeister Hattenkerl, der zwar nicht lesen und schreiben konnte, aber vorzüglich backte und ein hervorragender Geschäftsmann war. Daß der Gästeraum ziemlich dunkel war, funktionierte er zum Vorteil um. An den Nischentischen war nämlich das Küssen erlaubt, ganz ungewöhnlich im braven Göttingen. Hattenkerl verdiente im „Café Knutsch" so viel, daß er für seinen Sohn das „Café Kröpke" in Hannover kaufen und den geforderten Preis von einer halben Million in Gold bar auf den Tisch legen konnte.

Dieses äußerst beliebte Studentenlokal suchte die Mutter auf. Zum Glück für den Sohn waren noch keine Damen da, aber er atmete zu früh auf. Die Mama bestellte zweimal Kaffee und Kuchen. Der Ober brachte nur ein Kaffeekännchen. Vor dem entsetzten Musensohn stellte er zwei Seidel Bier ab und sagte freundlich: „Wie immer, Herr Stedente, aans zum Durstlöschen un' aans zum Trinken." Aus der sehnlichst erhofften Spende der Mutter wurde nichts.

Wer war der blaurote Methusalem?

Zu den beliebtesten Erzählungen des Reiseschriftstellers Karl May gehören die Abenteuer des blauroten Methusalems in China. Nach 1900 wurde die Glaubwürdigkeit des phantasiereichen Erzählers stark bestritten, mehrere Prozesse, die Karl May führen mußte, wurden in der deutschen Presse ausführlich behandelt und dadurch stieg das Interesse an der Frage, welche Quellen der angeblich so Weitgereiste ausgeschöpft hatte.

Eins stand schon bei seinen Zeitgenossen fest: der ehemalige Lehrer, der für fast dreißig Jahre Mitarbeiter an Zeitungen, Kalendern und Zeitschriften wurde und lange selbst als Redakteur tätig gewesen war, muß die ihm erreichbare Presse über Jahrzehnte hinweg sorgfältig ausgewertet haben. Deshalb war man auch der Meinung, daß sich hinter der Gestalt des blauroten Methusalems, der in voller Studentenwichs mit seinem Diener und einem Primaner nach China reiste, ein bekanntes studentisches Original verbergen müsse. Selbstverständlich hatte Karl May den Namen, die Universitätsstadt und sicherlich auch das Reiseziel so verändert, daß der Gemeinte nicht zu erkennen war. Die Prozesse, die Ludwig Thoma zu führen hatte, weil einige Personen sich in seinen Werken wiedererkannten, warnten alle Schriftsteller.

Die Jenaer Zeitungen meinten 1908, daß der ihnen sattsam bekannte ewige Student Lutterkorth das Vorbild des blauroten Methusalem sein müsse. Auch dieser Musensohn sei sehr wohlhabend gewesen und zahlreiche Streiche wurden von ihm erzählt. So habe er einmal zweihundertzwanzig Mark (damals ein Amtsrichtergehalt) in Zehnpfennigstücken eingetauscht, in Bierflaschen gefüllt und diese während eine Rheindampferfahrt als persischer Prinz verkleidet leutselig unter die Fahrgäste geworfen.

Eines Tages erschien das Original Kämmer-Karl bei allen Jenaer Zeitungen und gab eine Todesanzeige auf. Lutterkorth sei während einer Fahrt über den Bodensee betrunken über Bord gefallen und trotz sofort eingeleiteter Rettungsversuche wie ein Stein versunken. Die Redaktionen brachten außer den Anzeigen auch noch freundliche Nachrufe auf das einzigartige Original der Jenaer Studentenschaft.

Vierzehn Tage später erhielten die Zeitungen gleichlautende Briefe Lutterkorths, in denen er schrieb, er sei noch mopsfidel und dächte nicht ans Sterben. Er habe den Kämmer-Karl die Anzeigen nur aufgeben lassen, um festzustellen, ob man ihm in Jena seine vielen Streiche übel genommen hätte. Die freundlichen Nachrufe habe er nur unter Tränen der Rührung lesen können.

Andere Zeitungen meinten, Lutterkorths Streiche und seine Flußdampferfahrten hätte Karl May wohl kaum in eine Abenteuerfahrt nach China umarbeiten können. Die Urgestalt des blauroten Methusalems müsse ein anderer sein.

Göttinger Zeitungen hatten natürlich ihren eigenen Kandidaten, den unvergeßlichen Rumpf. Dieser war wie der blaurote Methusalem aus reichem Hause, ließ sich mit Hund und Bierkrug malen, verließ nach seinem Zusammenstoß mit Merkel Deutschland und weilte seit 1887 in der südafrikanischen Diamantenstadt Kimberley. Dieser würde weit besser als Vorbild des blauroten Methusalems geeignet erscheinen als Lutterkorth. Obendrein ist zu bedenken, daß in Göttingen bei Puffer-Deppe in der Prinzenstraße (später wurde dort das Haus des „Göttinger Tageblatt" gebaut) ein Stammtisch der Methusalems existierte, der nur Studenten aufnahm, die mindestens zwanzig Semester auf dem Buckel hatten. Sein Präside war über zehn Jahre Rumpf. Der Name dieses Stammtischs, dessen Mitglieder während der Bierrevolution von 1881 das Lokal erbittert verteidigten, ging damals durch Deutschland.

Die literaturhistorische Bearbeitung der Werke Karl Mays hat ergeben, daß bereits im Jahre 1888 die Jugendzeitschrift „Der Gute Kamerad" mit dem Abdruck des „Kong-Kheou. Das Ehrenwort", begann, wie Karl May die erste Fassung der Reiseerzählung nannte, deren zweite 1892 den Namen „Der blaurote Methusalem" erhielt.

Student Rumpf im Burenkrieg vor der Front seines Zuges (Rumpf steht ganz links)

Beide Ausgaben liegen vor den Streichen Lutterkorths, der deshalb nicht zum Vorbild dienen konnte. Rumpf hat den Burenkrieg von 1899/1902 als Führer einer deutschen Freiwilligenabteilung mitgemacht. Selbstverständlich wurde diese Truppe von deutschen Reportern fotografiert und so ging 1901 sein Bild durch die deutschen Illustrierten. Während die Buren damals breitkrämpige Hüte und derbe Joppen bevorzugten, zog Rumpf in voller studentischer Wichs in den Krieg, was in Europa völlig undenkbar gewesen wäre und in Südafrika nur dadurch ermöglicht wurde, daß die Buren fast ausschließlich nichtuniformierte Bürgeraufgebote einsetzen mußten.

Die Abenteuer eines Mannes, der in Deutschland, auf Diamantenfeldern und im Krieg in studentischer Wichs ging, konnte die schriftstellerische Phantasie leicht nach China verlegen.

Konnte Karl May überhaupt von Rumpf wissen? Die Ereignisse der Göttinger Bierrevolution wurden von den meisten deutschen Zeitungen berichtet. Wir müssen ja immer bedenken, daß der Nachrichtenfluß weit spärlicher war als heute und die Redakteure oft froh waren, mit Studentenanekdoten, die damals höchst beliebt wurden, Lücken füllen zu können. Es müßte ein großer Zufall gewesen sein, wenn Karl May nichts von der Bierrevolution, dem Stammtisch Methusalem und den Streichen Rumpfs gehört haben sollte.

Auch eine zweite Tatsache gilt es zu berücksichtigen: Nach der Niederlage des amerikanischen Generals Custer 1876 am Little Big Horn haben die deutschen Zeitungen nur noch selten über den Endkampf der Indianer berichtet. Das Interesse wandte sich in steigendem Maße Afrika, Indien und der Südsee zu. Dieser Zug wurde durch die Erwerbung der deutschen Schutzgebiete noch verstärkt.

Während des Burenkrieges stand die öffentliche Meinung in allen europäischen Festlandsstaaten auf der Seite der Buren gegen Großbritannien. Jede Zeitschrift brachte von 1899–1902 zahlreiche Aufsätze und Bilder über diesen Kriegsschauplatz. Es erscheint völlig ausgeschlossen, daß Karl May das Foto des Studenten Rumpf und seiner Freiwilligen nicht kannte.

Obendrein hat sich der Schriftsteller stets für Südafrika interessiert. Eine seiner bereits 1878 erschienenen Reiseerzählungen „Der Africander" spielt dort. Sie wurde in der in Dresden verlegten Zeitschrift „Frohe Stunden. Unterhaltungsblätter für Jedermann" veröffentlicht. Das ist nicht von ungefähr. In jener Zeit wurden nämlich von den britischen Kolonialverwaltungen des Kaplandes und Natals Bergbaufachleute und Aufforstungssachverständige aus dem Erzgebirge, der Heimat Karl Mays, berufen, was damals ein abenteuerlicher Auftrag war und einer Reise ans Ende der Welt gleichkam.

Als die nunmehr endgültige Fassung des „Blauroten Methusalems" in die „Gesammelten Reiseerzählungen Karl Mays" im Verlag von Friedrich Ernst Fehsenfeld in Freiburg/Br. aufgenommen wurde, schmückte den Einband ein Bild des Methusalems, das weitgehend der Göttinger Rumpf-Ansichtskarte entsprach. Durch die Fabulierkunst des vielgeschmähten Karl May ist der ewige Student Rumpf als blauroter Methusalem eine höchst beliebte Gestalt der deutschen Jugendliteratur geworden.

Studentische Wetten

Wenn früher die Geldbeutel der Studenten leer wurden, war es schwierig sie wieder zu füllen. Den heute so beliebten Job in den Semesterferien gab es noch nicht, das Werkstudententum kam erst in den Notjahren nach dem Ersten Weltkrieg auf. Nachhilfestunden wollten so viele geben, daß es nicht leicht war Schüler zu finden.

Eine beliebte aber auch riskante Möglichkeit zu Geld zu kommen, bestand darin, eine ulkige Wette auszutragen und zu gewinnen. Im friedlichen Göttingen passierte so wenig, daß Zeitungsreporter gern als Berichterstatter die Austragung verfolgten.

Die Wette, in einer mit Ochsen bespannten Landauer Kutsche durch Göttingen fahren zu können, ohne von der Polizei angehalten zu werden, war wirklich harmlos und nur ein Ortsfremder konnte bewogen werden dagegen zu halten. Als die Wette am 31. Juli 1884 ausgetragen wurde, winkten einige Bürger den in der Kutsche sitzenden Studenten freundlich zu und die Polizei griff natürlich nicht ein. Wozu auch? Zwischen den gemütlich dahintrottenden Pferdegespannen fiel das Ochsenpaar überhaupt nicht auf und einen Verkehr, den es behindern oder gar aufstauen konnte, gab es ja noch nicht.

Ebenso leicht war im März 1889 die Wette zu gewinnen, einen Plattenwagen mit Drehorgelspielern und italienischen Musikanten ungestraft durch die Stadt fahren zu können. Man lachte nur. Auf Studentenstreiche war man gefaßt und da sie stets heiter und harmlos waren, lachten die Bürger mit.

Als zu Weihnachten 1892 mehrere Studenten die Wette austrugen, von der Johanniskirche in die Scharwache am Rathaus auf Schaukelpferden reiten zu können, wobei sie außerdem ständig singen wollten „Es ritten drei Reiter zur Wache hinein“, wirkten die Scharwächter bereitwillig als Schiedrichter mit. „Näna, das Färd schieben chilt nich! Wackeln, feste wackeln!!“ – „Un' Szie ßingen schön laut waater, ach ja, von wäjen verschnaufen! Das können Se hinterher, wenn Se uns das Bier spendiert haben!“ Fünf Studenten schafften die Bedingungen und feierten einträchtig mit den Scharwächtern ihre gewonnene Wette.

Ein Musensohn gewann am 8. Oktober 1909 eine selbst für Göttinger Verhältnisse ungewöhnliche Wette. Er hatte erklärt, eine Haselnuß mit einem Zahnstocher rund um die Wälle stoßen zu können. Da dies sehr viel Zeit und

Geduld erforderte, glaubte niemand, daß der Student soviel Durchhaltevermögen, er mußte sich ja stundenlang in gebückter Stellung vorwärts bewegen, aufbringen würde. Viele wagten daher Widerpart zu halten. Mochte nun den Musensohn die in Aussicht stehende Geldsumme locken oder er über eine gute sportliche Kondition verfügen, vermutlich war beides der Fall, kurzum er gewann die Wette, wie das „Göttinger Tageblatt“ am nächsten Morgen meldete.

Makaber war eine andere Wette, die man nicht für möglich halten würde, wenn nicht die „Göttinger Zeitung“ am 28. und 29. Juli 1904 über sie berichtet hätte. Junge Kaufleute fragten in einem Gasthaus Studenten, ob sie nicht Angst hätten, wenn bei der Mensur eine blitzende Klinge auf sie zugeflogen käme. Die Studenten wehrten ab und einer meinte großspurig, für ein nettes Sümmchen ließe er sich jederzeit einen Schmiß beibringen.

Nun stand er im Wort und die Kaufleute nahmen eine entsprechende Wette an. Ein Unparteiischer wurde gefunden, denn jeder Schmiß mußte groß genug sein, um nach dem Komment als solcher zu gelten und das durfte nur er entscheiden. Die Kaufleute waren damit völlig einverstanden und bestimmten einen der ihren als Kassenwart, bei dem jeder Schmiß sofort bezahlt werden mußte.

Der Student benahm sich, wie es ein Indianerhäuptling am Marterpfahl nicht besser gekonnt hätte. Er stand wie ein Baum und zuckte mit keiner Wimper, obwohl er achtzehn Schmisse bekam. Dann ging den Kaufleuten das Geld aus. Die Göttinger meinten freilich, so etwas habe mit Ulk und Wetten nichts mehr zu tun.

Sie mußten sich freilich auch daran erinnern, daß Schmisse damals hoch im Kurs standen. So hatte im Jahre 1900 ein junger Mann bei einem Eisenbahnunfall ein Stück Ohr verloren und eine kräftige Narbe im Gesicht erhalten. Als ihm die Bahnverwaltung im Januar 1901 ein Schmerzensgeld zahlen wollte, wehrte er freundlich ab, er empfinde die Verletzungen als Verschönerung, denn er würde nun oft für einen Korpsstudenten gehalten.

Manchmal gingen Wetten auch schief. Viele Studenten hielten den Damensport für völlig überflüssig und als Angeberei. Einer wagte es, zwei jungen Damen eine im Jahre 1906 ungewöhnliche Radwettfahrt anzubieten. Er wollte von Göttingen nach Nordhausen fahren, während die Mädchen ein Tandem für die gleiche Strecke benutzen durften. Sollte er, was natürlich ausgeschlossen war, verlieren, dürften sich die jungen Damen auf seine Kosten nach der neuesten Radfahrmode einkleiden. Die Wettbedingungen waren schwierig zu erfüllen, denn asphaltierte Radfahrwege gab es nicht. Die Sportler mußten die Chausseen benutzen, wie die heutigen Bundesstraßen

Das siegreiche Damentandem überholt den Herausforderer

damals amtlich hießen, aber diese waren bestenfalls gepflastert. Kreisstraßen besaßen nur eine festgewalzte Schotterschicht. Leitplanken gab es erst recht nicht. Vielfach standen auf beiden Seiten Obstbäume und tief eingegrabene geweißte Steinpfeiler schützten die Pferdefuhrwerke vor einem Abrutschen in den Straßengraben. Autos wurden als Seltenheit bestaunt.

Es hätte sich ein geübter Radsportler sagen müssen, daß bei derartigen Straßenverhältnissen eine Tandemmannschaft dem Einzelfahrer unbedingt überlegen war, besonders wenn es im südlichen Vorharz häufig bergauf ging. Bergab ging es zwar schnell, aber Unebenheiten in der Fahrbahn konnten leicht zu bösen Stürzen führen.

Unser Student dachte leider nicht so weit. Die Mädchen hielten sich tapfer. Erst hinter Herzberg konnte er einen Vorsprung erkämpfen und war bei Walkenried dem Tandem ein gutes Stück voraus. Er wollte nun auf die gut ausgebaute Straße zwischen Niedersachswerfen und Nordhausen kommen. Da es erfreulicherweise mal bergab ging, trat er kräftig auf die Pedale, um den Vorsprung zu vergrößern. Bei der Geschwindigkeit übersah er, daß der Schotter an einer Stelle ausgespült war und bevor er bremsen oder das Rad umlenken konnte, fuhr er gegen einen Baum. Ihm selbst passierte glücklicherweise nichts, aber das Vorderrad und der Lenker waren dringend reparaturbedürftig. Die Wette war verloren.

Nach wenigen Minuten nahte Hilfe. Die leichte Kutsche eines Gutsbesitzers rollte heran. Der Landwirt half bereitwillig das beschädigte Fahrrad zu verladen und den Pechvogel mit nach Nordhausen zu nehmen. Kaum hatte sich das Gefährt in Bewegung gesetzt, als auch schon das Tandem nahte. Der Student drückte sich in die Ecke, aber es half ihm nichts. Mit freundlichem Winken, das der erstaunte Landwirt fröhlich erwiderte, fuhren die Damen vorbei. Nun blieb dem Musensohn nichts weiter übrig als seine unvorsichtige Wette zu beichten. Der Gutsbesitzer konnte sich nicht genug wundern, was für Fisematenten die Studenten im Kopf hätten. Schließlich meinte er vergnügt: „Naja, Glück haben die Mächens, mein Schwager hat ein großes Modegeschäft und freut sich über die Kundinnen." Der Student dachte im stillen, daß ein Unglück selten allein käme.

Nach dem Ersten Weltkrieg waren die alten fröhlichen Zeiten vorbei und auch die Polizei nahm alles viel genauer. Als z. B. am 2. Februar 1925 fünfundzwanzig Studenten versuchten, einen mit einem Bierfaß beladenen Handwagen durch die Sperre auf den Bahnsteig zu befördern, wurden sie von der Polizei aufgeschrieben. Ihre Beteuerungen, sie wollten wirklich nur einigen Kommilitonen bis zur Abfahrt des Zuges eine kleine Abschiedskneipe geben, wurden ihnen zwar geglaubt, aber feiern müßten sie im Wartesaal und Bier gehöre nur als Frachtgut auf den Bahnsteig. Die Zeitungen standen durchweg auf der Seite der Studenten. Vor 1914 hätte kein Mensch eine derartige Wette für unmöglich gehalten.

Im Zeichen der großen Wirtschaftskrise konnte man erst recht früher totsichere Wetten glatt verlieren. So behauptete ein Student, er könne das Personal von Karstadt total verwirren, indem er vorgäbe, nur französisch sprechen zu können. Kaum hatte er sein: „Nix verstehn, nur français", hervorgebracht, als die Verkäuferin sich schon umdrehte und einen Herrn herbeirief, der in vorzüglichem Französisch die Bedienung übernahm. Es war ein stellungsloser Referendar, der sich freute, bei einem Aushilfsjob seine Sprachenstudien verwerten zu können. Derartige Wetten gehörten der Vergangenheit an.

Die bedeutendste Niederlage bei einer Wette mußten Göttinger und Hallenser Studenten in Jena hinnehmen. Dort hatten etliche Musensöhne etwas zu laut mit ihrer Trinkfestigkeit renommiert. Die Jenaer Gastgeber nahmen das scheinheilig staunend zur Kenntnis und meinten herausfordernd: „Wenn das stimmt, müßtet Ihr die Kellnerin im Burgkeller unter den Tisch trinken können. Dazu gehört einiges." Natürlich wurde verschwiegen, daß diese Frau, die jede Amazone oder Walküre übertroffen hätte, unglaubliche Biermengen vertragen konnte. Bislang hatte sie noch niemand unter den Tisch trinken können.

Die Jenaer richteten den Wettkampf ordnungsgemäß aus, der am 22. Juli 1878 steigen sollte. Die Kathi sah sich ihre Gegner prüfend an und erklärte

Der Burgkeller in Jena

verächtlich: „Mit den Grünschnäbeln nehme ich's allemal zusammen off." So geschah es.

Kathi trat gegen acht Göttinger und sieben Hallenser Studenten an, wohlbemerkt alles mit jeder Biersorte vertraute bemooste Häupter. Und es geschah das, was selbst die Jenenser Burschen nicht für möglich gehalten hätten. Die resolute Kellnerin trank alle ihre fünfzehn Gegner unter den Tisch! Sie selbst saß unbewegt auf ihrem Stuhl und sagte ruhig: „Das ha'm die Dummköppe nu' darvon. Ich esse ma', bevor ich heimjehe." Sie verzehrte ein mächtiges Stück Thüringer Rotwurst und verließ ohne zu schwanken das Lokal.

Kaum eine Festlichkeit hat so zahlreiche buntbemützte Studenten vereint wie die Einweihung des Burschenschaftsdenkmals bei Eisenach am 23. Mai 1902. Das kaiserliche Deutschland stand auf dem Höhepunkt seiner Macht. Eine dreißigjährige Friedenszeit hatte in einem stetigen und dabei grundsoliden Aufschwung aus bescheidenen Betrieben große Industriewerke gemacht und wer nach einer Studiendauer von durchschnittlich sieben Semestern sein Examen bestand, brauchte nicht lange nach einer Anstellung zu suchen.

Selbstverständlich gab es zahlreiche arme Studenten, die jeden Groschen umdrehen mußten, aber die Nöte der heutigen Zeit, von denen nur die Wohnungsnot, überfüllte Vorlesungen, fehlender Seminarraum, Wartelisten für seltene Bücher und nicht zuletzt die drohende Arbeitslosigkeit nach dem Studium genannt werden sollen, waren völlig unbekannt.

Man konnte es sich wirklich leisten, fröhlich und unbeschwert zu feiern, wobei nur der Geldbeutel eine Grenze setzte. Der Streß war damals sowieso unbekannt. Freilich war der Zuschnitt der Feiern grundsätzlich so, daß auch arme Studenten sich die Teilnahme leisten konnten.

Für jeden war es selbstverständlich, daß Studenten auf der Eisenbahn die Holzbänke der dritten Wagenklasse drückten, falls sie es nicht verzogen, in der vierten zu stehen, um etwas mehr Geld im Portemonnaie zu haben. Ein Glas Bier kostete damals zehn Pfennige, Rechenkünste lohnten sich also. Fahnenträger mußten ohnehin die vierte Klasse benutzen, da ihre Paniere als Traglast galten. Sparsame Musensöhne fuhren deshalb als Fahnenbegleiter mit.

Die nach Eisenach rollenden Züge müssen ein buntes Bild geboten haben und die drangvolle Enge tat der Fröhlichkeit keinen Abbruch. Nur die Pünktlichkeit des Fahrplans konnte nicht eingehalten werden, weil die Schaffner schon mal ein Auge zudrückten, um die Versorgung der Studenten mit Bier aus den Bahnhofswirtschaften zu ermöglichen.

Die gemütliche Kreisstadt Eisenach füllte sich sehr schnell mit Studenten, die ihren Quartieren zustrebten. „Alte Herren" hatten die Organisation übernommen und es klappte alles wie gewünscht. Wir müssen dabei freilich bedenken, daß die Baukosten des Denkmals aus Spenden der Buschenschaften zusammengetragen worden waren. Es war ein Baukomitee gegründet worden und zahlreiche Musensöhne hatten sich vom Fortgang der Arbeiten überzeugt, man wollte ja schließlich wissen, wo sein Geld blieb. Dadurch waren bereits zahlreiche Fäden zwischen den Behörden, den Bürgern und den Musensöhnen geknüpft, was die Vorbereitung und Durchführung des Festes sehr erleichterte. Selbstverständlich hatten die geschäftstüchtigen Thüringer dafür gesorgt, daß niemand zu hungern und zu dursten brauchte. Es galt auch die Münchner Studentenregel: Die Feuerwehr- und die Bierwagen haben stets Vorfahrt, denn beide müssen löschen, die einen das Feuer, die anderen den Durst. Das Programm sah getreu der Tradition des Wartburgfestes von 1817 die Eröffnung der Feier mit einem Festgottesdienst in der Georgenkirche auf dem Markt vor. Von dort bewegte sich der Zug der Burschenschaften nach dem Alphabet der Universitäten, wobei die Göttinger Musensöhne vor den Kommilitonen aus Greifswald und Halle marschierten, zur Wartburg. Es muß ein farbenfrohes Bild gewesen sein, das an den zuschauenden Eisenachern vorbeizog.

Im Hof der alten Feste gedachte man in einer Feierstunde des Wartburgfestes von 1817 und bewies damit, das die demokratischen Grundlagen der Urburschenschaftler durchaus noch nicht in Vergessenheit geraten waren. Es gab damals keine Burschenschaft, die nicht Reichstags- oder Landtagsabgeordnete resp. Kommunalpolitiker zu ihren Alten Herren zählen durfte und in jeder Jubiläumsschrift mit Stolz auf sie verwies. Zu den Festgästen gehörten noch einige Mitkämpfer der Revolution von 1848/49, die wegen ihrer Teilnahme an den Kämpfen jahrelang hatten in der Emigration leben müssen.

Nach der Feierstunde auf der Wartburg ging der Zug weiter zum Aufstellungsort des Denkmals, das nun feierlich eingeweiht wurde. Hier senkten sich die Fahnen zu Ehren der für die Einigung Deutschlands gefallenen Studenten, unter ihnen auch die historischen schwarz-rot-goldenen von 1848. Festkommerse beschlossen in den Lokalen der Stadt die Feier.

Der heitere Teil blieb dem nächsten Tag vorbehalten. Die Fröhlichkeit mußte natürlich auch zu ihrem Recht kommen. Ein Ereignis ist auch heute noch interessant. Da Eisenach schon damals ein Automobilwerk hatte, für heutige Begriffe natürlich ein noch sehr bescheidener Betrieb, war auch eine Geschicklichkeitsfahrt für Kraftwagen ausgeschrieben worden, die im Vorhof der Wartburg enden sollte. Die Bewältigung der steilen Straße zur Burg war für die damaligen Autos eine sehr beachtliche Leistung und daß jeder zweite Wagen die Bedingung schaffte, spricht für das Können der Konstrukteure wie auch der Fahrer.

Besonders interessant ist uns heute, daß sich unter den gemeldeten Autos auch ein Fahrzeug mit Elektroantrieb befand. Diese Neuerung, die heute im Rahmen des Umweltschutzes wieder aktuell ist, stammt also in Wirklichkeit aus der Frühzeit des Automobilsportes, nur standen damals andere Probleme im Vordergrund. Die Frage, ob sich der Benzin-, Diesel- oder Elektromotor durchsetzen würde, war noch völlig offen. Studenten und Bürger mögen das Elektroautomobil gebührend bestaunt haben.

Der heitere Ausklang der Feier fand zwar in kommentmäßigen Formen statt, sollte aber die Burschenschaftler mit den Eisenacher Gastgebern und selbstredend den kühnen Autosportlern verbinden helfen, was auch durchaus gelang. Leider passierte den Göttingern, die mit Jenaer und Hallenser Burschen im Lokal der Wartburg feierten, ein unerklärliches Mißgeschick. Unerklärlich deshalb, weil die niedersächsischen Musensöhne längst die Tücke der hervorragend und nach mehr schmeckenden thüringischen Biersorten hätten kennen müssen. Der rechte Thüringer, ganz gleich welchen Standes, ißt erst einmal eine Bratwurst, damit das Bier besser bekommt. Deshalb findet man auf thüringischen Märkten heute noch Wurstgrill und Bierausschank in trauter Gemeinschaft. Die Behauptung hallischer Studenten, die Thüringer Bratwurst sei erfunden worden, um die Bekömmlichkeit des Bieres zu erhöhen, ist natürlich nicht zu beweisen, Tatsache ist aber, daß erfahrene Zecher sich mehrere Bratwürste einverleiben.

Einige Göttinger Studenten folgten leider dem löblichen Beispiel nicht und mußten feststellen, daß die Erfurter und Eisenacher Biere ermüdeten Zechern gefährlich werden können. Sie waren auf keinen Fall in der Lage, auf eigenen Füßen ihre Quartiere zu erreichen. Die wenigen Eisenacher Droschkenkutscher waren ununterbrochen unterwegs, um Festteilnehmer zum Bahnhof zu

Das Wartburgfest anläßlich der Einweihung des Burschenschaftsdenkmals bei Eisenach

schaffen. Die Automobile fielen ohnehin aus, denn das Geratter und Geholper der damaligen Modelle hätte mit Sicherheit zu einer Explosion der überbeanspruchten Mägen geführt.

Einem Eisenacher Bürger fiel die einzig mögliche Lösung ein: Der Eselpfad. Früher wurde der Nachschub für die Burgbesatzung auf Eseln den Berg hinauf befördert und auch bei Besuchern ist ein Ritt auf den Eseln sehr beliebt. Der Besitzer der Eselstation war bald verständigt und so trotteten die gutmütigen Grautiere nochmals den Berg hinauf, um ihre Ladung im Empfang zu nehmen, denn was mit letzter Kraft auf den Eseln herumhing, hätte kein Kavallerist als Reiter bezeichnet.

Die Bürger fanden den Studentenulk natürlich herrlich, waren auch gern bereit, den Pfad mit Fackeln auszuleuchten, damit die Esel sicheren Tritt fanden. Das war auch höchst notwendig, denn ihre Rückenlasten waren bedenklich am Rutschen. Sehr bald brauchten die Reiter mehr Hilfe als die Tiere, die ihren Weg genau kannten.

Es war aber ein kreuzfideler Abstieg, denn wer den Weg noch im Fußmarsch bewältigen konnte, feuerte die Eselreiter und ihre Helfer an. War erst die untere Eselstation erreicht, konnte man die Bierleichen mit vereinten Kräften in die Quartiere schaffen. Dachte man, es kam natürlich ganz anders.

An der Eselstation wurde bezahlt und anständige Trinkgelder gegeben. Ein Student meinte: „Scheußliche Situation! Habe als Einjährig-Freiwilliger bei den Garde-Dragonern gedient und hänge wie ein Mehlsack auf dem Esel! Hier nehmen Sie und schweigen Sie."

Leider erwies sich die Geheimhaltung als unmöglich. Die nächtlichen Wanderer hatten nicht bedacht, daß der Fackelschein durch das lichte Maigrün in der Stadt zu sehen war. Einige Hallenser Studenten, unter ihnen der Vater des Verfassers, die noch fest auf den Beinen standen und deshalb dem Haupttrupp ein Stück voraus waren, stellten zu ihrem Schrecken fest, daß zahlreiche Eisenacher die Straßen in Erwartung eines studentischen Fackelzuges von der Wartburg her säumten. Ein Militär-Musikkorps marschierte heran, das die Spitze übernehmen wollte. Was nun?

Die Studenten eilten zurück und berichteten aufgeregt. Einige besonnene Chargierte meinten, es gäbe nur eine Lösung. Man müsse sich zu einem Fackelzug gliedern und laut Studentenlieder singend durch die Straßen ziehen, während einige die Bierleichen auf Schleichpfaden unbemerkt in die Quartiere schaffen sollten. Die Aufmerksamkeit der Eisenacher war ja durch den Zug abgelenkt.

Schnell stellten sich die Burschenschaftler zum Zuge auf. Einige Bürger einigten sich schnell, durch welche Straßen man marschieren wollte. Die Chargierten erklärten dem Musikmeister, der Zug sei auf der steilen Wartburg-Allee etwas durcheinandergekommen und müsse sich neu ordnen. Die Soldaten hatten für das Fest etliche Studentenlieder eingeübt, weshalb nur noch die Reihenfolge festgelegt werden mußte.

Der Fackelzug konnte beginnen und bewies wieder einmal, daß improvisierte Feste oft besser gelingen als sorgfältig geplante. Überall schlossen sich Studenten dem Zuge an, die freilich sofort merkten, daß die Kommilitonen nur noch mit Mühe Schritt halten konnten. Das wurde aber alles durch den kräftigen wenn auch durchaus nicht immer richtigen Gesang übertönt. Die freundlichen Zurufe der Eisenacher feuerten die Studenten an, den Marsch durch die Innenstadt in einigermaßen ordentlicher Haltung anzutreten. Natürlich schlief kein Mensch mehr. Kinder erschienen im Nachthemd an den Fenstern und winkten den Musensöhnen zu, während Bürger mit frischen Fackeln den Lichterglanz vermehrten. Der Zug wurde ein unerwarteter Erfolg.

Auf dem Marktplatz bedankte sich der Bürgermeister im Namen der Eisenacher für die gelungene Überraschung, worauf ein zum Glück weit hinten stehender Student erwiderte: „Bitte sehr, die Überraschung war ganz und gar auf unserer Seite." Als ihn ein kräftiger Rippenstoß belehrte, lieber den Mund zu halten, fuhr er geistesgegenwärtig fort: „Wir konnten doch nicht ahnen, daß ganz Eisenach noch auf den Beinen war." Damit waren die umstehenden Bürger zufriedengestellt.

Eine Überlegung hatte freilich nicht das gewünschte Resultat. Die Bierleichen konnten von der Eselstation mitnichten heimlich in die Quartiere geschafft werden. Der Fackelzug lenkte zwar die Aufmerksamkeit ab, die Militärmusik und die Studentenlieder weckten aber die festesten Schläfer auf, weshalb die freundlichen Helfer überall auf wache Wohnungsinhaber stießen, deren Kommentare nicht gerade höflich waren.

Ein stämmiger Handwerksmeister schüttelte sich wie ein begossener Pudel und sagte zu den begleitenden Burschen: „No, nu komme Se, meene Herren, de Kameraden liejen in der Falle, wir ha'm de Gardinenpredicht wech un' nu' trinken wer zur Erholung noch een paar Deppchen" (= Töpfchen war ein altthüringisches Hohlmaß von einem halben Liter). Das taten sie dann auch.

Natürlich blieb die Geschichte der Eselreiter nicht geheim und so erkundigte sich ein Reporter in der Eselstation, ob einige Studenten wirklich wie die Mehlsäcke auf den Grautieren gelegen hätten. Der Besitzer antwortete diplomatisch: „No, daran kann ich mich bei all dem Trubel gestern wärklich nich' erinnern. Der letzte Eselzug is' jejen Mitternacht immer paarweise runterjekommen." Daraus konnte man alles und nichts entnehmen. Die Auskunft reichte nicht, um eine Meldung in die Zeitung zu bringen. Im Gedächtnis der Beteiligten blieb der Eselritt der Studenten und die ihn begleitenden Ereignisse noch lange haften.